高职院校育人工作研究

主　编　陈利荣　方　华
副主编　龚宏富　张鹏超

浙江工商大学出版社
ZHEJIANG GONGSHANG UNIVERSITY PRESS

图书在版编目(CIP)数据

高职院校育人工作研究 / 陈利荣,方华主编. —杭州:浙江工商大学出版社,2013.11

ISBN 978-7-5178-0066-8

Ⅰ.①高… Ⅱ.①陈… ②方… Ⅲ.①高等职业教育－思想政治教育－经验－浙江省 Ⅳ.①G711

中国版本图书馆 CIP 数据核字(2013)第 267398 号

高职院校育人工作研究

主编 陈利荣 方 华 副主编 龚宏富 张鹏超

责任编辑	刘 韵
封面设计	许寅华
责任校对	何小玲
责任印制	汪 俊
出版发行	浙江工商大学出版社
	(杭州市教工路 198 号 邮政编码 310012)
	(E-mail:zjgsupress@163.com)
	(网址:http://www.zjgsupress.com)
	电话:0571－88904980,88831806(传真)
排 版	杭州朝曦图文设计有限公司
印 刷	杭州恒力通印务有限公司
开 本	787mm×1092mm 1/16
印 张	13
字 数	308 千
版印次	2013 年 11 月第 1 版 2013 年 11 月第 1 次印刷
书 号	ISBN 978-7-5178-0066-8
定 价	36.00 元

编 委 会

用党的政治路线引领高职院校育人工作(代序)

周建松

[摘　要]高等职业院校担负着为社会主义现代化培养生产、建设、管理、服务第一线高素质技能型人才的重任,努力把一批又一批大学生培养成为中国特色社会主义事业的合格建设者和可靠接班人,必须在职业院校贯彻好党的基本路线,按"四信"培养要求构建科学完整的育人体系,通过素质教育和文化育人长效机制的建立和运行,将学校的育人工作融入各个环节之中,提高高职院校育人工作实效。

[关键词]党的政治路线　高职院校　育人

高等职业院校担负着为社会主义现代化培养生产、建设、管理、服务第一线高素质技能型人才的重任,努力把一批又一批大学生培养成为中国特色社会主义事业的合格建设者和可靠接班人,必须在职业院校贯彻好党的基本路线,并把政治路线、思想路线、群众路线落到实处,尤其是要坚定正确的政治方向,坚持以人才培养工作为核心,构建完善的育人工作体系。

一、党的政治路线核心要求大学生做到"四信"

大学生是国家宝贵的人才资源,是民族的希望、祖国的未来。今天的大学生就是明天的生产力。高等学校实行党委领导下的校长负责制,有专家认为,高职院校党委工作的职责主要是:抓方向、抓大事、抓班子、抓队伍、抓文化、抓精神。笔者认为,高职院校党委的职责主要是:党要管党、党抓发展、党主育人、党育文化、党蓄队伍、党谋幸福。党委必须把管党和管事结合起来,把人才培养和育人工作作为核心和主要的工作,育人问题首先要解决好培养什么样的人的问题,其次要解决怎样培养人的问题,而培养什么样的人,正是党委必须牢牢抓好的,怎样培养人,也是党委必须认真研究的,把握办学的社会主义方向,培养好学生的政治立场,这就是育人的先导问题。

我们认为,上升到认真贯彻党的政治路线的高度,我们培养的学生,要做到"四信"。一是信仰。这里的信仰是指对马克思主义的信仰,培养教育学生具有共产主义的远大理想,对

[作者简介]周建松,男,1962年出生,浙江海宁人,硕士,教授,浙江金融职业学院党委书记,研究方向:金融理论与政策、地方金融、高等职业教育发展政策与理论等。

共产主义的美好未来充满信仰,坚信共产主义最终一定会在全人类实现,并努力为之奋斗。二是信念。这里的信念是指对社会主义和共产主义的信念,培养教育学生坚持中国特色社会主义的坚定信念,对中国特色社会主义充满理论自信、道路自信、制度自信,并努力以过硬的本领为之添砖加瓦、建功立业。三是信任。这里的信任是指对中国共产党的信任,培养教育学生对中国共产党和人民政府充满信任,尽管党风政风中还存在着这样那样的问题,但必须坚信中国共产党和人民政府的以人为本、以民生为本的宗旨,我们一定要端正作风,反对腐败,努力为人民群众谋福祉。四是信心。这里的信心是指对中国特色社会主义和现代化建设的信心,培养教育学生对中国特色社会主义和现代化建设充满信心,相信全面建成小康社会的目标一定会如期实现,中华民族的伟大复兴一定能实现。

二、按"四信"培养要求构建科学完整的育人体系

在明确当代大学生政治培养的方向要求后,我们应该围绕"四信"要求在德才兼备上下功夫,努力按照"有德有才是正品,有德无才是次品,无德有才是毒品,无德无才是废品,德才兼备是佳品"的评价鉴别标准,在学校党委的领导下,依靠党委、行政、工会、团委的共同努力,在构建科学完整的育人体系上下功夫。

(一)落实全员育人

学校的全体师生员工都是育人主体,教职员工的一言一行、一举一动都与育人紧密相关,必须处理好教书育人、管理育人、服务育人之间的关系,并努力形成全校范围内教书育人、管理育人、服务育人的合力。积极创造条件,构建学校、家庭、社会互动育人新机制,调动更多的育人主体积极性,推动育人工作不断深化。

(二)注重全面育人

学校的育人工作涵盖多个领域和多个方面,教师、管理人员、服务人员,其一言一行都会对学生产生直接或间接的影响。当然,课堂是育人的重要环节,但课堂之外的活动乃至一场文娱演出、一个专题活动都会对学生的成长和认识产生一定影响。因此,学校的育人工作必须落实到各个方面,班主任和辅导员的工作更加重要。

(三)研究全程育人

全程育人实际就是育人工作必须落实到学生在读的全部时间和环节。从接新生入学通知书、开学典礼到毕业实习、毕业典礼等全部过程都应该有计划、有系统地安排好育人工作。近年来,许多学校开始重视"新生第一课",普遍重视毕业典礼,这就是注重全程育人重要举措。浙江金融职业学院创造性地提出学生"千日成长工程",把高职学生从入学到毕业大约1 000天时间,精心设计为一个工程,并有计划、有步骤、有时序地安排相应内容和相关活动,应该说是非常有创造性的,是全程育人的一个典型。与此同时,近年来,各校十分重视校友工作,我以为,做好校友工作,不仅在于动员凝聚校友力量,也在于深化和推进全程育人。

(四)面向全体育人

我们今天的时代,已经是高等教育大众化的时代,大众化时代的高等教育与精英时期的高等教育不同,我们的学生多种多样,认识水平、世界观、人生观、价值观水准各不相同,要将其培养成为社会主义现代化的合格建设者和中国特色社会主义的可靠接班人,需要我们给予更多的关心,更加全面的关心,真正做到关爱每个人。

(五)关注全景育人

全景育人是一个新概念,学校是一个校园,学生身处各个环境和风景之中,课堂、寝室、食堂,各种公共场所都是学生活动的天地。因此,学校在环境建设上的每个布置、每一项设施、每一个橱窗,都会成为育人的场所,对学生都会产生影响力。因此,我们必须关注整体设计,关注环境建设,关注育人环境和育人风景。

(六)强化全心育人

我们的教职员工是育人的主体,我们必须强调全心全意依靠全体教师办学,注重调动和激发全体教师的积极性和工作热情。但与此同时,我们更应提倡加强教师职业道德建设,建设良好的教风,强化全体师生员工的育人意识,提倡和要求在教书育人、管理育人、服务育人中奉献真心、倾注真情、谋求真效。

三、着力构建素质教育体系,提高育人实效

素质是一个复合的概念,很难进行确切定义,素质也是一个积累的过程,形象地讲,素质不是一道"快餐",而是一个"炖品",需要逐步培育和养成。相关调研表明,用人单位对包括态度、习惯、忠诚、敬业等在内的素质方面的要求越来越高,甚至超过业务能力和技能水平。高等职业教育以培养下得去、用得上、留得住的一线业务技能和职业化专业人才为目标。学生的动手能力、业务操作能力无疑是十分必要的,但必须认识到的是,学生的个人素养和职业操守,在人生发展中越来越重要,对此,我们必须切实加以重视,并把素质教育作为育人工作的重点来抓紧、抓好。

(一)正确处理素质与技能的关系

学生在校的学习时间有限,素质养成和技能训练的任务十分繁重,没有业务技能和动手能力,显然不能适应工作岗位的要求,必须把培养学生的业务技能作为职业教育的重点来抓。与此同时,我们必须认识到,富有业务能力和技能水平的人,如果没有良好的工作态度和职业操守,很难能够成为有用之才,更难为单位、社会和国家做出贡献,弄得不好,还会走上歧途,成为毒品。正因为这样,我们在重视业务技能培养的同时,必须切实加强素质教育,注重素质养成,把世界观、价值观、人生观、是非观问题解决好,将社会公德、职业道德、家庭美德、个人品德修炼好,学校应确保在时间、内容、活动、经费等方面有充分的体现。

（二）关键是要在构建素质教育体系上下功夫

素质教育既是综合的，更应该是全面系统的。我们认为，构建高等职业素质教育体系应该做到：一要坚持政治素质、公共素质与职业素质有机结合。既要有作为当代大学生应有的政治素质，也要有知识公民的公共素质，当然必须有从业的职业素质。二要坚持第一课堂、第二课堂、第三课堂有机结合。课堂的理论教学、校内的课外活动、走向社会的实践活动，这三个方面的安排，都应该围绕有利于提高学生素质而广泛展开、协同推进、共同育人。三要知识、能力、素质三者统一协调。学生必须有做的能力、学的能力、说的能力，不仅要懂得是什么，更要懂得为什么、怎么做，更多地学会养成习惯和方法，与时俱进，不断提升自我修养。

（三）切实加强思想政治课程教育教学工作

加强和改进大学生思想政治教育工作，是提高党的执政能力、巩固党的执政地位的一项重要工作，是我国社会主义教育事业发展中必须解决好的根本问题，是强国战略，是百年大计，关系到我们的事业代代相传。没有正确的政治观点，就等于没有灵魂。《中共中央、国务院关于进一步加强和改进大学生思想政治教育的意见》明确了大学必须开设的思想政治课的教学大纲和基本内容，也明确了课时安排和教学要求。我们必须严格按照中央的要求，进一步把思想认识统一到中央的决策部署上来，把加强和改进大学生思想政治教育工作摆在更加突出的位置，切实负起政治责任，狠抓工作落实。重视思想政治课师资队伍建设，重视思想政治课教学条件建设，确保其按照重点和精品课程的要求加以落实和保证。

（四）注重开发文化素质教育课程和活动

我们常说，大学生应有良好的业务素质、思想道德素质、文化素质和身心素质。这些都是成才不可缺少的素质，而文化素质是一切素质的基础，是基础的素质，没有良好的文化素质，就很难谈得上有良好的其他方面的素质。如何根据高等职业教育的特点，从专业出发、从社会需求出发、从青年学生特点出发，开发开设好素质类课程，组织好素质类活动，既是素质教育体系的重要内容，也是增强素质教育有效性的重要路径。在实践中，我们应该提倡和鼓励如专业理论与职业素养、职业礼仪与文化、职业生涯规划与就业创业、中国传统文化与现代发展等类型的课程和活动。

（五）重在因校制宜上探索素质教育有效性

高等职业教育区域性、行业性差异明显，因此素质教育的重点和路径也各不相同。浙江金融职业学院在素质教育中探索形成了许多适合本校特点的成功经验。一是注重整体设计，构建一个立体化、多样化的素质教育体系，那就是一、二、三课堂有机结合；明理学院、银领学院、淑女学院三个学院各司其职，诚信文化、金融文化、校友文化相得益彰，发挥综合育人功效。二是以"爱生节"为载体，将每年的 5 月 23 日和 11 月 23 日确定为"爱生节"和"深化爱生节"，并赋予其许多特色的育人内涵，既推动了育人功能的强化，也增强了学生的感恩意识。三是精心设计学生"千日成长工程"，将素质教育和育人工作贯穿人才培养全过程。

四、重视和加强文化育人，推动育人工作长效机制建设

文化的意义在于以文化人，因此，文化具有重要的育人功能，世界上大凡著名的或优秀的大学，都有其浓厚的文化功底和文化积淀，也十分重视文化建设，更注重文化育人。

(一)注重整体性设计和历史性积淀

文化建设是一个整体，既包括物质文化、精神文化、制度文化和行为文化等层面的建设，也包括校园文化、环境文化、专业文化、课堂文化等方面的建设。我们既要讲整体性设计，也要与时俱进注重积累和积淀。

(二)努力克服高职教育在文化建设上的短板

与本科院校相比，高职院校在文化建设方面相对落后，一方面是因为高职院校办学的时间不长，大规模发展才10多年时间，而且主要通过中专升格和社会力量新办，又经过新校区建设；另一方面是因为较长时间以来对高等职业教育类型和层次等问题仍存争论，对其职能也有不同理解。正因如此，我们必须在重视内涵建设的过程中，把建设高职教育的文化摆上重要位置，把文化建设特色学校作为重要命题来研究。

(三)鼓励和提倡各学校打造文化建设特色

如前所述，由于区域和行业的不同，高职教育在文化建设应有特色，应鼓励各个学校根据行业和区域不同进行探索。如浙江金融职业学院从金融类院校、学校发展体制和资源的视角，着力构建诚信文化、金融文化、校友文化三个维度的学校文化，以诚信文化培养人品高度、以金融文化引领专业深度、以校友文化指引合作力度，通过三维文化育人体系，在立身、立世、立业上取得育人效果，引起了各方高度评价，大大实现了育人绩效和满意度。与此同时，学校积极开展文化建设研究，积极推动高等职业教育战线深入开展文化建设活动，2008年以来，先后举办了三次全国性高职教育文化建设与可持续发展论坛，引起有关部门和兄弟院校的广泛好评和全社会的充分关注。

五、注重把握各环节工作，推动育人工作深化

学校的育人工作既是一个体系，也要融入各个具体环节之中。从高职教育的实际出发，以下环节值得我们重视和研究。

(一)党建与育人

在大学生中加强党建工作，这是中央的重要决策，对改善和优化党员结构，增强党的先进性，具有重要意义。因此，我们应该把党建与育人结合起来，既强调数量，更强调质量，既讲究结果，更讲究过程，以达到发展一批、培养多数、教育全体的目的。

（二）订单与育人

订单培养是职业教育人才培养工作的重要路径之一,目前大部分高职院校都在进行探索和实践,并取得了较好的成效。订单培养的意义在于它将专业建设、就业工作和育人工作有机结合,在订单培养过程中全面渗透社会、行业、企业需求,融入职业素养和职业技能要求,实现了育人与用人的有机结合,应该继续坚持这种路径并积极推进。

（三）顶岗与育人

顶岗实习是工学结合的重要形式,也是育人工作的重要环节,必须把它与育人工作紧密结合,并作为育人工作的有效环节,要事先设计、妥善安排,体现系统性和针对性,动员社会各方面力量,整合各方面资源,防止学生成为企业廉价劳动力,防止顶岗实习流于形式和走过场。

（四）校友与育人

各个学校都开始重视校友工作,其目的是要发挥校友在业务传帮带和育人方面的功能,聘请育人的英模人物、先进工作者和技术能手、业务行家担任兼职教师或深入优秀校友所在企业进行调研等都是重要途径。这项工作必须坚持和努力做得更好,以真正发挥校友工作的育人功能。

（五）环境与育人

要切实重视学校环境建设,尤其是加强校园周边地区环境整治和美化、洁化,加强学生社区和宿舍标准化、文明化建设,以取得更好的育人效果。

（六）文化与育人

如前所述,文化建设在育人工作中意义重大,应大力加强学校校园物质文化、精神文化、制度文化和行为文化建设,注重营造健康向上、积极奋进的文化氛围,充分利用校园景观、重大节日、重大活动等,把文化育人提高到一个新的高度。

育人工作是一个整体,课堂是最基本环节,课程是基础,自然应该做到更好,任课教师和班主任、辅导员处于教书育人的第一线,应该发挥更大的作用。

[参考文献]

[1] 中共中央国务院.关于进一步加强和改进大学生思想政治教育的意见(中发〔2004〕16号).

[2] 国家中长期教育改革和发展规划纲要工作小组办公室.国家中长期教育改革和发展规划纲要(2010—2020年)[EB/OL].(2013-06-05)[2010-07-29]http://www.moe.gov.cn/publicfiles/business/htmlfiles/moe/A01_zcwj/201008/xxgk_93785.html.

[3] 周激流.以大专业平台整合资源　建立三方互动育人机制[J].中国高等教育,2011(12).

目　　录

第一篇　党建与思政

第二篇　校园文化育人

第三篇　学生教育管理

第一篇　党建与思政

集体备课:高校思想政治理论课焕发生机的法宝

邹宏秋

[摘　要]基于教学论研究的视角,集体备课是以提高教学质量、增强教学实效为直接目的一个重要教学环节。高校思想政治理论课教学每时每刻都要面对国际国内形势的风云变幻,面对经济、政治、文化、社会、生态各领域的丛生万象,要关注来自社会不同阶层、不同群体的学生主体的思想心理动态。要充分发挥大学生思想政治教育的主渠道作用,就要高度重视高校思想政治理论课教师的集体备课。集体备课能够满足教师职业认同的需要、学科建设的需要、教学实效的需要、教师成长的需要和团队建设的需要,进而解决教师的师德教风、专业水平和教学能力,以及教材体系向教学体系转化、学科知识向信仰体系转化等三大根本性问题。集体备课中,课程负责人、主讲人和教师要充分发挥备课职责,集思广益,合作探究,实现课程教学科学、艺术、创造的融合,在提高教学质量的同时提升教师队伍整体教学能力和理论水平。

[关键词]高校　思想政治理论课　集体备课

备课是教学活动的重要环节之一,是实现教学目标、增强教学实效的重要保障。备课主要有个体备课和集体备课两种形式。两种备课形式各有所长,不能互相取代。基于教师职业道德,个体备课是为广大教师最广泛也是自主自觉采用的备课形式。而对于集体备课,无论是教师层面还是教学管理层面,往往在教育实践中没有能够给予足够的重视和充分的运用。其中的缘由很多,比如对于集体备课相较于个体备课的优势是什么,认识不够清楚;对于集体备课怎样组织才能够发挥这种优势,认识也不够清楚;甚至也会认为个体备课就足够了,再组织集体备课耗时耗力,多此一举;等等。结合浙江金融职业学院多年来坚持进行思想政治理论课教师集体备课的探索与实践,我认为,集体备课可谓是焕发高校思想政治理论课生机与活力的一个重要法宝。

[作者简介]邹宏秋,女,汉族,1969 年出生,黑龙江人,硕士,教授,浙江金融职业学院社科部副主任,研究方向:马克思主义中国化、思想政治教育。

一、集体备课是高校思想政治理论课形势与任务的内在需求

所谓集体备课,就是一个学科组或课程组全体教师围绕课程教学集思广益,合作探究,实现课程教学科学、艺术、创造的融合,在提高教学质量的同时提升教师队伍的整体教学能力和理论水平。加强高校思想政治理论教师集体备课,能够进一步增强教学实效,充分发挥思想政治理论课作为大学生思想政治教育的主阵地和主渠道作用,更好地担负起为我国社会主义现代化建设培养德智体美全面发展的合格建设者和可靠接班人的教育重任。

高校思想政治理论课教学,无论是课堂教学,还是实践教学,所面对的都不只是一本教材、一个教室,或是一家企业、一个部门,它总是每时每刻都要面对国际国内形势的风云变幻,经济、政治、文化、社会、生态各领域的丛生万象,要关注来自社会不同阶层、不同群体的学生主体的思想心理动态,探求规律,释疑解惑,导引立论,帮助大学生理解和把握中国特色社会主义理论,提高大学生思想政治素质,提高大学生独立思考问题、分析问题和解决问题的能力,树立起科学世界观、人生观、价值观、道德观和法制观。当前,我国正处在全面建成小康社会的关键阶段,面临着实现社会主义现代化和中华民族伟大复兴的重要任务。在这机遇与挑战并存的重要发展时期,承载祖国命运和民族未来的青年学生要能够全面了解我国改革开放的巨大成果,增强民族自信心和自强心;要能够清醒认识发展过程中以不同形态呈现的各种社会矛盾,坚定改革开放、科学发展的立场和观点;要能够理性对待全球化背景下的文化冲突与融合,自觉抵制国内外消极的、与我国主流思想意识形态不合拍的各种社会思潮;要能够始终关注并客观分析复杂多变的国际国内形势,树立国家兴亡、匹夫有责的责任意识。高校思想政治理论课作为大学生思想政治教育的主渠道,要切实肩负起立德树人的重任。怎样实现这个教学目标,是高校思想政治理论课教学面临的重大课题。

二、集体备课是满足高校思想政治理论课教与学五种需要的有效路径

高校思想政治理论课内容丰富,更新快速;现实性强,政治性强,理论性强;学生面广,思想多元,价值多元。这些特点使得思政理论课有可能成为最受学生欢迎的课程,也有可能成为鸡肋,成为学生不得不上、抱怨甚至反感的课程。关键在于教师,在于教学实效。思政理论课教师的师德教风、教师的学科水平和教学能力,以及教材体系向教学体系转化、学科知识向信仰体系转化,是思想政治理论课教学的三大根本性问题。这三大问题仅仅依靠教师个体备课难以迎刃而解,而集体备课,就是要解决个体备课难以解决的实际问题,个体备课难以达成的思想认识。具体地说,集体备课能够满足思想政治理论课教与学的五种需要,也因此使得三大问题受到关注并获得集体智慧下的最佳解决方案。

(一)职业认同的需要

我国面向青少年的德育课程从小学贯穿到大学,由于其鲜明的政治色彩和多年来以灌

输式教育为主的教学方法,一部分学生滋生了对德育课程的偏见,以至于大学阶段也不能够认真思考和客观评价高校思想政治理论课。也由于一些人不能够正确认识社会发展进程中和我国社会主义市场经济体制下出现的一些现象和问题,而对思想政治理论课教师坚持的理论观点产生偏见,认为那不过是欺人之谈,更有甚者偏激地认为思想政治理论课教师也是自欺欺人、表里不一。种种误解和偏见,对高校思想政治理论课教师的思想和心理形成一定的冲击,使得一部分教师出现了职业困惑、职业焦虑、职业倦怠、职业停滞等问题。如何走出职业困境,实现职业认同,获得职业自信和职业尊严?集体备课中积极进取的精神、严谨负责的态度、淡泊宁静的气韵,都会形成一种正能量,使教师的教学状态受到振奋,教学智慧得到激发,在勤奋敬业的追求中,在优秀的教学中,获得职业认同和职业尊严,在富有成效的学科建设中获得应有的学科尊严。

(二)学科建设的需要

中共中央宣传部、教育部在 2005 年 2 月 7 日发出的《关于进一步加强和改进高等学校思想政治理论课的意见》中提出:"设立马克思主义一级学科,开展马克思主义理论体系研究,开展马克思主义发展史、马克思主义中国化研究,开展思想政治教育研究,为推进党的思想理论建设和巩固马克思主义在高等学校教育教学中的指导地位,为加强高校思想政治理论课建设,培养思想政治教育工作队伍提供有力的学科支撑。"2005 年底,国务院学位委员会和教育部又正式在《授予博士、硕士学位和培养研究生的学科、专业目录》中增设马克思主义理论一级学科及所属二级学科。北京大学陈占安、中国人民大学秦宣等认为,马克思主义理论学科建设与思想政治理论课建设相互联系、相互促进,思想政治理论课教学的加强和改进需要这个新学科的学理支撑,高校思想政治理论课教师都应该重视马克思主义理论学科建设,积极承担新学科的研究任务,及时关注新学科研究的最新成果并自觉吸收到思想政治理论课教学中去。中国人民大学张雷声进一步强调,要把思想政治理论课教学提高到学科建设的高度。高校思想政治理论课教师要明确自己的学科归属,自觉承担起学科建设任务。

(三)教学实效的需要

2013 年 6 月 25 日教育部《关于印发〈普通高等学校思想政治理论课教师队伍培养规划(2013—2017 年)〉的通知》(教社科〔2013〕4 号)中明确要求"实现高校思想政治理论课教学状况明显改善的目标"。高校思想政治理论课教学面对的复杂形势,使得增强实效的教学目标既有现实条件也有现实挑战。需要通过集体备课,首先使思想政治理论课教师做到思想和认识统一,立场和信念坚定,并能够在学生关注的一些热点和焦点问题上充分交流,从而在教学中做到见解独到、鞭辟入里,四两拨千斤,使学生听之如露入心,似醍醐灌顶。另一方面,思想工作是一种心与心的对话,灵魂与灵魂的交流。高校思想政治理论课教师面对纷繁复杂、瞬息万变的社会现象和形势发展,面对以"90 后"为主体的追求独立、个性鲜明、思想多元的学生群体,既要以理服人,也要以情动人,既能教授知识、教授方法,也能教授境界,在情景交融中增强教学实效。

(四)教师成长的需要

青年教师从初次承担教学任务开始,会面临一系列的困难和困惑,比如在备课上需要下怎样的功夫,其他教师的教学状态和教学水平,自己的教学水平和发展空间,怎样处理教学中的热点问题和突发事件,等等。如果缺乏同行间的有效沟通和充分交流,很难做出准确的自我认知,导致盲目自大或自信不足。开展集体备课,首先就使得思想政治理论课教师强烈感受到学校和部门对课程教学的关注和重视,对课程教学的严肃氛围和规范要求,从而也能够自觉对自己高标准、严要求。其次,集体备课中新老教师的面对面交流,可以取长补短,互有裨益。老教师能够从年轻教师身上触碰新思想、新观念,避免故步自封、因循守旧、思想僵化、语言老化、内容陈旧、缺少时代感。青年教师则能够在团体中使自己快速成长,成长为思想政治理论素质高、业务精湛、具有发展潜力的教学一线骨干教师,成长为政治坚定、理论功底扎实、善于联系实际、具有较高教学水平和科研能力的领军人物、中青年学术带头人。

(五)团队建设的需要

讲好一节课,需要一名好教师;讲好一门课,需要一个坚持正确方向、师德高尚、业务熟练、结构合理的教学团队。高校思想政治理论课是一门公共基础理论课,教学对象广泛,只有建立一支坚强有力、业务精湛的专业化教师队伍,才能够实现对学生思想政治理论素养提升的教育目标。

三、集体备课是破立结合、共建共享的教研基地

本文所述集体备课,不是广义上的教学研究,而是教学论研究中的一个重要问题,是以提高教学质量、增强教学实效为直接目的的。组织这样的集体备课,第一,要建立在个体备课的基础上。教师的个体备课是集体备课的前提和基础,集体备课是对个体备课的提升和完善。如果离开了教师的个体备课,集体备课也就失去了意义,反而容易滋长不劳而获、坐享其成的惰性心态,助长漫不经心、走过场的浮躁风气。第二,要有课程建设带头人或教学团队负责人。第三,要有集体备课主讲人。第四,要有讨论的主题和焦点问题。第五,要有必要的环境条件和制度保障,包括集体备课的场地和硬件设施,组织实施的激励和制约机制、保障机制等。进行集体备课,要把握好集体备课中的角色定位和职责,完成集体备课的任务,达成集体备课的根本目的。

一般来说,集体备课的内容主要包括:

(一)课程负责人关于课程和团队建设的导向和原则要求

课程负责人在集体备课中具有主导、组织和典范作用,对于教师团队统一思想,提高认识,增强教师责任感、使命感,开展好课程建设和课程教学,负有不可推卸的重要职责。

第一,确定教学规划。包括学时分配、授课计划、考核方式等。

第二,强化教学理念。一是强调教师要真懂、真信、真教。爱是教育的源泉,有爱才有教

育。思想政治理论课教师要对工作有热情,对学生有真情,上课有激情。二是强调学生自主学习能力和实践能力。要求教师有计划地布置学习任务,引导学生自主学习。浙江金融职业学院建立起"一次课前演讲、一份课堂活动总结、一篇读书心得、一次知识竞赛、一次社会实践"的"五个一"学生学习模式,促进学生讲、读、写、做、赛等能力的全面提升。

第三,强调理论学习和研究。一是倡导教师自主研读原著,形成浓厚的读书氛围。课程负责人要发挥核心带头作用,并认真指导青年教师备课,以及读什么书、如何读书等等。通过加强备课,坚持读书,提升教师的理论功底、学科水平,反映到课堂中去,使教师在理论上强大起来,增强课堂教学的理论魅力。二是倡导教学和科研并重,形式和内容并重。思政教师是一岗双能,一身二任:既要开展课程教学,也要进行学科建设;既要搞教学,也要搞科研。课程负责人要帮助思想政治理论课教师树立起自强的信念:严于做人,勤于教书,乐于科研。

(二)主讲人关于课程某一章节的内容诠释与教学思路

每一次集体备课的主讲人非常关键,关乎这一次集体备课的成效和意义。主讲人的任务主要是:第一,指出本次备课所指向的教材章节内容的变化,说明教材内容变化的背景和个人的思考认识。高校思想政治理论课内容时效性强,国家政治理论与现代化建设总是不断产生新成果,呈现新发展,高校思想政治理论课教材需要不断修订更新,用最新的理论成果教育和武装青年学生。而高校思想政治理论课教师对于新修订教材的把握、理解和运用,就成为集体备课中的一项重要内容。第二,提出课程单元教学设计的整体构想和建议。主讲人提出关于知识目标、能力目标、素质目标的教学目标设计,关于教学目标、教学导入、阅读书目、思考题等教学环节设计,关于教学重难点、教学案例、时间分配等教学内容设计,关于课堂讨论主题、课堂情景剧的策划与开展等课堂活动设计,关于情境教学、案例教学等教学方法设计。第三,基于教学对象特点和近期社会热点,预设单元教学中可能遇到的情况和问题,并提出对策建议。来自不同专业、班级的学生,生源构成、男女生比例、班风学风、学习兴趣取向等都有一定差异,在单元教学中要对教育对象有充分的认识和思考,做到基于学生特点和发展需要开展教学。

(三)教师个体关于教学内容和方法等的自主发言与集体交流

集体备课中,需要有一个自主发言和集体交流的环节。可以交流教学中的心得、感悟和经验,对于前一阶段教学进行自主总结和反思;可以畅谈教学中关于某一教学内容的困惑和思考,学生某种特立独行的观点和简介;可以探索教学方法和教学艺术,比如如何在语言表达中做到言有尽而意无穷,如何通过肢体语言增强教学感染力,如何在枯燥的理论阐释中增强幽默感,等等。这些有益的交流和探讨既能够增强信息量,提高课堂教学的驾驭能力和表现能力,也能够释放教师教学中的情绪情感,重新提振精神。

通过集体备课,高校思想政治理论课教师能够在备课和教学过程中更加用心、用力、用情,始终坚定信念,凝聚集体智慧,不断追求卓越,教师自身的成长进步、团队力量的提高、教学实效的增强,就会是水到渠成。集体备课,能够使得内容更鲜活,课程教学和教师队伍充满活力,焕发出高校思想政治理论课教学的勃勃生机。

四、浙江金融职业学院思想政治理论课集体备课的成效

浙江金融职业学院思想政治理论课一直有进行集体备课的优良传统,经过多年努力,思想政治理论课课程建设和教学队伍建设都取得了较好成绩。

第一,课程设置科学规范。第一学期开设"思想道德修养与法律基础"课,48 学时;第二学期开设"毛泽东思想和中国特色社会主义理论体系概论"课,72 学时。

第二,课程建设卓有成效。两门思想政治理论课均为浙江省省级精品课程建设项目。其中 2009 年被确立的"思想道德修养与法律基础"精品课程建设项目,在 2011 年 11 月省教育厅关于高校精品课程中期检查验收中获得优秀等级。

第三,不断创新,特色鲜明。学校思想政治理论课教学坚持开展课前三分钟演讲环节,"思想道德修养与法律基础"课课前演讲以"道德范畴解读"为主题,"毛泽东思想和中国特色社会主义理论体系概论"课课前演讲以"新闻速递与时事点评"为主题,既延展了课程教学内容的广度和深度,也增强了学生观察思考能力和语言表达能力等综合素质的锻炼。学校思想政治理论课关于专题教学的探索和实践,不但增强了教学实效,也为兄弟院校的教学改革提供了范例。

第四,教师队伍成长迅速。2006 年思想政治理论课教学团队被评为学院优秀教学团队。学校现有思想政治理论课专职教师 11 人。从职称结构看,教授 2 人,副教授 2 人,讲师 6 人,助教 1 人。从年龄结构看,45 岁以下 9 人。从学历结构看,博士 2 人,硕士 8 人(其中在读博士 2 人),学士 1 人。这支队伍人数不多,但每一位教师都积极向上,团结友爱,有着良好的精神风貌和敬业奉献的氛围。在老师们的努力下,有 1 位教师入选 2013 年全国高校优秀中青年思想政治理论课教师择优资助计划,1 位教师入选浙江省 151 人才第三层次,2 位教师入选浙江省优秀青年教师资助计划,3 位教师入选学院首批青年骨干教师培养计划。在学院近三年的"青年教师教学技能"比赛中,2 位教师分别获得二等奖和三等奖;4 人获学院"品位教师""优秀教师""教坛新秀""最受学生欢迎的青年教师"及"星级教师"等荣誉。

第五,教科研成果瞩目。近五年来获教育部人文社科课题 7 项,2013 年获国家社科基金项目 1 项。思想政治理论课教师还撰写出版专著 5 部,在《中国高等教育》《中国高教研究》《高等工程教育研究》《思想理论教育导刊》《教育探索》《江苏高教》等刊物公开发表学术论文 60 余篇。获得浙江省优秀教学成果奖、全国和谐德育研究与实验总课题组、中国伦理学会德育专业委员会论文评比一等奖等教科研奖项。

第六,社会辐射作用彰显。我校是浙江省高校"毛泽东思想和中国特色社会主义理论体系概论"课教学研究会副会长单位,浙江省马克思主义学会高职分会"思想政治理论课建设研究中心"主任单位。思想政治理论课教师积极发挥我校思政理论课课程建设的社会服务能力,组织召开浙江省高校"毛泽东思想和中国特色社会主义理论体系概论"课教学研究会会长会议;在"概论"课暑期备课会上做关于专题教学、做关于集体备课等主题的交流发言;在全省"思想道德修养与法律基础"精品课程负责人研讨会上做关于课程建设的交流发言;在省马克思主义学会高职分会换届大会暨 2012 年学术年会上就思政课程建设与改革做主

题发言,等等。参与并完成省教育厅关于高校思想政治理论课辅助教材《中国特色社会主义理论在浙江的实践》的编写工作,并在 2013 年 7 月召开的全省高校暑期教材培训会上做参编章节的教材培训指导。

作为一所高职院校,思想政治理论课教师能够取得这些成果,既是个人努力的结果,也和所处工作环境、工作氛围有直接的关系,和我们一直坚持的集体备课有直接的正相关的关联。

[参考文献]

[1] 教育部.关于印发《普通高等学校思想政治理论课教师队伍培养规划(2013—2017 年)》的通知(教社科〔2013〕4 号).

[2] 中共中央国务院.关于进一步加强和改进大学生思想政治教育的意见(中发〔2004〕16号).

[3] 中共中央宣传部,教育部.关于进一步加强和改进高等学校思想政治理论课的意见(教社政〔2005〕5 号).

[4] 中共中央宣传部,教育部.关于印发《中共中央宣传部教育部关于进一步加强和改进高等学校思想政治理论课的意见的实施方案》的通知(教社政〔2005〕9 号).

[5] 中共中央宣传部,教育部.关于进一步加强高等学校思想政治理论课教师队伍建设的意见(教社科〔2008〕5 号).

财经高职院校职业道德教育探究

龚宏富

[摘　要]把握财经职业道德特殊内涵和要求,充分运用学校、行业多方面教育资源和载体,加强课程建设和教学模式创新,构建有效的教育机制,将职业道德教育真正融入人才培养过程中,力求实效。

[关键词]财经职业道德教育　高职教育　素质教育

经济社会的发展促使社会分工加剧和专业化程度不断提高,导致职业日益分化和专门化,新的职业层出不穷。各种职业特定的业务、职能、责任,使得不同的职业有着不同的伦理规范和道德内涵。职业道德的差异性、特殊性造成职业道德教育存在着突出的问题和难点:任何一种教育活动都无法涵盖所有职业的不同职业道德内容,而笼统地不分专业讲授一般职业道德要求因缺乏职业针对性往往难以取得教育实效。如何确定职业道德教育活动和课程教学界限,提炼反映职业特殊性要求的专业伦理规范和道德内涵是职业道德教育能否有效开展的关键。财经高职院校的职业道德教育必须从财经行业特殊职业道德要求出发,发挥高职教育资源优势,探索建立行之有效的教育机制和路径。

一、培养高素质财经职业人才是财经高职院校
实施职业道德教育的根本目标

财经职业工作由于紧密参与社会资财管理、经济运行调节、资源配置和利益分配,涉及社会经济生活的各个领域,财经从业人员直接与钱财和社会公众打交道,因而职业道德内涵具有"廉洁守责、诚信服务"显著特点。

(一)职业道德教育是高职人才培养的内在要求

良好的职业道德品质是高素质职业人才的必备要素。高等职业教育是顺应我国社会主义现代化和市场经济建设需要而涌现的一种新兴高等教育类型,以"培养面向生产、建设、管

[作者简介]龚宏富,男,汉族,1965 年出生,浙江省宁波市人,硕士,副教授,浙江金融职业学院党委宣传部长,研究方面:思想政治教育。

理、服务第一线需要的'下得去、留得住、用得上',实践能力强、具有良好职业道德的高技能人才"为己任。围绕这一人才培养目标,高职院校必须突出职业道德教育,提高人才培养质量,增强高职人才的竞争力、适应性,促进学生全面发展、快速成才成长。

良好的职业道德品质有利于高职学生受到行业社会青睐,顺利走上工作岗位。高职学生就业主要是面向行业基层和一线岗位,工作条件相对艰苦,这就要求高职学生必须有吃苦耐劳、安于岗位、乐于奉献的工作态度、思想意识和职业素养。"高职教育重点培养的是适应知识经济时代的'技能型创新人才',绝大多数企业对这类人才的第一要求并非知识和技能,而是职业道德方面的水准,他们总是将人品、敬业、责任感作为聘用员工的先决条件。"加强职业道德教育是高职院校培养具有较强竞争力的职业化特色人才不可或缺的重要环节。

(二)职业道德是高职院校实施素质教育的重要内容之一

职业道德教育是高职院校实施素质教育的重要内容。高等职业院校要"加强素质教育,强化职业道德,明确培养目标","要高度重视学生的职业道德教育和法制教育,重视培养学生的诚信品质、敬业精神和责任意识、遵纪守法意识,培养出一批高素质的技能性人才"。就以培养高素质技能型专门人才为目标的高等职业教育来说,素质教育的内涵包括思想道德素质、科学文化素质、人文素质、身心健康素质和职业素质。职业道德素养不仅是思想道德素质的重要内容,更是高职学生成为合格从业人员的首要和基本职业素质。通过职业道德教育,让学生懂得作为一名合格的职业人才,不仅要有扎实的专业知识、过硬的业务操作能力和职业技能,而且必须具备良好的职业道德修为和职业操守。

职业道德是高职学生成才成长的基本素质。高职院校实施素质教育旨在培养全面发展、人格完善的职业人,而不是单向度、片面追求经济利益的工具人。只有职业道德素质高,才能对职业工作产生强烈的事业心、职业使命感、责任感,才能潜心在工作岗位上建功立业。

(三)职业道德是财经行业对从业人员的基本素质要求

财经职业道德教育既是社会主义职业道德建设的重要内容,也是市场经济条件下发挥道德在财经行业建设中的智力支持和利益调节作用的重要环节。当今财经行业时有发生的违法乱纪案件、屡禁不止的商业贿赂行为,一些从业人员在职业活动中存在的道德情感缺失、法纪观念淡漠、办理业务效率不高、职业责任意识不强、服务态度不够端正、操作规程遵守不严等不良表现,个体思想和行为中存在机会主义倾向、个人利益取向,充分说明加强财经从业人员职业道德教育的紧迫性。财经职业道德建设不仅关系到行业风尚、廉政建设及经济社会稳定,而且关系到从业人员的事业成败。

近年来,财经行业对从业人员职业道德素质培育日益重视。银行、保险、证券、会计等行业在从业人员资格(论证)考试中明确提出职业道德要求和考核内容。如中国银监会制定了《银行业金融机构从业人员职业操守指引》,中国银行业协会制定了《银行业从业人员职业操守》,中国证监会制定了《证券从业人员的道德规范和行为准则》,中国保监会制定了《保险从业人员职业道德指引》,中国注册会计师协会制定了《中国注册会计师职业道德规范指导意见》,等等。因此,财经类高职院校必须着力培育学生的财经职业道德素养,以适应财经行业对高素质人才的要求。

二、研究把握财经职业道德特殊内涵是有效开展
财经职业道德教育的基础环节

职业道德是以责权利相统一为基础的,不同的职业就会有各自对应的责权利,使得各种职业在道德意识和道德行为上存在差别,在职业道德形式和要求上表现出多样性。各特定职业的从业人员都是从本职岗位实际出发,按照职业要求从事业务活动,依照特定的职业角色去履行不同的社会职责,遵守不同的职业道德准则和规范。因此,为提高职业道德教育的针对性、实效性,财经职业道德教育必须从财经行业实际要求出发,在贯彻职业道德的通行准则同时,研究把握财经职业道德的特殊内涵要求。

(一)培养学生敬业奉献的职业精神

敬业精神是职业工作者基于主人翁的责任感和事业心,自觉塑造的一种积极向上的工作态度和百折不挠的奋斗精神。财经职业道德教育首先要培养学生敬业精神,让学生充分认识财经职业活动的社会意义,在追求职业的社会价值中奉献自己的才智和能力,实现自我价值。不能只看重令人钦羡的社会地位和优厚的报酬待遇,要自觉将职业目标与个人的理想、兴趣、爱好相结合,从内心产生对职业的情感驱动力,在工作中获得快乐和积极进取的激情。在职业活动中确立勤奋工作、认真负责、踏实肯干、耐心细致、持之以恒的工作态度;做到刻苦钻研工作业务,熟练掌握工作技能,敢于竞争、善于合作,正确把握竞争与合作的辩证关系;养成适应社会主义市场经济发展需要的求实创新、开拓进取精神,不故步自封、知难而退,及时根据市场经济、业务活动和科学技术发展新要求,充实新知识,熟悉新业务,掌握新技术。

(二)培养学生服务公众的职业情感

作为服务性行业,财经活动涉及社会各行各业,与社会公众紧密相连。财经职业道德教育就要让学生认识到真心诚意为社会主义市场经济和社会公众服务是财经工作者必备的岗位职责,确立竭诚为客户服务的社会效益观念是财经行业追求自身经济效益的前提,离开了有效服务就没有了自身生存和发展的基础。要让学生懂得,在财经职业活动中,具体的服务对象、内容和要求时刻处于变化之中,这就要求从业人员在保证一贯优良的服务态度、服务效率、服务质量同时,针对不同的服务对象和业务需求,运用不同的言辞、采取灵活多样的服务方式和手段,不断改进和创新服务工作。"掌握客户需求,超越客户期望",通过与客户的真情交流和有效沟通掌握客户信息,在客户最需要的时候提供最妥当的服务,体现财经服务的优质高效、适时适人,拓展服务领域和效益,提升服务功能和层次。"想客户所想,急客户所急","以真诚换忠诚",树立"一切为了客户"的服务思想和"无论多大代价、多大麻烦,即使是额外服务也要真心诚意地去做,只因为这是应该做的正确之事"的服务精神。要让学生学会善于以友好的情愫、言语,热情积极的态度传达对客户的尊重和关切,从细节上展示自身职业素质和情感。

(三)培养学生廉洁守法的职业意志

由于经营业务和管理对象的特殊性,财经工作者直接经手和掌管着国家、单位、客户的钱财物资,因此,廉洁守法是财经工作者基本的行为规范。财经职业道德教育就要让学生充分认识财经工作者手中掌握的财经管理权是国家和人民赋予的神圣职责,绝不是个人可以肆意行使的特权。必须做到清正廉洁、公私分明、克己奉公,不徇私枉法,不贪污受贿,不以权谋私。在金钱、财物引诱面前不动心,自觉抵制商业欺诈和商业贿赂。严禁内幕交易,不得利用内幕信息牟取个人利益。不得伪造、变造、故意毁灭会计资料、统计资料和客户档案资料。认真学习法律法规,自觉强化法纪观念和法制意识。时刻保持清醒头脑,锤炼严于律己、洁身自好的职业意志。

(四)培养学生诚实守信的职业品格

诚信是立业之本,是财经从业人员应有的职业品格。诚实守信就是诚心待人,言行一致,信守诺言,讲求信用,诚信经营,不虚假不欺诈。财经职业道德教育就要让学生深刻认识到财经业务活动涉及国家、单位和社会公众利益,损人利己的行为既有违自己的本分,也会从根本上损害自身长远利益。唯有把维护和保障客户利益、求得公众的信赖和支持作为出发点和归宿,才能促使业务持续发展。要注重职业形象,维护行业信誉,尊重客户意愿和自主选择,树立"客户本位、服务至上"的理念。不得采取低价倾销、贬低同行、虚假宣传等不正当竞争手段。不能因客户的性别、肤色、民族、身份或其他方面的理由而歧视对方。做到保守秘密,尊重隐私,妥善保护客户信息资料,严禁为个人目的利用客户信息。

(五)培养学生恪尽职守的职业境界

财经行业不同于其他经济部门和服务行业,具有很强的原则性、政策性,不能单纯依照市场状况和经济效益决定自身业务行为的取舍。要服从国家宏观调控政策的需要,不允许因有利可图而强行经营那些国家所调控、限制、禁止的业务,因无利可图或收益不佳而不去从事那些国家所倡导的对公众有利、社会效益高的业务。财经职业道德教育就要让学生明确,坚持原则,遵守法纪,维护国家和人民利益,严格执行党和国家方针政策是财经从业人员的天职。要恪尽职守,自觉按政策法规办事,充分认识财经工作在国民经济发展和社会经济生活中的重要性,确立神圣感、使命感、责任感,追求为国为民的崇高职业境界,不能把自己所从事的财经职业只看作个人安身养家、谋求自我发展之所。

三、结合学校实际创新教育教学模式是加强
财经职业道德教育的重要路径

(一)加强课程建设,实施模块教学

财经高职院校要充分认识加强财经职业道德教育的特殊意义,提高管理者和广大教师

的职业道德教育观念。"学校要将职业道德教育与职业素质教育内容融入课程教学中,加强学生职业能力和职业养成教育。"把财经职业道德作为素质教育校本课程纳入人才培养方案统筹规划,确定课时和学分,建立专兼职相结合的师资队伍,制订教学计划和考核方式,研究确定课程教学的知识目标、价值观目标和能力目标,真正把职业道德教育落到实处。

财经职业道德课程教学要处理好普遍性职业道德要求与财经行业、职业岗位的特殊性道德要求之间的关系,按照职业教育特点,实施模块教学。就财经职业道德来说,课程教学可以分五个模块进行,即基础模块,包括职业道德基本知识、职业基本素养、职业道德基本规范等内容;行业模块,主要是财经行业普遍性道德要求、内涵、基本原则、一般规范等内容;专业模块,各专业所对应职业的特殊道德内涵、具体道德要求、主要道德规范等内容;评价模块,包括职业道德评价的含义、对象、依据、标准、方式等内容;修养模块,包括职业道德修养的含义、要求、内容、境界、方式方法等内容。其中专业模块为可选模块,由于财经行业包含有金融(又分为银行、保险、证券、投资等)、商贸、营销、会计、审计、统计、财政、税务等多种职业,因而不同专业学生可选学各自对应的专业模块内容。

(二)推行情景式课堂教学模式

职业道德是职业业务活动所体现的行为规范,因而职业道德教育必须结合职业实践活动,不能局限于知识点的讲解和"道理"的单向传输。在课堂教学中,教师要通过基于工作过程和任务目标的财经业务活动情景预设、再现,将财经职业道德规范内涵和要求结合典型案例渗透在业务操作流程中。在情景教育教学活动中,学生被设定为某一从业人员参与具体业务过程,而不是仅仅作为"旁观者"对案例及其中的人物行为进行评判,通过师生教学互动,让学生深切领悟到怎样在实际职业行为中遵循职业道德操守。

(三)开展职业意识和人文素质教育

如何让学生乐于接受职业道德教育,自觉、主动地学习职业道德,是职业道德教育教学能否取得实效的关键。离开职业意识的培育,教育中缺乏对职业教育的认同,职业道德教育只能是流于形式和空谈。通过调查了解,当前众多高职学生并非主动选择、喜欢接受高等职业教育,而是高考成绩和原有学习程度使然。不少学生不太乐意学习职业技能和业务操作,认为那是"低档次"的,这在财经类专业学生中更为突出。因此,开展职业意识教育,引导学生提高对职业劳动的正确认识、评价,培养职业情感,端正职业态度,明确职业角色,形成职业思维模式,是财经职业道德教育的重要内容和前提。

与人打交道的职业工作特征使得了解人、尊重人、真心诚意为客户服务成为财经行业从业人员的首要和基本的职业道德素养。开展人文素质教育,有助于学生丰富人文学科知识,增进人文情怀和人文精神,提高与人协调沟通能力,有利于职业道德品质养成。

(四)发挥校园文化育人的协同作用

高职院校创建校园文化不仅能充实学生的业余生活,更能陶冶学生的情操,提高学生的文化素养和综合素质。因此,在校园文化活动中要融入职业道德元素,提炼并融合行业、企业文化的精粹,积极发挥具有高职特色的校园文化在培育高素质技能型专门人才中的协同作用。

(五)探索多方合力的职业道德教育机制和路径

开设职业道德校本课程,研究确定课程教学的知识目标、价值观目标和能力目标是必不可少的教育形式和途径。但由于课堂教学方式的局限性和课时数限制,要切实提高学生的职业道德素质,还必须充分运用学校和行业多方面的教育资源和载体,着力构建职业道德教育的有效机制和可行路径。

浙江金融职业学院在这方面进行了积极的探索:在新生始业教育中介绍学校发展历史、职业教育特点、就业状况和专业学习要求,培养学生职业意识和对高职教育的认同感;通过"明理学院"载体,对一年级学生进行人文素质教育和高职学习指导;对二年级学生,结合专业学习和从业人员资格(论证)考试辅导,讲授诸如会计、保险、证券等职业道德课程;对三年级学生开设财经(金融)职业道德课程,在专业实习中接受行业、企业关于道德法纪等行为操守指导;通过校园文化活动培养学生"诚信""明理"等品德;通过"校友回校日"活动,邀请杰出校友与在校学生共话人生,指导职业生涯设计,引导学生树立正确的职业理想和奋斗目标。

经过几年实践,我们体会到在实施课程教学同时,把职业道德内涵有机结合到校园文化活动和学生顶岗实习中,挖掘专业课程中有关职业精神、职业意识等教育资源,充分利用行业资源开辟职业道德教育实践基地,聘请行业专家和先进人物进行讲学,以典型事例感召学生等,是切实推进职业道德教育的有效路径。

[参考文献]

[1] 教育部.关于以就业为导向深化高等职业教育改革的若干意见(教高〔2004〕1号).
[2] 教育部.关于全面提高高等职业教育教学质量的若干意见(教高〔2006〕16号).
[3] 马树超,郭扬.职业教育:跨越·转型·提升[M].北京:高等教育出版社,2008:38.

高职学生思想政治教育的人文关怀缺失与对策

张鹏超

[摘　要]人文关怀在高职学生思想政治教育中的重要性已成为共识,但因高职院校教育者主体、受教育客体、教育环境等因素,在高职学生思想政治教育过程中仍然存在着忽视甚至缺少人文关怀的现象。本文从构建党政统一领导、齐抓共管的领导机制,构建全员、全过程、全方位的育人机制,构建学生问题信息收集、反馈和解决机制和构建心理危机干预、预警和宣泄的疏导机制方面探讨了如何进一步增强高职学生思想政治教育中的人文关怀。

[关键词]思想政治教育　人文关怀　全面发展

自党的"十七大"提出"加强和改进思想政治工作,注重人文关怀和心理疏导"要求以来,在广大教职员工和思想政治教育工作者的共同努力下,高职学生思想政治教育中的人文关怀理念和实践取得了长足的进步。但目前高职思想政治教育中的人文关怀与学生的思想和心理上需求相比还远远不够。党的"十八大"进一步强调加强和改进思想政治工作,注重人文关怀和心理疏导,培育自尊自信、理性平和、积极向上的社会心态。在思想政治教育中加强人文关怀意识,是今后高校提高思想政治教育质量的关键。将人文关怀融入思想政治教育工作,充分关注学生的个性,关注学生的需求和发展,才能真正增强高职思想政治教育工作的实效性。

一、高职学生思想政治教育的人文关怀缺失现状

人文关怀就是对人的生存状况的关怀、对人的尊严与符合人性的生活条件的肯定。思想政治教育工作是做人的工作,人文关怀是思想政治教育的本质和核心。在思想政治教育中加强人文关怀就是充分尊重学生的需求,充分尊重学生的差异性、独特性和自主性,培养学生正确的价值观、人生观、道德观和世界观,提高学生的综合素养,使学生成长为有健全人格、有创新精神的全面发展的人才。高等职业教育作为高等教育的重要类型和职业教育体系的重要组成部分,经过多年的发展已从规模扩展发展到以质量为抓手的内涵建设阶段。

[作者简介]张鹏超,男,1971年出生,内蒙古呼伦贝尔人,副教授,浙江金融职业学院学工部长,研究方向:大学生思想政治教育。

高职教育在几十年的发展中,逐步明确了高职教育的育人目标是培养高素质高技能的应用型人才。高素质高技能的应用型人才是以"高技能"为优势的全面发展的人才。"全面发展"是育人的本质要求,是马克思主义育人观的核心所在,也是符合我国全面建设小康社会的总体目标的。因此,高职教育在强调学生的职业能力、操作技能和实践能力等核心精神的同时,一定要以学生的全面发展为最高目标,注重提高学生的综合素质。而高职教育多年的就业为导向的育人目标,使得人文关怀在高职思想政治教育中的缺失现象普遍存在。具体表现为以下几点。

(一)人文关怀教育理念偏差

尽管很多高职院校在实践中努力贯彻党的十七大提出的在加强和改进思想政治工作中注重人文关怀和心理疏导的理念和要求,但部分思想政治教育工作者却对大学生人文关怀教育理念存在误解。具体表现为,在开展思想政治教育人文关怀时,一些教育者更多地关心学生的学习生活和就业,却忽视了人生观、价值观和道德观提升;一些教育工作者更多地关心学生的政治倾向问题,却忽视了学生的心理问题。诸如此类的现象说明了高职学生思想政治教育中人文关怀的教育理念仍存在偏差。

(二)思想政治教育中重共性轻个性的现象仍普遍存在

我国传统文化在处理个人和集体关系时,喜欢把个人置于集体环境之中,强调集体的利益,亦即共性的利益。同时受"社会本位论"的影响,在思想政治教育的目标定位上,也往往把眼光局限在通过思想政治教育促进社会政治、经济、文化及社会的整体稳定和发展方面,习惯于强调思想政治教育的社会价值,过多地强调人的社会角色、职责和义务,而忽视了受教育者在思想政治教育中应得到的能力和素质的提高,忽视了对受教育者思想政治教育个体价值的研究。目前,在思想政治教育的实践中,还存在着重视思想政治教育社会功能的发挥,忽视思想政治教育个体功能发挥的倾向,只强调从社会需要出发,突出的是维护社会的稳定,完成社会任务或解决社会问题,一切以社会的需要为出发点来要求人,忽视了对人精神欲求的满足,使思想政治教育偏离了"现实的人"这一主题,陷入了只见"社会"不见"人"的误区。这种教育模式虽然注重了社会整体利益,却极大地限制了人的个性化发展,这与关心人、尊重人的人文关怀思想背道而驰。因其无视或忽视受教育者的个性特点,不顾社会发展的需要和具体地区、学校的特殊性,以统一的要求、统一的标准、统一的教育内容、统一的教育形式和方法,塑造相同的人才,否定了人的个体独立价值。

(三)人文关怀实践载体缺乏

马克思认为:"正是在改造对象世界中,人才真正地证明自己是类存在物。这种生产是人的能动的类活动。"[1]这体现了马克思主义的实践观。思想政治教育作为一种教育实践活动,是在社会实践的基础上产生并随着社会实践的发展而不断发展和完善的,它通过改造人的主观世界而影响着人类的社会实践活动。高职学生通过参加社会实践活动,在思想政治素质、科学文化素质和实践创新能力等方面均得到很大提高。儒家思想强调言行一致,知行合一。以"人文教育"为主线的社会实践活动对加深学生对祖国传统文化、各地乡土风情和我国国情现状的了解,对于培养大学生关注社会、关注民生的责任意识等方面极为重要。但由于受功利性影响,高职教育开展的与专业结合、与生产实践结合的社会实践居多,而公益类、人文类、思想政治教育类的社会实践,不论从总体水平还是实践形式来讲,都是不够的。在人文社会实践的形式上,美国高校有许多经验值得借鉴。美国高校的学生经常有组织地或无组织地参加社会实践和服务活动,例如筹集各类慈善基金、参与服务性志愿活动、参与教堂服务活动、进行选举和竞选活动、进行针对老年人和退休者服务活动、参与环境治理项目和参与学校管理等,值得我们学习和借鉴。

二、高职学生思想政治教育中人文关怀缺失的原因

目前高职院校思想政治教育的人文关怀缺失的原因是多方面的,从国际因素看,包括经济全球化和文化多元化,从国内因素看,是经济体制的变革和社会转型的结果。本文着重从微观角度,即高职院校教育者主体、受教育者客体、教育环境等方面考证高职学生思想政治教育人文关怀缺失的原因。

(一)教育者主体因素

社会经济的发展需要高素质的技能型人才。高职学生思想政治教育工作的长足发展需要众多高素质、有涵养、富于创新精神的思想政治教育人才。然而由于我国高职教育发展时间较短,多数学校刚刚从扩张期向内涵提升期转变,由于一些高职院校过度重视学生技能的提高,而忽视学生思想政治教育的人文关怀等原因,我国部分高职院校中的思想政治教育的重要性还没有得到应有的重视,思想政治教育的高级人才也同样未得到应有的重视。因此,导致目前从事高职思想政治教育的工作者的能力和素质参差不齐,思想政治教育中人文关怀理念难以付诸实践。

(二)受教育者客体因素

主体和客体是思想政治教育研究中一对基本的范畴。思想政治教育工作是在主体影响下引起客体的思想、行为转变达到预期目标的一项活动。其中主客体之间存在密切联系,二者之间相互作用,相互影响。思想政治工作要实现长效发展,必须充分发挥主客体二者的作用。目前高职院校思想政治教育的人文关怀缺失的另一方面原因也与思想政治教育的客体有关。高职院校长期形成的重技能轻人文的发展理念导致了高职学生在学业方面的急功近利思想。一些高职学生对人文关怀的理解不深,甚至是曲解,提起思想政治教育的人文关怀,就认为是子虚乌有的东西,没有实际意义,有的学生还反感、抵触思想政治工作中的人文关怀。

(三)教育环境因素

马克思、恩格斯在论述人与环境相互作用时提出:"人创造环境,同样环境也创造人。"[2]人的本质属性是社会属性,是各种社会关系的总和,其发展离不开所处社会的政治、经济、文

化等各方面的影响。高职学生思想政治教育工作同样受到校园育人环境的影响。校园育人环境既包含思想政治教育者的主动作为,全体教师干部的积极投入,全体教职员工的主动参与,包含着从学生入学到毕业的全过程设计,也还包含着对学生的生活、学习、思想、心理等全方位的关心关怀。良好的育人环境能够起到潜移默化、润物无声的育人效果。而目前全员育人、全过程育人和全方位育人的系统工程还需要加强。

三、加强高职学生思想政治教育的人文关怀对策

高职学生思想政治教育的人文关怀在高职院校教育工作中十分重要。教育以育人为本,各高职院校应牢固树立以生为本理念,深入实施思想政治教育的人文关怀,切实提升高职学生思想政治教育的人文关怀效果,更好地完成培养中国特色社会主义合格建设者和可靠接班人的重要使命。本文认为构建高职学生思想政治教育的人文关怀机制,应从以下方面着手。

(一)构建党政统一领导、齐抓共管的领导机制

高职院校的党政领导要高度重视学生的思想政治教育的人文关怀理念,从教育、服务和管理各方面同时着手,形成统一领导、齐抓共管的领导机制。人文精神的核心之一是引导和培养学生"与人为善""关爱社会"的品质。高校党政教育工作者和管理者要把人文关怀作为学校教育和管理的理念。一些高职院校还存在着官本位的思想,一些干部以领导者自居,对学生缺乏基本服务意识和人文关怀的现象,导致学生对教育者和管理者俯首帖耳、唯命是从,这与人文关怀的理念背道而驰。因此构建党政统一领导、齐抓共管的领导机制很重要的一点是要提高教育工作者和管理工作者的素质,转变管理理念和工作作风,将服务学生、以生为本的人文关怀理念深入到具体的教育管理活动中,才能使学生真正感受到人的价值和尊严,培养出懂得尊重他人、关爱社会的高素质技能型人才。提升高职学生思想政治教育工作者的主体素质,对于思想政治工作人文关怀理念的全面实现是有必要的。要优化知识、文化、能力、年龄结构,提升教育工作者综合素质,将我们的思想政治教育工作者们培养成人文关怀理念的有效接收者、理解者、接纳者和践行者。

(二)构建全员、全过程、全方位的育人机制

思想政治工作的本质是一种培养人、塑造人、转化人、发展人、完善人的系统性工作,是一门人文色彩很浓的学科,具有广泛而深厚的人文关怀内涵。这就需要高职院校全体教职员工都参与到关心学生的基本需求、引导学生追求个人价值实现的过程中来,进行全员、全过程、全方位的育人。要正确把握高职学生的发展特点,善于引导学生理解社会和个体的关系,把握思想政治教育的人文关怀理念的契合点,尊重学生的主体地位和首创精神。应从学生实际出发,尊重学生的独立性人格、尊重学生的人性需求、尊重学生的多样性和个性差异,引导他们自我教育、自我提高、自我完善,增加思想政治教育的感召力和凝聚力。

(三)构建学生问题信息收集、反馈和解决机制

思想政治教育工作要凸显人文关怀,不是等学生出了问题再去关怀,而是应该提前发现学生问题,有针对性地做思想政治工作,实现人文关怀。因而,思想政治教育对学生问题信息的收集、反馈和解决成为人文关怀中不可或缺的环节,要建立"预先发现问题萌芽、超前制订解决预案、提前介入化解矛盾"的思想政治教育工作预警机制,具体包括学生反馈信息、收集整理信息、专题调查研究、出台管理措施、落实实施方案、综合调查反馈等。

(四)构建心理危机干预、预警和宣泄的疏导机制

思想政治教育中加强心理危机干预、疏导十分必要,是促进大学生全面发展,培养高素质人才的重要内容。现实生活中大学生面对诸多压力,如生活压力、学习压力、就业压力、心理生理压力、思想压力等,当面对诸多压力,却感受不到社会的温暖时,其价值观必然要走向极端。近年来,高职学生因心理疾病、精神障碍等原因自杀或致伤、致死他人的案例时有发生,不仅给学生家庭带来极大的伤害,在社会上也产生极大的影响,引起了社会各界的广泛关注。因此,高职院校建立专门的心理危机干预、预警和宣泄的疏导机制,加强大学生心理健康教育工作,是当前摆在高校面前的一项重要任务,也是加强和改进大学生思想政治教育工作的迫切要求。高职院校思想政治教育必须以生为本,从引导大学生的成人成才高度着手实施人文关怀。要充分尊重大学生的主体地位,贴近生活、贴近实际、贴近学生,从学生个性需求出发,关心学生的生活,关注学生的思想变化和精神诉求,将解决学生思想问题与解决他们的生活实际问题紧密结合起来,进行平等的、有针对性的价值教育。在具体实施方法上,要把思想政治教育与心理问题疏导、心理危机干预、心理健康教育有机结合起来,针对高职学生容易发生的心理问题,积极开展辅导和教育,创造倾诉沟通的机会,使大学生学会心理放松与自我调节,树立自信、自尊、自强的良好心态,培养吃苦耐劳、坚忍不拔与关爱心灵、珍视生命的品质。同时,通过积极开展心理疏导,加强对学生的情感慰藉和心灵关怀,不断提高思想政治教育人文关怀的实效性。

总之,高职学生思想政治教育中的人文关怀问题既是一个重要的理论问题,更是一个长期的实践问题。高职院校思想政治教育一线的工作者们要运用马克思主义理论与实践相结合的方法,在借鉴他人研究成果和把握前沿学术动态的基础上,对高职学生思想政治教育的人文关怀从理论到实践进行深入的研究和分析,构建以学生为本的领导机制、育人机制、解决机制和疏导机制,让人文精神深入人心,伴随学生健康成长,为中国特色社会主义伟大事业输送高质量、高素质、高技能的复合型人才。

[参考文献]

[1] 马克思.1844年经济学哲学手稿[M].北京:人民出版社,2000:58.

[2] 马克思,恩格斯.马克思恩格斯全集:第1卷[M].北京:人民出版社,1956:43.

浅析"90后"大学生思想特征教育方法

朱　杭

[摘　要]随着"90后"大学生大规模地进入大学校园,这批有着鲜明特点的学生群体对传统的教育方式提出了新的挑战。在全国上下都着力建设和谐校园的时刻,如何给"90后"这个"张扬个性"的学生群体创建一个有助于他们成长的校园环境,无疑需要引起我们高校教育者的特别关注。

[关键词]"90后"大学生　思想特征　教育方法

"90后"大学生一出生就面临着社会给予的竞争压力。由于家长、教师对学生的高要求,时常超越了他们所能承受的范围,使学生每天生活在竞争、受敦促、受批评的环境中,久而久之,在不易察觉的情况下,形成了不同程度的如焦虑、自卑、悲观等不良情绪,心理问题尤其突出,值得人们关注。

一、"90后"大学生的成长背景

(一)社会环境

丰富的社会物质生活。"90后"出生于中国深化发展的阶段,是改革开放成果的彻底享用者,是信息时代的优先体验者。较之于"70后""80后","90后"普遍生活条件优越,没有经历过大规模的社会激变,因此他们也相对缺乏生活挫折的体验,易于追求享乐。

多元化的社会文化生活。当代中国文化呈现出多元化的发展态势。在"90后"的生活环境中充斥着各种各样的价值观,可以说,"90后"面对的意识形态的变化是前所未有的,这样千姿百态、各式各样的思想,必然会造就"90后"群体价值观的多元化。

不断扩大的社会贫富差距。随着改革开放的不断深入,社会贫富差距不断扩大,家庭经济条件的差距自然也不断扩大。社会经济关系直接影响着"90后"的成长,这也加强了这个群体对高品质物质生活的渴望。

[作者简介]朱杭,男,汉族,1983年出生,浙江杭州人,硕士,工程师,任职于浙江金融职业学院实践教学与网络信息中心,研究方向:软件工程。

(二)家庭环境

独特的"4＋2＋1"家庭环境。如今很多"90后"出生于"4＋2＋1"家庭环境中,四个老人与一对父母共同抚养一个孩子。在家人的共同关怀下,"90后"自然而然成为家庭的重心。家人的过度关怀很容易造成"90后"以自我为中心,团体意识及抗挫折能力不强。

家庭压力大。由于是家中唯一的孩子,"90后"也是全家人唯一的希望。因此,在受到全家呵护的同时,"90后"也承受了全家的期望,忍受着来自多方面的压力。这种环境也造成了"90后"感性敏感的特点。

(三)教育环境

首先,改革开放以来,我国教育无论是硬件还是软件水平都有很大的提高,教学改革不断探索着最先进的教育方法,这些都使"90后"学生享受着良好的学校教育。

其次,我国的高等教育也由原来的精英教育发展为大众教育,更多的学子能够跨进高校的大门,高校学生群体不断扩大,也造成了学生整体素质的变化。

再次,学生接受信息的途径有了显著变化,以往只靠老师教授知识的时代一去不返。网络的发展,使得学生接受信息由被动转为主动,他们源源不断地接受外界信息,但是,网络信息良莠不齐,很容易造成他们思想的混乱。

二、"90后"大学生的思想特征

(一)个性张扬,团队意识相对较弱

由于社会环境的开放化,"90后"大学生思想较为独立,个性张扬,不轻易趋同别人。但是,由于过于强调个体的重要性,并且多是独生子女,他们与人合作能力相对较差,团队意识相对较弱。"90后"大学生在做出判断和抉择时,往往只注意自我的感受,缺失集体主义价值观。

(二)崇尚自由,易冲动易受挫

由于"90后"大学生所处的社会和家庭成长环境良好,全家的保护容易让他们产生束缚感,渴望自由。同时长辈的迁就造成了他们缺乏深思熟虑,容易冲动,这使他们容易遭遇挫折。并且,当遇到挫折时,他们的心理落差会非常大,以至于难以自我调节。

(三)追求民主,维权意识增强

"90"后生长于民主与法制制度不断完善的时代,依法治国观念深入人心。所以,在面对权利侵犯时,他们也表现出更强烈的自我保护意识。较之以往的大学生,他们民主意识强烈,对有违公平的事情反应强烈,并且,他们更懂法,也更善于运用法律法规维护自己的权利。

(四)勇于竞争,功利主义思想浓厚

当今社会竞争无处不在。在学校,学生之间要竞争;在社会上,就业竞争更为激烈。生长在充斥着竞争的时代,"90后"对于竞争可谓是再熟悉不过了,为了在竞争中处于优势,他们善于表现自己,不断锻炼以增强竞争力,但也容易呈现片面的功利观。

另外,作为独生子女的他们从小缺少兄弟姐妹间的情谊,再加上贫富差距不断扩大的社会现实压力,使得他们在处理一些问题的时候,功利主义思想浓厚。

三、"90后"大学生思想政治教育方法初探

(一)探索出自我教育的积极作用

把握自我教育的方向。必须坚持在教育的过程中,使大学生不仅在情感上,更能从世界观的高度,自觉而理性地接受、认同和践行民族精神、时代精神和社会主义荣辱观,确保自我教育不偏离方向。

建设自我教育的环境。努力营造"人人参与教育、人人接受教育"的良好氛围,使学生通过自我认识、自我体验、自我操控,学会选择和甄别,主动接受先进思想,养成良好的思想品德和行为方式,进而形成正确的世界观、人生观、价值观。

完善自我教育的方式。高校要为学生自我教育搭建更多平台,充分发挥党团、学生会、社团、青年志愿者等组织的优势,开展形式多样的活动,以可亲、可近的方式贴近学生,感染学生、熏陶学生,寓教于乐。

(二)提升网络信息的正面影响

伴随着网络信息技术的飞速发展,网络虚拟世界已在某种程度上成为"90后"大学生生活的"第二社会"。扩大网络信息的正面影响,趋利避害、扬长避短,对加强和改进"90后"大学生的思想政治教育十分必要。

更新理念为先。逐步树立与网络社会相适应的开放化、国际化意识,拓展观察处理问题的开放性视野;树立教育民主化的观念,正视大学生从各种渠道获得信息的权利和自我判断的能力,在交流互动中提高学生的辨析能力;以尊重的姿态和亲和的心态进入学生的心灵深处,获取学生最真实的思想、心理动态,进行更深入有效的思想教育。

占领阵地为重。广泛建立具有可读性、服务性的教育网站,让网络主流文化深入到学生可触及的每一个"角落"。要深入洞悉"90后"大学生的特点,建设体现时代精神,集思想性、教育性和趣味性于一体的精品、特色网站,把健康向上的主流文化有机地融于网络之中,提高思想政治教育的吸引力和实效性。

正面引导为主。作为教育者,必须保持清醒的头脑,及时了解学生的思想动态和情绪潜流,引导学生进行独立思考与分析,培养他们从复杂多样的网络信息中取其精华、去其糟粕的意识和能力。对于"90后"大学生可能出现的"网络上瘾症""网络孤独症",以及

其他错误的思想认识,必须进行及时的教育引导,帮助学生提高自我调控意识与免疫能力。

(三)释放生活德育的内在力量

坚持尊重原则。德育是塑造人的过程,其前提是要尊重人,即要尊重学生的主体地位,尊重学生的个体价值和社会价值,更多地注重每个有个性特长的学生不同他人的个性特征、兴趣爱好、成长特点、能力倾向、价值观取向。

开拓德育空间。要以学校德育为主体、以家庭德育为基础、以社会德育为依托,构建三位一体的德育网络。学校要发挥引导和指向作用,树立生活德育"网络化"理念。家庭要发挥亲和作用,进行精神上的引导和感情上的支持。社会要发挥实践作用,增加道德人文关怀成分,在最现实、最本质的生活中,给予学生最生动的教育。

构建体验模式。要采取适当的形式,让学生参与社会实践活动和学校的常规管理等,使学生在最直接的体验中得到锻炼,逐步养成善于沟通、乐于助人、勤俭节约、吃苦耐劳、直面困难等良好的道德品质。

一个时代造就一个时代的青年。我们高校教育工作者要客观看待"90"后大学生这个学生群体,正确分析其思想特点,有针对性地开展教育,为国家培养合格的、可靠的、优秀的接班人。

[参考文献]

[1] 闵永新.论灌输原则与大学生思想政治教育有效性[J].江苏高教,2011(1):130—131.

[2] 黄蓉生.切实加强大学生理想信念教育[J].教育研究,2012(12):8—10.

[3] 韩华.人文关怀视野下的大学生思想政治教育[J].思想理论教育导刊,2009(2):85—88.

论高职学生理想信念教育与职业
生涯规划的有效结合

王 琴

[摘 要]职业生涯规划中蕴涵着丰富的理想信念教育资源,充分认识高职学生理想信念教育与职业生涯规划两者之间的内在联系及结合的必要性,坚持两者的有效结合,为提高高职学生理想信念教育的实效性提供了一个新的载体。

[关键词]理想信念教育 职业生涯规划 有效结合

新时代"90后"高职学生的理想信念及价值取向等发生了深刻的变化,如何有效地解决高职学生思想中存在的问题,帮助他们成人、成才,是新形势下高职学生思想政治工作面临的新挑战。高职学生理想信念教育和职业生涯规划都是为促进学生个体发展服务的,两者有效地结合在引导学生树立正确的价值观、激发积极向上的精神动力、养成良好的品德行为等方面具有积极作用。

一、相关概念的界定

(一)高职学生理想信念教育的目的和任务

当代高职学生理想信念的内容主要有两方面:一是中国特色社会主义的共同理想信念;二是共产主义的远大理想信念。理想信念教育是高职学生思想政治教育的核心内容,高职学生的理想信念教育的目标和任务是以思想政治理论课、时事形势政策教育及日常学生思想政治教育活动为主载体,开展马列主义信仰、共产主义信念、社会主义信心等一系列教育活动,使学生树立正确的世界观、人生观、价值观,树立建设中国特色社会主义共同理想。

[作者简介]王琴,女,1983年出生,浙江杭州人,教育学硕士,讲师,浙江金融职业学院会计系教师,研究方向:思想政治教育。

(二)高职学生职业生涯规划的目的和任务

职业生涯规划指一个人结合自身条件和现实环境的各种因素,确立自己的职业目标,选择职业发展道路,制订相应的学习、培训和工作计划,并按照生涯发展的阶段实现具体行动以达到目标的过程。从时间上讲,职业生涯规划可分为:短期规划、中期规划、长期规划、人生规划。职业生涯规划能够帮助学生全方位分析和了解自己,根据自己的特点和专业做出明确的职业发展定位,进而设立明确的职业发展目标。高职学生职业生涯规划其核心目的在于帮助学生树立正确的人生观、职业观、价值观,对自己的未来与人生进行全面筹划。

(三)高职学生理想信念教育与职业生涯规划结合的可行性

从以上两个概念的内涵来看,高职学生职业生涯规划和理想信念教育是可以紧密地结合在一起的。我们都知道科学的世界观、人生观、价值观是一个人成才的基础,因此高职学生理想信念教育是树立正确职业生涯观的支撑,对职业生涯规划起着引领作用。另一方面,高职学生理想信念教育有效的开展,又需要结合职业生涯规划给予的具体的、现实的目标。只有把职业生涯规划的具体步骤渗透进高职学生理想信念教育工作中去,实现两者之间的有机统一,最终相得益彰。

1.两者育人目标的同一性。理想信念教育是要使学生树立正确的世界观、人生观、价值观,树立建设中国特色社会主义共同理想,在理想信念的指引下努力提高个人综合能力和素质,成长为中国特色社会主义事业的合格建设者。对高职学生进行职业生涯规划指导要以三观为主线,通过帮助学生自我分析、认知社会等环节指导和帮助学生调整自己的职业规划方案,科学规划职业发展方向,引导学生进行职业训练实践,成为社会所需要的合格人才。职业生涯规划与理想信念教育的结合在共性教育的前提下,满足学生个性发展的要求,实现理想目标和现实目标高度融合。两者的目标都是促进学生的全面发展,要把学生培养成为优秀的社会主义事业的建设者,所以说理想信念教育与职业生涯规划二者育人目标一致。

2.两者育人功能的同效互补性。高职学生理想信念教育的内容包含了世界观、人生观、价值观、公民道德教育和社会主义核心价值观教育,在学生人生道路上发挥指引方向的功能。职业生涯规划通过进行职业道德教育、职业情感教育、职业习惯教育和职业能力教育,让学生了解自己、了解社会,从而提高就业竞争力,为大学生的职业和事业发展奠定了基础。职业生涯规划以职业为桥梁,使理想信念教育的目标更加具体清晰,将学生的生活理想与职业理想同社会的共同理想结合起来,更具有可操作性。职业生涯规划在某种程度上实现了理想信念教育向现实生活的回归,同时理想信念教育使学生形成良好的人生观、价值观,为学生的职业发展奠定基础,二者育人功能同效且互补。

职业生涯规划与高职学生理想信念教育二者之间相互融合、相互促进、相互补充,两者都是研究如何帮助高职学生实现自身的全面发展和服务于社会的。以职业生涯规划为切入点来提高理想信念教育的实效性,是理想信念教育的发展和创新。

二、高职学生理想信念教育的现状及其原因

(一)高职学生理想信念教育的现状

为了理性、全面地考察我省高职学生理想信念现状,本文对浙江省部分高职学生采用问卷调查与个别谈话相结合的办法,对不同学科、不同层次的学生进行了"高职学生理想信念教育现状及实效性调查问卷"的抽样调查,通过对收回的调查问卷分析,我省高职学生理想信念教育存在以下几个现状。

1.理想信念的不坚定性。在调查中问及"你拥有理想和信念吗"时只有29%的学生分别拥有短期和长期理想,但是信念都不够坚定,容易受各种因素的影响而发展改变(见图1)。只有20%的学生拥有长远理想并且信念坚定,从调查数据我们可以发现,当代"90后"高职学生有理想信念,但是不坚定,存在动摇性。当问到"理想与现实相冲突时会怎么办?"49.7%的学生选择了根据现实情况而定,12.7%的学生选择重新调整理想,对现实妥协。

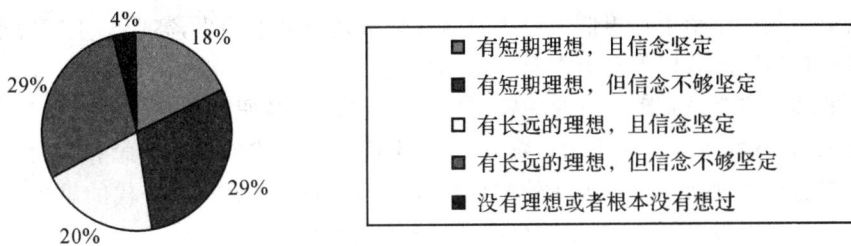

图1 理想信念拥有及坚定性调查状况

图例：
- 有短期理想，且信念坚定
- 有短期理想，但信念不够坚定
- 有长远的理想，且信念坚定
- 有长远的理想，但信念不够坚定
- 没有理想或者根本没有想过

2.理想信念的低层次性。现在很多高职学生缺乏远大社会理想,只为眼前目标打算,学生的个人理想与社会理想不能结合起来,学生的个人理想更趋向于务实、功利和生活化。调查数据显示,具有为国家和社会做贡献的这种较高人生理想的学生占被调查人数的7%,有46%的学生的人生理想只停留在找一份好的工作拥有幸福小家庭(见图2)。由此可见绝大多数高职学生停留在个人理想层面,对社会理想的实现信心不足。

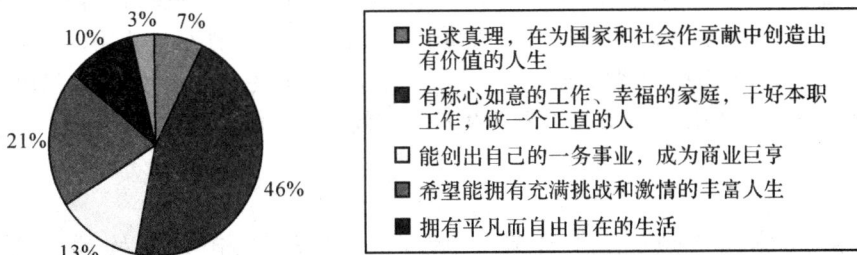

图2 学生目前所追求的理想状况

图例：
- 追求真理，在为国家和社会作贡献中创造出有价值的人生
- 有称心如意的工作、幸福的家庭，干好本职工作，做一个正直的人
- 能创出自己的一务事业，成为商业巨亨
- 希望能拥有充满挑战和激情的丰富人生
- 拥有平凡而自由自在的生活

3.理想信念的功利性。在调查入党动机时,15.9%的被调查学生表示入党是随社会潮流,周围要求入党的人较多,所以才申请入党,28.2%的被调查者入党是为了毕业时能够找

到一份好的工作,仅 13.1％的学生是因为信仰共产主义及党组织的先进性而入党,仅 2％的学生入党是为他人和社会多做贡献(见图 3)。在问及"在国家和集体利益受到损害时您是否会挺身而出"时,48.7％的学生选择了看情况而定,对于择业的影响因素 36.4％的学生选择了经济待遇这一因素。由此可见,当代高职学生追求实际利益、随大流的思想已经较为普遍,政治信仰逐渐迷失。

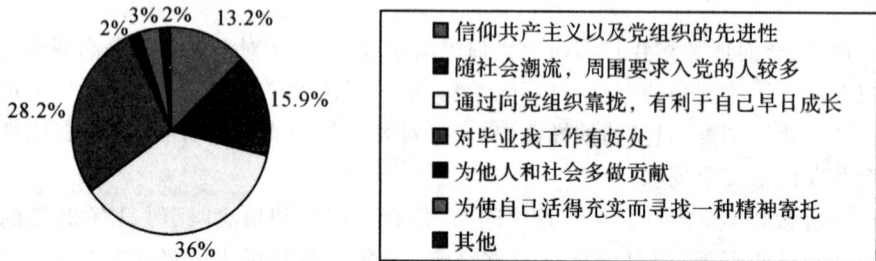

图3 入党的主要动机(限已入党或者有入党动机者回答)

(二)影响高职学生理想信念教育实效性的原因分析

从以上对于高职学生理想信念现状的调查分析我们可以看出,高职学生理想信念教育的实效性不高的原因有以下几个方面。

传统的理想信念教育理念重灌输轻引导。一直以来,高职院校在理想信念教育方面注重最高理想的灌输,注重道德观念的灌输,使学生形成教条式的理想信念和道德观念,理想信念教育普遍缺乏创新。然而现在的学生已经基本上是"90 后",这一代的思想、思维方式与从前比已经有了很大不同,灌输教育理念已经与时代的步伐脱节。

理想信念教育内容的抽象空洞导致学生产生困惑、矛盾的心理。目前高职院校的理想信念教育的开展仍是以书本和课堂为主要范围的理论论证和口头说教。教育内容的抽象空洞使学生不能把理想信念与社会现实联系起来,他们能够理解老师所讲授的马克思主义理论和理想信念教育的科学性,但是当他们面对社会现实却是贫富差距日益扩大、各种腐败现象、日趋严重的拜金主义、利己主义和享乐主义,这与他们在课堂上所接受的教育内容截然相反。

理想信念教育方式重统一轻个性。由于高职院校一直以来在理想信念教育理念上重灌输轻引导,所以教育方式重统一轻个性,忽视了高职学生的主体性与主动性。高职学生相对于本科院校的学生这种主体性更加突出,只注重课堂上的理论知识灌输,或者只用几个典型的事例来解读书本知识,是难以对高职学生进行有效的理想信念教育的。

三、高职学生理想信念教育与职业生涯规划相结合的主要途径

(一)在学生职业生涯规划全程教育中丰富理想信念教育的内容

职业生涯规划教育能给予学生巨大的精神动力,从而起到一种目标导向作用。学生

未来职业生涯的设计过程,是理想信念教育深化的过程。生涯教育通过评估学生的兴趣、性格、知识和能力结构,找出优势和不足,从而制定符合学生兴趣与特长的生涯发展目标和行动计划。这种对自身全面认知的过程,促使学生将全面提高自己的素质转化为自己的内在需求,把自身的发展与社会需要、长远发展紧密结合起来。利用生涯教育的导向功能,围绕理想信念教育的主线,使学生关注社会发展、提升综合素质、树立正确的"三观"。帮助学生树立正确的人生目标,强化学生成才意识,培养学生专业兴趣、职业精神和社会责任感。

(二)以贯穿三年的职业规划主题系列活动作为理想信念教育主阵地

职业生涯规划贯穿学生的新生阶段、专业学习阶段和毕业阶段,理想信念教育应该根据这些阶段的特点来提高实效性。在新生阶段引导新生适应大学生活,通过分析自我、了解社会大背景等内容引导新生树立职业理想,激发学生成才欲望,树立正确的人生目标,规划大学生涯。专业学习阶段生涯规划的重点在于帮助学生把个人特征与专业职业方向联系起来,培养学生专业兴趣,培养其职业精神和社会责任感;发展适合自己兴趣、爱好的职业能力,使自己既能适应社会需要,又能充分体现个人特色,既能满足专业要求,又有良好人文修养。在毕业阶段,培养学生自觉成才的意识,锻炼学生各种职业能力,根据自身的职业素质水平和职业理想进行岗位选择,同时培养学生诚信意识,树立"今日我以母校为荣,明日母校以我为荣"的感恩意识,以及奉献社会的强大信心。要把职业生涯规划教育把不同层次的教育内容统一到理想信念教育过程中,使教育的内容更加具体化、更加有针对性。使理想信念教育的导向作用、协调作用、激励作用得到更加充分的发挥,进一步提升了理想信念教育的实效性。

(三)以职业生涯个性化辅导有针对性地开展理想信念教育

职业生涯规划辅导是一个群体与个体相结合的过程,这就给高职院校有针对性地开展理想信念教育提供了一个很好的平台。在面向不同群体和个体进行针对性辅导时开展理想信念教育。可以采取个体辅导咨询、生涯团体辅导、谈心辅导咨询、网络辅导咨询相结合的方式,建立立体型生涯辅导体系来开展理想信念教育。个体辅导咨询是指通过学院和系部两级生涯咨询团队,开展院系两级生涯发展咨询,设定生涯咨询日。在教师帮助个体学生分析生涯困惑,突破生涯困境时引导学生树立远大理想,坚定共产主义信念,同时将职业道德教育、心理健康教育、人文素养教育等相关内容融入辅导或咨询中,有针对性地开展理想信念教育。

职业生涯规划与理想信念教育的有效结合具有一定的价值和可行性,以职业生涯规划为切入点来提高理想信念教育的实效性是理想信念教育的一个创新点,既能把理想信念教育的最高目标与学生的实际需求有机结合起来,顺应社会发展要求,又能把理想信念教育落到实处,提高有效性,同时也为高职院校的理想信念教育找到全新的工作视角与开展载体,最终将实现多赢的理想效果。我们只有努力探索和把握职业生涯规划和理想信念教育规律,才能不断丰富和完善理想信念教育内容。

[参考文献]

[1] 程大法.高职学生职业规划与就业指导[M].杭州:浙江科技出版社,2008:80—82.

[2] 张志萍,吕建秋,刘智强.职业生涯规划与高校思想政治教育创新[J].中国成人教育,2010(8):54—55.

[3] 任凤彩.大学生职业生涯规划教育同高校思想政治教育相结合的价值与实现[J].学校党建与思想教育,2009(12):68—70.

[4] 刘娜,张红兵,张冬.以职业生涯规划为载体创新高校思想政治教育工作[J].教育与职业,2011(30):46—47.

[5] 齐佳.职业生涯规划与大学生思想政治教育研究[D].长沙:湖南科技大学,2010:30—36.

浅析教育价值观的个人本位与
社会本位的和谐融合

陈　民

[摘　要]近年来,我国教育部门为提升教育工作的整体水平,在全社会范围内推动教育工作的优化完善,使国家的教育事业实现和谐、可持续的健康发展,大幅度增加了对教育工作的改革力度。在这种环境中,以个人本位及社会本位为核心的教育价值观问题,引起了众多人士的关注,推动教育价值观中个人及社会的和谐融合,成为新时期教育工作的焦点。本文从教育价值观、个人本位及社会本位三者的含义入手,对我国当前教育价值观的现状进行了分析,并着重探讨了推动个人与社会两种本位和谐融合的途径。

[关键词]教育价值观　个人本位　社会本位　和谐融合

就教育价值观的基本问题而言,个人本位及社会本位是极具代表性的两种观点,它们直接地呈现了教育工作在价值取向方面对于个人及社会的发展偏重的不同状况。长久以来,个人本位与社会本位既未走向彻底的冲突与对立,也未真正地达到有机的和谐融合,而是一直处于相互碰撞的发展态势中,在不同阶段呈现出不同的偏重。然而,就21世纪这一知识经济时代的发展状况与要求来看,个人本位及社会本位二者已经无法继续维持相互独立或对立的存在状态,实现和谐的统一成为一种势不可挡的趋势。因此,教育界研究人员纷纷针对二者和谐融合的问题展开了研究。

一、教育价值观及其个人和社会本位的含义

(一)教育价值观

从哲学角度来讲,价值观体现了主客体之间的价值关系实质,即客体对于主体需求的满足程度,以及对主题发展的推动作用,是客观存在而不可变更的一种关系与作用。而价值观体现在教育工作中,则是指教育工作的实施,对个人与社会的生存及发展所具有的意义和作

[作者简介]陈民,男,汉族,1982年出生,浙江天台人,硕士,讲师,浙江金融职业学院党委宣传部干部,研究方向:高职教育管理。

用,具有较为明显的主观色彩,体现在教育工作的目标理想与价值取向方面。

教育价值观这一问题极其复杂且具有极高的生存活力,通过对这一问题进行研究,教育工作者可以在认识论的角度,形成对于人和其他主体的更深入的了解与掌握,进而推动教育工作在形式与理念上的与时俱进。同时,这一研究还能够为教育工作者从价值现象的规律、特点及评价方法等方面,更加完善、精准地对教育工作的价值加以阐明解释,推动教育工作在实践中的良好发展。

个人本位和社会本位两者构成教育价值观的基本问题的两种主要代表观点,单就本位这一概念的含义来讲,它是指在某一特定的关系与规定中,处于根据及基础地位的方面。由于研究人员在哲学观念、理想人格及人性假设方面存在着明显的差异,个人本位及社会本位的两种观点在教育事业发展中一直相互碰撞而存在,受到教育工作者的极大关注。

(二)个人本位

从本质含义的层面来讲,教育价值观中的个人本位是指教育工作的实施要以满足个人的需求作为基础,立足于个人兴趣与需要这一核心,组织推动各项教育活动的开展,以保证个体在接受教育活动的过程中实现最高程度的完善及发展。它代表了教育工作偏重于个体发展的价值取向,是一种以自我满足及发展为中心的教育价值观念。

此种教育观点认为,个体与社会二者之间的关系,相应地可看作有机体与整体环境两者的关系,即社会这一环境必须为身为有机体的个体提供生长及发展的条件,使个人的兴趣、爱好、权利、利益得到充分的满足。教育工作者为了达成这一工作目标,必须在开展教育工作时,立足于个性化及人本化发展的理念,更加重视对个体潜能的挖掘,促成个人品格与理智的全面发展。

(三)社会本位

社会本位对立于个人本位而存在,它是指教育工作的实施,应当立足于社会发展的各方面需求,明确地凸显社会发展的重要性,并且围绕着社会发展这一核心,制定教育工作的具体内容、工作目标,以及人才培养的规格,个人的兴趣与需求在这一本位中处于次要的地位。

支持此种观点的学者认为,个人的发展由社会发展状况决定,个人各项工作的实施必须立足于对社会发展需求的满足,教育工作的实施应当在院校的规模与模式、专业设置和人才培养规格等方面,体现出对社会需要的主体性地位的尊重。它以国家和社会的发展为教育工作主要价值取向,致力于通过开展教育工作,使社会得以实现稳定、和谐、持续的发展。

二、我国当前教育价值观中两种本位的状况

教育价值观中对于个人本位及社会本位的侧重,并非认为教育工作的实施必须全面展现其中一个方面的要求,完全弃另一方面于不顾,而是认为教育工作应当体现出鲜明的主次,以保证教育工作主体目标的顺利达成。就我国教育工作状况来讲,社会本位一直居于教育价值观的主导地位,个人本位只是在某些特定的需求下得以凸显。

这种教育价值观的状况千年来一直影响着教育工作的实施,决定了我国教育工作偏重社会功利目标的现状,虽然在一定的程度上有利于国家发展各项需求的充分满足,但是发展到当前时期,社会对个体的个性化发展需求与重视程度日益提升,以社会本位为核心的教育价值观便呈现出明显的缺陷,使我国教育工作对于人才的培养呈现出了滞后性。

具体来讲,我国当前教育价值观中两种本位论的发展状况,呈现出以下几点问题:

1. 我国教育价值工作的实施致力于推动个体内在禀赋的全方位深入开发,使个体的知识、道德及审美价值得到全面的发展。但是,在当前市场经济主宰的社会环境中,这种教育的主体价值取向逐渐消失,个体无法明确自身发展的目标,也无法在社会环境中实现个性化的发展。

2. 在当前趋于功利化的社会环境发展中,教育工作的实施也偏重于功利化,个体的发展与对教育的接受,更加注重对社会发展所需的知识及技能的获取,将自身生活与学习的全部时间投入到对于社会发展的迎合,而忽略了自身个性化发展的需求,呈现出被教育工作异化的问题。

3. 为了使社会实现民主化、公平化的发展,我国教育部门当前对教育工作的投入,进一步加大了在民主建设方面的重视,使得民主化的教育工作理念日益深入人心。但是,从实际上讲,我国教育工作的实施,到目前为止,仍未能真正地实现在师生关系、教育观念、课程设置等方面的民主化,学生的个性化发展需求被忽视,教育工作无法呈现出和谐生动的局面。

三、个人本位和社会本位二者和谐融合途径

从上文对于个人本位及社会本位两种教育价值观的分析可以看出,我国当前时期对教育价值观的研究工作仍存在着明显的缺陷,教育工作者必须在个人本位及社会本位二者之间寻找一种平衡,以推动新时期教育工作的和谐、可持续发展。下面就具体地谈论一下教育价值观中的个人本位和社会本位实现和谐融合发展的几点途径。

(一)正确认识个人与社会两者发展的关系

教育工作致力于以个体的充分发展为基础,推动社会的整体发展进步,因此,要想使个人本位和社会本位二者实现全方位的和谐融合,就必须端正对二者发展关系的认识。具体来讲,个人与社会的发展关系包括以下几点。

1. 个人是组成社会系统的关键有机体,社会发展必须建立在对于个人发展需求的关注与满足的基础之上,充分尊重个体发展的基本需求及个性化的需要,才能够保证社会的整体发展与进步具有价值。

2. 社会作为所有的个体发展的大环境,是个体发展所必须依赖的载体,个体无法脱离社会而存在,必须保证自身各项工作的实施,以及对于价值目标的追求,与社会发展的总体价值追求及目标相适应,然后再追求个体的个性化发展,才能够使自身发展在为社会做贡献的同时,获得社会的支持,以实现和社会发展的和谐互动。

(二)树立二者和谐融合发展的教育价值观

教育工作者要想推动个人本位和社会本位在教育价值观中的和谐融合发展,还必须综合个人与社会两方面发展的特点与需求,树立起优化合理的教育价值观,作为二者和谐发展的载体。第一,教育工作作为以推动个体与社会二者的和谐统一发展为基础的工作,在树立价值观的过程中,必须要以个人与社会二者作为共同的立足点,尊重两者相互依存及促进的联系,从政治、经济、精神、文化等方面入手,分析把握教育工作在个体与社会发展中所具有的价值,以通过教育工作的优化设计,使个人发展和社会发展实现有机统一。第二,目前,教育工作者可以选择的有助于推动个人和社会二者和谐发展的教育价值观,为马克思主义的教育价值观,即以马克思主义支持的个体的全面个性化发展的理念为基础,全面结合中国当前社会主义发展的特点与需求,推动个体发展与社会发展二者统一的良好价值观。

(三)以国家建设为基推动二者和谐发展

1.社会发展以个人为主体,致力于满足个体的需求,在构建现代化的教育价值观时,教育工作者应当以社会主义建设的全部事业为核心,将个体发展目标及社会发展取向进行有机融合,即教育工作的开展,既要以推动先进的生产力与文化的发展为着眼点,又要致力于推动社会发展对于个体在物质文化、精神素质等方面需求的满足。

2.当前时期,教育工作者致力于推动个体与社会二者的和谐发展,必须要立足于经济建设这一核心,在推动物质、精神、文化等方面全面进步的过程中,使个体与社会在发展的主体目标方面实现一致性,进而保证二者发展的和谐融合。

(四)立足于具体教学推动二者和谐融合

个体本位及社会本位是教育价值观的基本问题,要想推动二者的和谐,还要以具体的教育工作为立足点,通过优化教学工作,使二者之间实现圆融的互动。

1.教育工作者要从课程形态的设计及教学内容的选择与组合等方面推动二者的和谐融合。在课程形态设计方面,教师应当综合构建理论与实践结合的教学形势,使学生在对相关的社会问题进行思考、探索及交流的过程中,达到对自身兴趣爱好的拓展与社会见识的增长,又保证学生对于知识的学习可以用来解决社会问题。而以课程内容的选择组合来讲,教师以教材知识为依据,通过对内容进行优化设计与整合,使所教的知识兼具基础性、开放性、创新性、探索性、实用性等特征,进而保证学生经过学习,推动自身的个性化发展,又可以在自身发展的基础上,成为推动社会发展的人才。

2.教育工作者还要通过将教学课堂从教室小环境转变到社会大环境,以教学知识为依托,组织学生投入到社会实践中获取与课本知识相关的直接经验,以保证学生的发展与社会发展同步。同时,教育工作者还要实施指导与引导并行的教学,既为学生讲解基础的理论知识,又给予他们进行自主学习的充分自由,使学生获得基础性与个性化的发展。而且,教师还要从学生个体学习的成就,以及个体发展对社会的价值两个方面,对学生的学习效果进行评价,推动个体发展和社会发展的和谐融合。

四、结语

当今,个人与社会之间的联系日益密切,个人的发展更加地倚重当下的社会环境,而社会的整体发展则更为依赖个人的力量,教育价值观中个人本位及社会本位两者达成和谐融合,个人的发展与社会的发展实现统一,成为一种无法避开的必然趋势。因此,教育工作者在新时期,必须进一步加强对于个人本位及社会本位等问题的研究,在教育价值观发展现状的基础上,创造出有效的策略,推动二者和谐融合发展状态的顺利实现。

[参考文献]

[1] 庞莉,问宪莉.个人与社会发展的和谐统一:高等教育价值的思考[J].学园,2011(18).

[2] 潘向明,吕显智.案例教学的教育价值取向——社会本位和个人本位的融合[J].学术探索,2011(4).

[3] 刘学武,邓文华.社会本位与个人本位在案例教学中的融合[J].福建高教研究,2011(1).

[4] 吴燕华.社会本位和个人本位两种德育模式的整合探索[J].师道·教研,2010(9).

[5] 廖忠明.论当代职业教育实现社会本位与个人本位价值取向的统一[J].职教论坛,2010(10).

[6] 肖丽芳.生命教育:社会本位与个人本位的融合[J].时代教育:教育教学刊,2009(8).

[7] 卫刘华,姜涛.思想政治教育社会价值与个人价值的辩证统一[J].资料信息,2009(4).

网络环境下的大学生主体间性思想政治教育探析

俞　婷

[摘　要]信息时代下的网络环境为大学生的思想政治教育带来了诸多机遇和挑战。高校思想政治教育工作者要从网络环境的特征和当代大学生的思想特点出发,充分尊重学生在思想政治教育中的主体性地位,在平等、互动的网络师生交往中开展大学生主体间性思想政治教育。

[关键词]网络环境　主体间性　思想政治教育

一、主体间性思想政治教育的含义

17世纪初,笛卡儿提出的"我思故我在"把主体与客体二分的哲学思想引入了人们的思维模式,随着社会的发展和人们思想的进步,传统的主体性哲学所体现的以改造客体对象来满足主体目的和意志的工具理性思维,日益引发人们对回归自然生活和实现人与人之间平等交往的呼唤。在这些对人与客观世界关系的重新审视中,主体间性这一新的范式应运而生。自20世纪60年代以来,后现代主义和哲学解释学都竭力主张要把受教育者同样视为教育活动中的主体,充分尊重受教育者的主体地位和发挥其主体能动性,进而实现双主体间的交往、对话和理解。主体间性思想政治教育的主要内容是规范一个主体(教育者)与另一个主体(受教育者)之间的相互作用。教育者与受教育者同为思想政治教育活动的主体,体现了对个人主体性的尊重和超越。一方面,承认并尊重受教育者作为主体在思想政治教育过程中的主体地位,以促使受教育者主体性得到充分发挥,另一方面又强调对个体主体性的超越,引导教育主体正确认识"自我"与"他我"之间的关系,关注教育者与受教育者在对话与理解中的和谐一致性。可见,主体间性是人与人之间在交往中实现精神交流和达成理解共识的有效路径,它意味着主体间权利抗衡中所指向的平等和互相尊重的交往目标。哲学领域对主体间性的反思和研究为思想政治教育主体间性探究提供了重要的理论依据。

[作者简介]俞婷,女,汉族,1985年出生,云南昆明人,硕士,讲师,浙江金融职业学院人文艺术系学工办主任,研究方向:高校思想政治教育。

二、网络环境下开展主体间性思想政治教育网络的必要性

主体间性是在人与人的平等交往中实现的。因此,交往式思想政治教育是思想政治教育主体间性的理想模式。这种交往必须体现教育双方共同拥有的民主平等、理解尊重、彼此承认对方主体地位的主体权利。然而,现实社会里人与人的交往绝大部分是面对面的直接交往,由于存在着性格、性别、年龄、角色、职务等身份的差异,交往过程中处于弱势的一方会顾忌着这种差异而不能真正地表达自己的内心想法。但是网络的出现提供了与现实社会并存的新的生活空间,主要体现在以下几个方面。

(一)网络是实现主体间性思想政治教育的理想空间

一是"去中心化"。由于网络的虚拟性和隐匿性,网民一般都是以虚拟的身份进行交往。在这种交往过程中,不存在因性别、年龄、身份、职务等身份的差异而产生的顾忌,使人们能卸下心理防备,减少了人与人交往中不必要的麻烦和担心。对于学生而言,可以大胆发表自己成熟或不成熟的意见,有利于教育者准确把握学生的思想脉搏,有针对性地做好思想教育工作。因此,基于网络环境下的师生交往是在平等、尊重、理解、关爱基础上的"敞开"和"接纳",是一种在相互倾听、接受和共享中实现心灵交流和精神互通的活动。这种"去中心化"的交往方式,真正体现了主体间性的本质要求。

二是开放共享的信息资源。网络信息的丰富性、即时性和开放性为人们提供了宝贵的信息资源,人们在分享资源时通过电子邮箱、论坛、QQ、微博等方式交流彼此的观点和意见,增强了交往的互动性和积极性。共享性的网络信息资源成为教育者和受教育者的共同客体。首先,教师不再具有垄断性的知识优势,这就进一步促使教师要从注重知识的传授转移到注重方法的引导和学生学习兴趣的激发及学习潜能的挖掘。其次,教师可以通过网络学习新的知识,不断丰富拓展知识面,使自己的理论和业务水平得到提高,增强其在思想政治教育中的主体性地位;再次,共享性的网络信息资源使得受教育者获取知识的渠道不仅仅局限于传统的书本记载和教师传授,而是可以通过网络随时随地获取各种知识信息,使学习的时间和空间无限扩展,从课堂延伸到网络,从学校延伸到生活,并在此过程中增进与教育者之间的交流。

(二)网民队伍的扩大和网络社会问题迫切需要开展主体间性思想政治教育

随着网络的日益普及,我国网民不仅队伍增长速度快而且呈年轻化的发展趋势。目前以大学生为主体的我国青年网民规模为 1.75 亿人,占总体网民的比例为 51.8%。由于大学生正处于身心发展时期,他们的政治思想道德观念和世界观、人生观和价值观较为模糊和片面,容易受到不良思想的误导,并由此引发了一系列的网络社会问题。这主要表现在以下几方面。

一是道德失范和网络犯罪等现象增多。由于网络的虚拟性与隐蔽性,淡化了大学生的道德责任与法律意识,不少大学生以"隐形人"的身份在网上自由操作,摆脱了现实社会诸多

人伦关系的束缚,容易放纵自己的行为,从而导致不道德行为和违法犯罪增多。

二是社会主义主流意识形态面临挑战。网络社会是一个没有硝烟的战场,在那里,政治制度和意识形态的对立和冲突通过文化渗透和思想侵略的形式在悄然进行。"西化"和"分化"势力从未放弃过对社会主义政治制度和主流意识形态的破坏,网络空间的出现更是为他们的蓄意图谋提供了"屏蔽伞",他们往往打着"民主""人权"的口号暗中进行各种形式的文化侵入。除此之外,其他各种良莠不齐的信息在网络上无孔不入、恣意横行,增加了青少年辨别是非曲直的难度,并且对他们的价值观念和精神信仰产生着不良影响。

三是部分学生由于过分沉溺于网络世界的人机对话而容易淡化个人与社会及他人的交往,不愿意用心去经营与周围同学朋友的关系,甚至因此而产生人际交往障碍,难以从虚幻的网络世界走到现实生活中来,用消极的心态去看待周围的事物,不愿意参与集体活动,严重影响大学生的健康成长。

而要解决这些由网络环境带来的种种问题,光靠传统的说教是行不通的,因为网络环境为学生提供了一个超现实的可随意表达的理想空间,其在与教师的面对面谈话中被隐藏和压制的想法就会去网络上进行释放和诉求。提高大学生思想政治教育的实效性,可以借助互联网即时、互动、隐匿的优势对学生进行思想疏导,在平等互动的师生交流中使学生能敞开心扉,从而找到问题的症结所在。因此,面对网络环境带来的诸多机遇和挑战,迫切需要开展主体间性思想政治教育。

三、网络环境下大学生主体间性思想政治教育的具体途径

网络环境的产生不仅为主体间性思想政治教育提供了理想空间,并为主体间性思想政治教育的实现开拓了具体途径。就目前高校师生的网络使用情况看,主体间性思想政治教育网络实现的具体途径有以下几种。

(一)利用 BBS 进行主体间性思想政治教育

BBS 是 Bulletin Board System 的缩写,即"电子布告栏系统"。它有很多基于多方交流互动的服务区,如讨论区、信件区、聊天区等。在 BBS 中,网民有相当的自由度:许多现实中不敢或不愿说的话题都可以借助此平台进行议论或倾诉,上至国家大事、下至鸡毛蒜皮的小事。作为一名思想政治教育者,要密切关注 BBS 上的各种言论。对于不正确或过激的言论要善于以平等性、及时性、正面性、感化性的对话教育、理解教育、互动教育等方式加以疏导,开展主体间性的思想政治教育。所谓平等性,就是在思想政治教育活动中教育者与受教育者以平等的身份进行交流互动,相互倾听、接受和共享,教育者要站在受教育者的角度来换位思考问题,在换位思考的过程中尊重、理解、体谅、关心受教育者,以获得受教育者的信任和好感。所谓及时性,就是对于煽动性或反面性的观点言论,教育者要善于及时发现问题和解决问题,根据受教育者的思想特点采用各种教育方式方法,将矛盾消解于萌芽中,避免其扩大化甚至转移到现实中。所谓正面性,就是教育者要占领网络阵地的主导权,以客观公正的态度对受教育者进行正面、积极的引导教育,可以通过精心设计一些弘扬正气的活动内

容,吸引更多的受教育者积极参与,以正面的力量和种种不正之风做斗争。所谓感化性,就是要求教育者摒弃各种形式的话语霸权,以平等的身份、亲切的语气和宽容的态度同受教育者进行沟通讨论,要用晓之以理、动之以情的情感教育方式,达到心灵触动和思想共鸣的效果。唯有如此,才可在 BBS 中通过师生对话、互动等教育方式促进主体间性思想政治教育有效地开展。

(二)利用 QQ 进行主体间性思想政治教育

QQ 是学生最常用的聊天工具。通过 QQ,人们可以随时随地与多人进行网上聊天、发表 QQ 日志、传送文件等,从而轻松地实现虚拟世界与现实世界的自由转换。QQ 的盛行,使得教师可利用此聊天工具与学生在宽松、自由的氛围中进行互动交流,展开充分体现平等性、互动性、主体性的网络师生交往。同时,教师还可以在网上邀请学生到指定聊天室进行聊天、交流思想等,以及在组建的师生群里发布通知、上传图片,与多名学生同时进行网络交流。教师既可以在群里公开发表信息,也可以和某个学生一对一交谈而完全不用担心学生个人信息的泄露,这种匿名性、平等性、互动性、多向性的交流特点,将会较大程度增强主体间性思想政治教育的实效性。

(三)利用博客或微博进行主体间性思想政治教育

当前较为流行的博客是指发布在网络上的个人日志。博客以网络为载体,通过文字表达和图片上传等方式抒发自己的所思所想,向别人展示自己的最新状态,是一种充分展示个性的综合性平台。其特点为:一是博客所提供的内容具有高度的共享性,可为博客好友之间创造深层次的自由互动平台;二是博客是人们表达自我和展现自我的平台。有专家预测,博客将成为继广播、报纸、电视、网络之后的"第五种媒介",它将超越传统媒介的局限,改变人们的日常生活。因此,利用博客开展思想政治教育活动,一方面便于教师通过这个平台了解学生的内心世界和思想动态,拉近师生之间的距离,另一方面也丰富了思想政治教育的信息资源,增强了教师和学生双发的主体性,使思想政治教育在主体间的互动交往中增强实效性。

除此之外,博客后时代的产物——时下流行的微博,是一种基于用户关系的信息分享、传播及获取平台,用户可以通过简短的文字甚至仅仅一句话来随时更新信息,并实现即时分享。由于微博的简单便捷性,为人们省去了定期进行博客内容管理、更新和维护所花费的大量时间和精力,因而备受人们的欢迎和推崇。随着微博的不断兴起,许多大学生也纷纷开通了自己的个人微博,即时发表个人最新状态,其好友可在线进行回复。教师也要及时跟上时代的发展,开通属于自己的微博,把学生添加为关注对象,及时了解学生的思想动态和开展师生对话交流,增进主体间性的思想政治教育。

[参考文献]

[1] 关菲.学生发展视野中主体间性思想政治教育价值探究[J].世纪桥,2010(1).
[2] 蔡丽华,黄永久.浅析主体间性思想政治教育的网络实现[J].当代世界与社会主义,

2010(1).

[3] 伏晓红.网络环境下高校思想政治教育的探索[J].现代教育科学,2010(5).

[4] 杨直凡,胡树祥.网络思想政治教育的互动过程及其本质特征[J].思想教育研究,2010(3).

[5] 黄明伟.大学生网络思想政治教育接受探究[J].学校党建与思想教育,2007(6).

高职学生交往与道德学习的研究综述

宋春旗

[摘　要]高职学生的人际交往具有显著的特点,同时,大学生人际交往与道德学习间密切相关。道德学习受到大学生交往的影响,高职院校中学生的人际交往与道德学习间存在复杂的关系,探索它们之间的内在关系,既有助于高职学生管理工作的开展,也能够促进大学生道德学习能力的提升。文章通过对高职学生交往与道德学习的相关研究综述,试图理清大学生交往与道德学习之间的研究内容,为进一步的研究做好铺垫。

[关键词]大学生交往　道德学习　研究综述

一、高职学生交往与道德学习研究的理论价值与实践意义

信息社会给人们的生活方式带来一系列的变化。其中,最深刻的变革是交往方式的变革。之所以说深刻,是因为它与人的日常生活息息相关。尤其是大众传播媒介的发展,使得人们的交往不再局限于面对面的互动,以及书面文字的交流,人类进入了一个全新的读图时代,或者说媒体开辟了人类交往的三维立体空间。交往是人的内在社会本性,通过交往可以确证和实现人的本质。社会交往是人的存在方式,是社会发展的内在机制。社会交往方式是交往能力与交往关系的统一体。交往方式的变革进而会影响到人的意义世界的建构,人在世界上如何生存,如何认识自我,如何看待自己与他人的关系,如何与他人共处等本体论和认识论问题。交往方式的变革已成为一个时代性话题,给高校德育带来了许多新情况、新问题。道德教育研究需要从理论与实践两个层面,对现实中的问题予以回应。回归生活世界的道德教育不能不关注现代人的生活方式及交往方式的变革。同时,对于现代交往方式与道德教育的研究,可以从理性的角度启发人们对现代性,以及由此带来的生活方式变革的反思,引导大学生过有道德的、健康理性的生活。

在道德教育回归生活世界的理论研究与实践探索基础上,深入高职院校教育教学实践,具体探索高职学生交往与学生道德学习的发生机制。研究的主要理论价值与实践价值表现为以下方面。

[作者简介]宋春旗,男,1988年出生,黑龙江省齐齐哈尔人,教育学原理专业硕士,浙江金融职业学院经营管理系辅导员,研究方向:教育基本理论、思政政治教育。

1.强调道德教育的本质在于人与人之间、心灵与心灵之间的对话与交流,道德教育的发生机制是建立在平等对话关系基础之上的主体主动的道德学习过程,外在的强制性的道德教育只能习得道德规范,却无法内化为人的道德态度和道德情感,进而转化为人的道德行为。传统德育作为一种控制和改造技术,是以压抑人性、以统一性取代差异性,以及否定大学生道德学习的可能性和潜力为前提,进而成为一种压迫的力量,而不是解放的手段,道德教育本身的道德性是缺失的。回归生活的道德教育理念恢复了高职院校大学生道德学习的主体地位。

2.强调社会生活中人类交往的普遍性,以及道德学习的普遍性;变外在强制性的道德教育为大学生主动的道德学习,实现从规范主义道德教育到伦理主义道德学习的转变。在强调道德学习的普遍性基础上,改变传统道德教育中师生关系的不平等性,强调师生在道德学习过程中的同生共长关系。有助于高职院校的师生关系的改善与和谐相处。

3.在回归生活道德教育改革的背景下,探索不同交往情境下高职学生道德学习的发生发展机制;将道德学习的理论建构与对道德学习发生机制的实地考察相结合,凸显该项研究的社会学视野。

二、大学生交往行为理论及其超越的可能性

以"交往"为关键词进行检索,中国期刊网文献在 2001—2011 年多达 24 642 篇,内容涉及范围极广,教育方面的文章主要集中在对幼儿交往技能的培养、特殊儿童的交往教育、中学生异性交往、大学生人际交往出现的问题及解决方案,此外还有哈贝马斯的交往行为理论对现在教育、和谐社会的启发,雅斯贝尔斯的交往理论、马克思交往理论的应用等。以"交往理论"为关键词的文章期刊网在 2001—2011 年收录了 1 436 篇,主要包括多元智能理论解决各学科的问题,哈贝马斯交往行为理论对和谐社会、高校思想政治教育的启示。哈贝马斯的交往行为理论主要包括以下内容。

哈贝马斯首先将世界划分为三个世界:客观世界、社会世界和主观世界。根据行为者与三个世界的关系,将人的行为分为四种类型:劳动、规范控制性行为、戏剧性行为、交往行为。第一,交往行为是一种主体之间通过符号相互协调的活动,与前三者不同的是,它遵循一定规范,以语言为主要媒介,通过对话,达到人与人之间的相互理解。只有在这种交互性活动中,行为者才同时涉及客观世界、社会世界和主观世界。它既具有其他行为的优点,又避免了各自的缺点,最重要的是关涉到了三个世界,所以交往行为是最合理的。第二,在哈贝马斯看来,交往行为之所以具有合理性,不仅因为它关涉三个世界,更为主要的在于它是一种以"理解为导向的行为","以理解为目的的行为",理解是交往的本质特征。理解在哈贝马斯那里就是一种主体之间的交互性的意识活动。第三,由交往行为组成的世界就是"生活世界",是由人们的日常语言所支撑的世界。这种语言的对话特征使其能够成为不同交往主体之间达成理解沟通的中介和手段。第四,人们通过对话取得共识。在哈贝马斯的交往理论中,对话是人们以语言为媒介进行的交往活动,通过对话,人们才能相互沟通和理解;双方的愿望和要求都能够成为对话的对象;每一方试图获得的东西都可以在对话中得到解释,双方利益都可以得到考虑。哈贝马斯认为,有三条规则是对话双方应该遵守的:语言的可理解

性、意向的真诚性、陈述的真实性。

哈贝马斯的交往理论提出要实现"交往行为"的合理化,即为建立互相理解、互相尊重的人际关系而努力等观点,有一定理论价值和实践意义。但是,这种带有明显的乌托邦色彩的理论,不论是在宏观领域强调生活世界的重要性,还是在微观领域强调语言的重要性,都只是论证了应该达到的一种理想状态,而缺少对具体物质条件的分析,致使这种规范性研究在许多问题上往往陷入空想。另外,哈贝马斯的"交往合理性"理论仅仅属于精神领域的活动,他把丰富多彩的以人类生产活动为主要内容的物质交往和精神交往归结为语言交往,以对语言活动的分析来代替对物质生产和物质交往的研究,尽管得出了一些有价值的成果,但无疑过分夸大了语言的作用,是一种以偏概全的做法。实际上,无论对于"交往行为"的合理化,还是对于社会的进化,语言都只具有相对的、有限的作用。哈贝马斯的初衷是要"重建历史唯物主义",但由于他抛开人类物质生产实践活动,不从生产和交往的关系入手,这就注定他无法真正找到人类进化的规律。

三、高职学生道德学习模式相关研究

模式研究是道德学习研究的重点问题。其中最具代表性的是体验式道德学习模式和实践—建构式道德学习模式。

(一)体验式道德学习模式

目前,国内最具影响力的大学生道德学习模式理论是体验式道德学习。王健敏关于"道德学习本质上是一种体验式学习"的观点被普遍接受。在完成对体验式道德学习的起源、内涵、特点和心理过程研究后,实现了该模式的基本理论建构,但遗憾的是并未就具体操作进行详细论述。我们可以从程肇基那里找到答案:从生活资源中挖掘道德学习体验,让大学生在生活中学习道德。具体实现途径为:"一是把握'物境'生活,二是创设'情境'生活,三是开发'意境'生活。"程肇基表达出让大学生的道德学习回归学生生活世界的美好愿景,这既是道德主体成长的必然要求,也是道德学习内在规律的反映。

以"体验"为核心改革德育教材是让该模式直接服务于学生道德培养的大胆构想。赵飞、刘惊铎论证了"体验式德育教材的基本样态表征为问题式价值模块构架,以智慧和思想内涵举纲,以体验引子、体验独白、体验冲突、体验游戏、体验反思、体验行动为结构流程的体验式德育教材构想"。此外,刘惊铎《体验:道德教育的本体》《论生命体验的道德教育价值》《在体验中收获感动——体验式道德学习的四种方式》等文章都对该模式进行了论证。基于一定的研究积累和学术影响力,2005 年 200 多位专家学者参加了中央教育科学研究所主办的"体验式道德学习"学术研讨会并达成共识,认为:"德育的科学基础有二:一是在作为体验者的感性生命个体深处,特别是体验者的需要。因此,德育要研究体验者的需要,并尊重体验者的现场生命感受;二是人的大脑结构与机能,因此要采取有效途径和方法激活并融通人的大脑。"体验式道德学习模式的研究从理论架构→方法设计→对策研究已形成相对成熟的研究范式。

（二）实践—建构式道德学习模式

实践—建构式道德学习是另一种重要模式。其内涵为："道德学习的内容在本质上是实践的，道德学习的动力来源于实践，个体的道德学习、道德发展在本质上是主体在现实社会实践尤其是在人与人之间的交往实践中，通过主动建构来实现的。"很多学者对此持相同的观点。有人提出"道德学习是对道德规范—建构学习"。有人认为，"道德教育的目的旨在促进个体的道德发展，要达到这一目的途径有很多，但最为根本的就是通过个体与环境的相互作用，即通过个体的'自主建构'实现个体的道德结构和周围环境结构之间的对话"。该模式将马克思主义实践观点与建构主义学习理论相结合，揭示道德发展和道德学习的动因和机制，具有坚实的理论基础。

（三）其他道德学习模式

欣赏性德育模式和探究式道德学习模式也有一定影响。2002 年檀传宝的《让道德学习在欣赏中完成——试论欣赏性德育模式的具体建构》一文受到较多关注。论文指出，"'欣赏型德育模式'的基本假设是道德教育的'价值引导'与道德主体的'自主建构'这两个相互对立的方面可以在自由的'欣赏'（即教育和接受）过程中得以统一和完成，'绝对主义'与'相对主义'的矛盾也随之消解。"探究式道德学习的研究者张典兵发表了系列论文，基本实现了对探究式道德学习的理论架构。更有学者具体探讨了探究式道德学习的实现方式，如谈心认为，"一方面要求大学生主动参加各种社会实践活动，在实践中去体验、感悟；另一方面要求大学生广泛阅读，在阅读中获得开阔的视野，获得人生的经验与智慧。"立足时代特征，基于当代大学生的生存样态，刘莉创新耦合道德学习诸要素的关系，创建了"延展式道德学习"模式，即以主体的延展为前提，内容的延展为核心，途径的延展为中介，环境的延展为突破，时间的延展为目标。此外，还有关怀道德学习模式、生活道德学习模式和终身道德学习模式等。尽管上述研究视角不同，结构各异，但都强调大学生的道德学习主体的体验性、实践性和创造性，努力将学术成果建立于理论研究和实践基础之上，使道德学习模式的研究蕴涵了特定的时代风貌和现实意义。

四、道德学习理论与道德学习的机制研究

近年来国内对于道德学习的研究已成为一个热点，并且产生了一定影响，研究包括很多领域，分为许多不同方面，体现出多角度、多视角、多层次等特点。截至 2010 年 5 月，国内出版的以"道德学习"命名的专著共有三本，分别是《道德学习论》（王健敏著，浙江教育出版社 2002 年版）、《道德学习与道德教育》（戚万学等著，山东教育出版社 2006 年版）、《道德学习研究》（吴俊著，吉林人民出版社 2007 年版）。

《道德学习论》以教育心理学为学科背景，对道德学习进行了开创性的、系统性的研究。作者王健敏开宗明义地指出，"'道德学习论'是研究道德学习心理及其教育规律的科学，属于教育心理学分支"，并采用科学的研究方法进行道德学习的理论建构和实验研究。这一崭

新的研究命题赢得学界的肯定:"从道德学习的全新视角探索道德教育体系,适应了传统德育向现代德育转型的需要,在某种程度上填补了德育领域的空白点,具有开拓性意义。"王健敏提出:"关注儿童道德学习方式,明确提出道德学习本质上是一种体验式学习,这为现代学校德育体系的重构找到了心理学依据,事实上它已成为现代新德育建立的出发点"。王健敏开创性的工作为后来者的研究提供了有益的借鉴。

《道德学习与道德教育》的突出特点是,该书采用了多学科、多维度的综合研究视角,致力于道德学习与道德教育关系的研究。探究哲学、社会学和心理学对道德学习的理论和学科支撑,以马克思主义的实践观和建构主义的学习理论为立论基础,提出实践—建构这种新的道德学习观,并通过对传统道德教育的反思深入分析实践—建构道德学习与道德教育课程、道德教育原则和道德学习中的师生关系。

《道德学习研究》的作者立足于道德哲学的学科视阈,以道德学习的现状为出发点,以体悟之道为核心,建构"理性之维—情意之维—实践之维"三维一体,相互观照和相互贯通的道德学习理论。

此外,一些专著也对道德学习的个别问题进行有针对性的研究,如《生活德育论》探讨了道德学习的基本过程与机制,以及生活的不同领域与道德学习的关系;《关怀德育论》基于美国关怀教育理论指导下建构的关怀式道德学习模式,强调对学生生命的尊重、体验的重视和注重道德教育的实践性特征;等等。这些都使道德学习的研究进一步深化和细化。

以论文形式探讨道德学习问题的研究成果最多、涉及面最广。以"道德学习"为题名在维普资讯网进行跨库检索(从2002年至2010年5月)共有文章120篇,其中CSSCI来源期刊20篇。分析相关论文可以看出,道德学习研究的基本现状:第一,论文数量增长快。在2002年国内开始发表道德学习的论文6篇,到2004—2005年达40篇,至今专题论文已超百篇。第二,论文质量较高。道德学习研究起源于国内许多知名的道德教育专家,如陈桂生、班华、朱小蔓、戚万学和檀传宝等,初步奠定了我国道德学习研究的理论根基。第三,论文内容丰富。从道德学习的内涵特征到发生发展、机制过程、模式建构和群体分类,几乎涵盖了道德学习的各个方面。

道德学习的发生机制研究主要集中在心理学方面,对道德学习机制的研究分为学校和生活两方面,两种学习机制有相似之处,但是重点不尽相同。

有的学者强调"内化"的作用,彭柏林认为道德内化是个体道德需要发生的机制所在,"道德内化就是指道德社会化的主体经过一定方式的社会学习,接受社会道德教化,将社会的道德目标、价值观、道德规范和行为方式等转化为其内在的道德需要,形成其自身稳定的道德人格特质和道德行为反应模式的过程"。这种内化有三个特点:道德内化对象的选择性;道德内化模式的可变性;道德内化过程的阶段性。

有的学者将学生道德学习机制分为内外两种机制,许勇将外部机制确定为课堂资源本身的优势,例如课堂中的文化、环境、复杂的关系等,内部机制强调的是道德认知、道德情感、道德意志、道德行为在彼此相互关联中对道德学习的启发,道德认知是一切道德行为的发端,核心因素在道德判断,即对外部事物是非对错的认知。道德情感为主体的道德学习提供动力,是最稳定和最核心的元素。道德行为是道德学习的目的。

高德胜探讨了生活中道德学习的发生机制,将其归纳为接受暗示、非反思性选择和自主选择。接受暗示和非反思性选择是对生活中道德规范的无意识接受和反应,自主选择类似于彭柏林所说的有意识的"内化",是学生真正发挥自己能动性的认识。三者是相互作用的。接受暗示和非反思性选择是进行自主选择的心理基础,自主选择能力的加强又会进一步强化前两者的作用。

五、高职学生交往与道德学习关系研究

大学生交往与道德学习的关系包括如下内容。

(一)道德学习是在人与人的交往过程中进行的

生活中的道德学习就其过程而言,可以分为两个方面:一方面,历经生活实践,从行中知,在做中学,将行为逻辑内化为思维逻辑,直接抽象出道德上的"亲知"。另一方面,通过生活的体悟和实践,修正道德的"闻知"和"说知",将思维逻辑外显为行为逻辑,不断地将已学、已知表现于外部行为,从抽象再到具体。无数次内化和外显的交替、抽象和具体转换,都是以交往为中介的。

(二)道德学习以交往为中心

任何道德学习都是关于交往的,人不可能学习交往之外的道德。学习交往中的各种道德关系,认识具体交往中的道德现象,有利于探究隐匿在道德交往场景背后的利益基础。道德学习是学习交往本身,是对交往关系的认识和理解,是对交往方式的把握,以及对交往品质的关注。交往是有待学习者去开采的丰富矿产,道德学习是对作为资源的交往的开发、利用和再生。交往以其活生生的特性向人们表明哲理就在其中。

(三)任何道德学习都是为了生活

我们"不应该把道德看成是目的本身,而应该看成是通往美好生活的一种手段",道德学习就是要学会过一种有道德的生活。大学生体验生活和感悟人生,既源自生活也要回归、作用生活。当大学生有所体悟时,其必然有所得。通过学习应该达到这样一种认识水平,即使学习者对自己的生活有一种深刻的认识和体验;通过学习应该达到这样一种实践水平,即面对棘手的生活伦理难题可以自行解决,帮助他们更好地生活。

(四)交往过程就是道德学习的过程

从人类历史发展来看,原本并没有专门的学习机构和教育场所,交往就是大学生学习的摇篮,交往与学习最初是直接同一的。随着社会的发展,开始出现了专门的学习机构,人们便在观念上把学习从日常生活中分离出来。其实,生活与学习在实践中从未分开过,生活的学习意义和学习的生活意义从来就没有终止,生活的过程就是学习的过程。推而言之,在人的道德养成方面,交往的过程就是道德学习的过程。

道德学习从关注人与知识的关系扩展为关注人与交往的关系,从"了解所生活的环境的

道德尺度"的认知活动延伸到日常生活中知、情、意、行统一的实践活动,道德学习过程从知善引申到行善,从认知拓展至体悟,从知性获得转变为德性养成。这样一种转变过程对于人而言具有本体论的意义和价值。

大学生在道德学习过程中,认知与行为相结合,体悟与创造相联系。由于大学生的积极体悟和自由状态,个体的道德能力得到充分发展,思维、情感和行为自然地融合于学习活动中。由此,生动的、丰富的生活世界满足了道德学习在理性、情意等多方面的发展需要,实现了学习"从书本到人生,从狭隘到广泛,从字面到手脑相长,从耳目的到身心的"全面变革,其直接效果是触及学习者融知、情、意、行于一体的内在心灵。

六、结束语

本文通过阐述高职学生交往与道德学习的研究重要意义,研究了交往行为理论及其超越的可能性、道德学习模式,以及高职学生交往与道德学习之间的关系。理论的阐释有助于研究实践的展开,也有助于认清和理顺研究思路,开展高职学生交往与道德学习相关研究有重大的理论与实践意义,大学生人际交往的独特性和复杂性,为大学生的道德学习增添更加多变的因素。

[参考文献]

[1] 孟雷.哈贝马斯"交往行为合理化"理论探析[J].法制与社会,2010(12).

[2] 奂平清.哈贝马斯交往行为理论及其在我国的现实意义[J].甘肃社会科学,2002(3).

[3] 殷朝晖.哈贝马斯交往行为理论对我国德育建设的现实意义[J].现代大学教育,2003(5).

[4] 董娜.哈贝马斯"交往行动理论"对高校德育工作的启示[J].职业圈,2007(15).

[5] 冯忠良.结构化与定向化教学心理学原理[M].北京:北京师范大学出版社,1998.

[6] 马克思,恩格斯.马克思恩格斯全集:第1卷[M].北京:人民出版社,1972.

[7] 冯建军,王俊卿.道德学习[J].江西教育科研,2002(8).

[8] 蒋丽丽.道德学习:现代道德教育的取向[J].桂林航天工业高等专科学校学报:教育与教学研究,2010(4).

[9] 高德胜.道德学习在生活中是如何发生的[J].南京师大学报:社会科学版,2004(2).

[10] 何怀宏.良心论——传统良知的社会转化[M].上海:上海三联书店,1994.

[11] E.弗洛姆.健全的社会[M].孙恺祥,译.贵阳:贵州人民出版社,1994.

[12] 居友.无义务无制裁的道德概论[M].余涌,译.北京:中国社会科学出版社,1994.

[13] 查尔斯·霍顿·库利.人类本性与社会秩序[M].包凡一,王源,译.北京:华夏出版社,1999.

[14] 马克斯·范梅南.生活体验研究——人类科学视野中的教育学[M].宋广文,等,译.北京:教育科学出版社,2003.

[15] 爱弥尔·涂尔干.道德教育[M].陈光金,沈杰,朱谐汉,译.上海:上海人民出版社,2001.

[16] A.麦金太尔.德性之后[M].龚群,译.北京:中国社会科学出版社,1995.

[17] 饶从满.主体性与综合性的交融:综合单元性道德学习论解析[J].外国教育研究,2002(8).

[18] 唐爱民,刘晓.道德学习的哲学思考[J].山东师范大学学报:人文社会科学版,2005,50(2).

[19] 王健敏.道德学习论[M].杭州:浙江教育出版社,2002.

[20] 戚万学.道德学习与道德教育[M].济南:山东教育出版社,2006.

[21] 骆风.发达地区少年学生品德的发展趋势与教育对策[J].山东省团校学报:青少年研究,2009(3).

[22] 朱智斌.经济欠发达地区城乡中学生对待人际间道德冲突态度的比较研究[J].教育理论与实践,2003(8).

[23] 祝惠.关于当前农村留守儿童德育的思考[J].现代教育科学,2007(2).

[24] 王建新.中国社会在阶层分立相对稳定后,必然要建立阶层道德和观念[EB/OL].(2013-06-05)[2010-11-03].http://www.chinavalue.net/Blog/510940.aspx.

浅析文娱活动对高职学生思想引导的作用
——基于浙江金融职业学院校园小品大赛的思考

沈建锋

[摘　要]本文以浙江金融职业学院校园小品大赛为典型事例,借此活动在国家示范性高职院校和团中央分类引导试点工作中具体运用,剖析小品作为文娱活动在学生思想引导方面的基本功能及其意义。

[关键词]小品　创意　思想引导

一、活 动 创 意

从一般意义上理解,小品泛指较短的关于说和演的艺术,它的基本要求是语言清晰,形态自然,能够充分理解和表现出各角色的性格特征和语言特征,最具代表性的是喜剧小品。小品一般具有以下特点:

1.短小精悍,情节简单。这是小品与其他艺术作品和艺术表现形式最基本的区别。

2.幽默风趣,滑稽可笑。小品是"笑"的艺术。好的小品大多有足够的笑料,让人在笑声中受到启发,得到教益。

3.雅俗共赏,题材广泛。小品反映的小题材、小事件源于基层和老百姓中间。人世冷暖、世相百态都是小品描写的对象,都可以通过小品这种形式在艺术上得到升华,在舞台上进行演出。

4.贴近生活,角度新颖,语言精练,感染力强,这是小品创作的基本要求。只有贴近生活的作品,群众才喜闻乐见,才易于接受。源于生活,高于生活,适度夸张,事例典型,这是成功小品的要领。

5.针砭时弊,内含哲理。透过表面现象,讽刺一些不合理的事物,揭示一定的哲理,寓教于乐。这既是小品的本意也是人民群众对它的进一步要求。

浙江金融职业学院会计系创办的"明理之光"——校园小品大赛,正是借小品的外在表演艺术,结合学院"诚信、明理、笃行"的学风和学生在校1 000余天的学习与生活的实际,从

[作者简介]沈建锋,男,汉族,1983年10月生,浙江桐乡人,硕士,讲师,浙江金融职业学院会计系学工办主任、团总支书记,研究方向:思想政治教育。

金融文化育人、校友文化育人和诚信文化育人的角度,用文化的内在涵养,通过对一个典型案例、身边故事的倾情演绎(均由学生构思),对学生(参与者、观摩者)的思想产生积极的影响,形成校园文化的共鸣效应,引导学生树立科学的人生观、世界观和价值观,端正自身的品格。该项活动至今已举办四届,《心理诊所》《大话西游》《我的大学》《帮必成》《青春纪念册》和《快乐男女生》等节目一直备受学生青睐。这既体现出了文化艺术在校园生活中的一种时尚,又体现出了文化活动在校园思想引领中的作用。

二、活动流程

浙江金融职业学院会计系创办的"明理之光"——校园小品大赛,是由浙江金融职业学院团委主办,会计系团总支、学生会承办的面向全院学生的一项大型娱乐活动,是学院科学文化艺术节重要组成部分。该项活动一般在每年的5月份举办,活动举办必将经过以下基本流程:

(一)发起

每逢4月,学院团委均以开展科学文化艺术节系列活动为契机,发动组织全员各系部申报特色活动项目。会计系以传承特色文化为切入点,精心筹划,申报小品大赛。自立项后,以发布通知的方式积极收集大赛节目。

(二)酝酿

各系部、各班级自接到通知之日起,就积极开展筹备工作,广泛动员全系学生构思小品节目,并及时向主办部门申报。

(三)报名

主、承办部门全面汇总各系部申报的小品节目,绘制汇总表,向全院公示节目名单。

(四)选拔

主、承办部门开展小品大赛初赛,邀请校内外具有小品表演经验的专业教师及学生代表担任评委,用一定的选拔标准和无记名投票的方式,选拔并确定入围决赛的小品节目名单,同时择日全院公示。

(五)宣传

主、承办部门针对入围决赛的小品节目,开展有针对性的宣传,各节目组通过宣传渠道,公开亮相,广泛听取群众意见或建议,进一步优化节目内容,深化节目内涵。

(六)决赛

主、承办部门举办小品大赛决赛,邀请校内外具有小品表演经验的专业教师及学生代表担任评委,用一定的选拔标准和无记名投票的方式,评选出各等级奖项的小品节目。

（七）宣传

主、承办部门针对小品大赛决赛的盛况和获奖节目进行全院范围的宣传。

（八）总结

主、承办部门开展活动总结，积极积累经验，弥补工作不足。

三、活动功能

此项活动承担思想引导的功能主要体现在以下几方面：

（一）组织引导

对组织活动的学生干部而言，这是一次非常有意义的组织工作。通过对活动的筹划、组织，可以有效地增强学生干部对问题的应变能力、统筹能力和分析能力，有利于这支具有代表性的学生队伍提高自身对校园文化的敏觉度，对学校教育政策的领会度，提高全面贯彻党和国家有关大学生思想政治教育政策的自觉性。

（二）文化熏陶

文化是一种无形的思想催化剂，凭借小品艺术演义的有力载体，可以将校园思想教育中所蕴含的文化内涵，积极扩散到学生的日常生活中，让学生在娱乐的角度得到优秀文化的熏陶，从而陶冶自己的情操。

（三）虚实比较

校园小品大赛的节目均出自学生之手，来源于学生日常生活的所见、所闻和所想。小品节目只是对日常生活案例、故事的一个浓缩的过程，节目为虚，题材为实。在这样虚实相间的瞬间，可以使得观看节目的所有学生产生联想，借节目联想到自身所经历的各种各样相关的现实生活问题与困难，形成鲜明的对比和思想碰撞，所谓当局者迷旁观者清，如此可以使学生对自己的所遇得出正确的结论。

（四）情感辐射

小品节目所蕴含的各情节，均被学生演绎得惟妙惟肖。此时，场下观众（学生）基本上已被带进节目的情感世界，使自身深得启迪。同时，这部分学生还会产生情感的辐射作用，通过与场外学生的议论或交流，将自己从节目中带出来的情感转嫁给身边的同学，由此产生了积极的共鸣效应，实现了共同启迪，共同进步。

四、结　语

此项活动自开办以来,一直备受学院全体学生的好评。

(一)活动成功的原因

1.组织者的倾情筹划。活动从策划到结束的各个环节,均得到了广大师生的热情参与,筹划过程精密有序,管理得当。

2.申报者的精心构思。各类小品节目均有学生精心构思,密切贴近学生校园生活,体现了学生对校园文化的一种灵敏嗅觉,又体现了学生对如何倾注自身思想的一种创新。

3.表演者的精彩演绎。这一活动的成功实践,告诉了我们一个道理,既为学生所想,为学生所知,更为学生所做;倾注感情的事物,从那刻起就已经不再是一种纯粹的形式,这里更多的是思想的交流,更多的是对人的启迪;内容永远高于形式。

(二)活动存在的不足

1.节目内容既要体现整个校园的文化取向,更需要注重各系部团体或班级团体的共同意识,展现系部各自的育人特色。

2.活动应充分考虑思想引领的实效性,需要进一步思考活动后的思想引领延续工作。

[参考文献]

[1] 陈平原.中国大学十讲[M].上海:复旦大学出版社,2002:186.

[2] 潘懋元.高等教育学[M].福州:福建教育出版社,1995:297,298—299.

[3] 杨克斯.建设校园文化与塑造大学精神[J].广西大学学报:哲学社会科学版,2005(3):84.

[4] 嵇胜利,何克均.关于加强校园文化建设、推进素质教育的几点思考[J].教育实践与研究,2003(5):14.

[5] 李淑丽.校园文化建设与高校素质教育[J].现代教育科学,2005(5):113.

党建发展过程中存在的问题及对策研究
——以浙江金融职业学院金融系为例

潘锡泉

[摘　要]本文针对目前高校党建工作中普遍存在的入党动机不纯、重数量轻质量、党建工作缺乏专门负责人,以及大学生党员缺乏主体作用等问题进行了深入的探究,并据此,以浙江金融职业学院金融系党建工作为例,提出了相应的对策建议。

[关键词]高校党建　问题　对策

一、引　言

大学生是实施人才强国战略的重要力量,是民族的希望、祖国的未来;尤其是对于我们这样的马克思主义政党,只有赢得青年,才能赢得未来。而高校是培养青年学生的摇篮,更是培养优秀党员的基地。因此,高校党建工作已成为现阶段高校思想政治工作的重点。

然而,令人遗憾的是,现阶段高校党建过程中,各种问题凸显,譬如,发展党员动机问题,重数量而忽视质量问题,缺乏专业的党建队伍问题,等等,亟待我们解决。

于是,如何突破这些问题,以更好的方式、更有效的方法把大学生紧紧凝聚在党的周围,把他们中具备党员条件的优秀分子吸收到党内来,把他们培养成为中国特色社会主义事业的建设者和接班人,已成为当前高校党建工作的重中之重。

因此,解决好这些问题具有重大而深远的战略意义,势必能够有效改善党员队伍结构,壮大党员队伍,增强党的阶级基础和扩大党的群众基础,提高党的影响力、凝聚力和战斗力。

二、高校党建过程中存在的问题

高校党建辅导员是高校学生工作中的一支特殊队伍,身兼教育者和管理者的双重身份,是大学生思想政治教育的主体力量,他们是大学生入党的引路人、联系人、介绍人、谈话人,

[作者简介]潘锡泉,男,汉族,1985年出生,浙江新昌人,硕士,助教,浙江金融职业学院金融系教师,研究方向:学生党建与思想政治工作。

因此,只有充分重视党建辅导员在大学生党建中的重要作用才能更务实地建立一支政治素质过硬、作风正派、富有创新精神和实践能力的大学生党员队伍,也才能更好、更健全地从源头上将优秀的大学生吸引到我们的队伍中来。

但在新时期党建工作的过程中,我们也发现一些问题。

(一)学生入党愿望迫切,动机变得更为复杂

目前高校新生入学后,普遍有80%以上的学生递交了入党申请书,申请入党的比率极高,这也在一定程度上体现出他们入党愿望之迫切。据我们调研所了解,他们中间的大多数人入党动机是正确的,主要是出于对共产主义的信仰、为了更好地为人民服务。但与此同时,我们也发现,仍有部分学生的入党动机存在着偏差。主要表现为:有些同学看到别人入了党,在群众中有一定的威望,羡慕不已,于是自己也写份入党申请书,企盼有一天自己能获此荣耀,得到精神上的满足;有的同学看到别人写入党申请,觉得如果自己不写,老师、同学可能会说自己不要求进步,于是随大流也写份申请;更有甚者,有些同学认为入党可以为自己今后工作、进入订单班,或者是进入银行早日转正等增添不少的资本,于是纷纷要求入党,根本谈不上什么入党动机。

(二)发展党员重数量,缺质量

高校普遍存在的一个问题是,发展党员速度呈现快速化趋势,毕业班党员发展的速度表现得更为突出。部分高校将学生党员发展的数量作为考核党建工作的指标之一,由于发展党员人数太多,学生支部很难做到一对一地深入考察和了解,只能将学习成绩和个人工作能力作为衡量标准,而忽略了对发展对象思想状况的考察,致使部分学生党员在发展前后表现不一、言行不一,严重影响了党在同学们心目中的光辉形象。

(三)缺乏专门的党建工作者

目前高校普遍存在的一个现象是,党建工作主要由部分行政人员、专职教师和辅导员兼任,而缺乏专职的党建辅导员。这样带来的不利因素是,行政人员忙于处理各种行政事务,专任教师忙于教学科研,辅导员通常要管几百个,甚至上千个学生的工作,平时的时间和精力更多地花在了日常事务的处理上,而没有过多的时间来专门开展党建相关活动。尤其突出的是,部分兼职的党建工作者对党务工作不熟悉,工作程序不规范,有的甚至对党务工作知之甚少,长此以往,将严重影响高校党建工作的健康发展。

(四)高校党建工作中不能充分发挥大学生党员的主体作用

现在高校党建过程中较为突出的是,各项党建活动的开展都是围绕辅导员组织开展,而不能有效发挥学生党员的主体作用。其实,在党建活动的策划和开展过程中,大学生想法很多,而往往得不到实现,势必会影响大学生党员的积极性,长此以往,必将不利于党的建设与发展。

三、新时期党建工作的对策^①

面对现阶段高校党建过程中普遍存在的入党动机复杂化、党员发展重数量轻质量、党建工作缺乏专门的负责人，以及不能充分发挥大学生党员的主体作用等问题，我们结合浙江金融职业学院金融系党建工作的开展为例，提出相应的对策建议。

(一)加强思想教育，端正学生入党动机

浙江金融职业学院金融系始终贯彻"教育为先"理念，对新生积极做好思想教育工作，使学生明白党的性质、宗旨、任务等基本知识，明确什么是共产主义，怎样实现共产主义，自觉主动地将共产主义的远大理想和信仰转化为实际行动，力争做到"未进党的门，先做党的人"。另外，金融系还积极开展多种多样的活动，譬如，入党积极分子演讲比赛、成立党小组研讨会、开展党员与积极分子一帮一活动等等，组织入党积极分子参加，在活动中锻炼他们、考验他们，培养和增强他们的社会责任感，树立全心全意为人民服务的精神，形成正确、高尚的入党动机。此外，还积极组织教师、老党员等定期与入党积极分子进行思想交流。通过座谈会、单独交谈、撰写思想汇报、思想专题教育等形式，及时了解掌握积极分子的思想动态，给予正确的引导和帮助。

总之，我系始终坚持"成熟一个，发展一个；成熟一批，发展一批"的学生党建工作原则，正确把握数量与质量、培养与发展、思想入党与组织入党的辩证关系。

(二)规范工作流程，严把发展关

浙江金融职业学院金融党建工作始终把发展党员作为一项重中之重的政治工作，而不只是一项简单的技术工作。在发展党员过程中，金融系实施党员、班主任、辅导员，以及班级全员负责，并要求在本支部全体党员和学生群众代表中进行无记名投票层层推荐产生；确定发展对象时，要在全体党员和部分学生群众中对入党积极分子进行民主测评，并要求积极分子进行入党演讲；对拟吸收为预备党员的发展对象，要以书面的形式进行公示，接受大家的监督；最后在支部大会讨论接收预备党员和预备党员转正时，采取无记名投票的方式进行表决通过。

总之，金融系党总支在发展学生党员的过程中，始终遵循党员发展流程，严把发展关。对每一位要求入党的学生进行严格的考察，不仅考察学习情况，更考察群众基础、思想政治状况，让每一位真正入党的同学经得起各种考验。

(三)设立专门的党建辅导员开展党建工作

党务工作者的理论水平、党性修养、创新精神、工作热情和方法等决定了学生党建工作的成效。高校党组织必须重视抓好党务工作者队伍建设，真正造就一支精通马克思主义理论，掌握现代科学技术，通晓政治学等方面的知识，德才兼备，人格高尚，具有开拓创新能力

---

① 以浙江金融职业学院金融系学生为例。

与魄力的、专门化的党务工作队伍。

据此,根据党建工作需要,金融系党建工作中设立了专门的辅导员开展党建工作,充分发挥其党建工作的专业性、功能性,并对党建辅导员积极开展各项培训活动,以提高党建辅导员的政治理论水平和从事党务工作的能力和素质。同时还建立了科学、合理的激励机制,鼓励党建辅导员立志把党务工作当作科学去探索,当作崇高的事业去奋斗,使其思想坚定、队伍稳定、工作促进。

(四)搭建平台,充分发挥大学生党员主体作用

在金融系党总支的引领下,金融系成立了金融、理财、国金三个党小组,并积极搭建平台——金融系党建基地,为广大党员开展活动提供活动空间。譬如,近期金融、国金、理财各党小组学生党员开展了以"提升学习理念,提高觉悟能力"为主题的党员学习研讨活动;在党建基地设立党建报刊亭,让学生党员自主开展学习《党建研究》《党建》《共产党员》《中国青年》等党建知识,拓宽视野。

另外,金融系还积极地启发鼓励大学生党员参与党建活动的策划、实施,并注重发挥他们在各项学生活动中的模范带头与凝聚力的作用,教育和帮助大学生党员在组织开展活动或具体的工作过程中始终保持积极向上、满怀激情的心态,起到了良好的主体和导向作用。譬如,设立党员风采专栏、党员活动专栏。通过这些平台的搭建,积极提高了大学生党员积极向上的主体模范作用。

四、结　论

在对新时期党建工作中普遍存在的入党动机不纯、重数量轻质量、党建工作缺乏专门负责人,以及大学生党员缺乏主体作用等问题进行分析的基础上,我们发现加强思想教育,端正入党动机,规范工作流程,严把发展关,设立专门的党建工作者,以及搭建党建平台,发挥大学生党建工作的主体作用,对于高校党建工作的高质量、高效率进行具有至关重要的作用。

面对新形势下的党建工作,切实要求我们党建工作者在扎实做好日常工作的同时,密切关注学生的思想动态,不断加强自身的修养,敢于创新,充分发挥高校党建工作者在高校学生党建工作中的突出作用。

[参考文献]

[1] 郝咏梅,王桂芝,蔡惠华.新形势下高校辅导员开展大学生党建工作的对策初探[J].中国电力教育,2009(7).

[2] 潘楠,曹晓芸,孙驰.对大学生党员在加强高校党建中充分发挥主体作用的思考[J].中国电力教育,2009(7).

[3] 王蓉.新时期高校辅导员如何做好大学生党建工作[J].黑龙江科技信息,2010(4).

[4] 高绪国.浅谈新时期大学生党建工作[J].传承,2010(6).

第二篇　校园文化育人

高职院校廉政文化育人的现实意义和途径

陈利荣

[摘　要]廉政文化育人是时代发展的需要,是高职院校和谐发展的需要,也是高职人才培养的需要。本文从提高思想认识、明确理念思路、创新活动载体、营造优良环境和师德条件等方面探讨了高职院校廉政文化育人的途径,并对浙江金融职业学院廉政文化育人的实践进行了阐述。

[关键词]高职院校　廉政文化　意义　途径

一、高职院校廉政文化育人的现实意义

(一)廉政文化育人是时代发展的需要

党的十八大报告强调:"反对腐败、建设廉洁政治,是党一贯坚持的鲜明政治立场,是人民关注的重大政治问题。反腐倡廉必须常抓不懈,拒腐防变必须警钟长鸣。"中共中央纪委、教育部、监察部在《关于加强高等学校反腐倡廉建设的意见》中也指出:"加强师德学风建设。把廉洁教育和诚信教育贯穿师德建设的各个环节。加强大学生廉洁教育。建立健全领导体制和工作机制,充分发挥专业教师队伍的主导作用、思想政治工作队伍的引导作用和学生骨干队伍的示范作用,充分利用新生入学教育、毕业生教育等形式和各种校园文化活动,深入开展校园廉政文化建设。开展合格公民、遵纪守法、诚实守信教育。努力探索适应新时期要求的校园廉政文化建设新途径,总结推广一批校园廉政文化品牌和廉政文化理论研究成果。"这些都为新时期开展廉政文化育人工作提供了政策导向。

(二)廉政文化育人是高职院校和谐发展的需要

开展廉政文化育人是高职院校科学和谐发展的内在动力,也是一项长期而紧迫的任务。我国现今在大学里已经出现了一些腐败的萌芽。如在竞选学生干部的过程中,有请客吃饭、送小礼品等拉票现象。在师生的交往过程中,学生为了达到某种目的,给老师送礼以拉近与

[作者简介]陈利荣,男,汉族,1957年出生,浙江慈溪人,大学本科,经济学学士,研究员,浙江金融职业学院纪委书记,研究方向:高等职业教育、高校党建。

老师的关系。这种不良风气如果任其蔓延,就会影响教风、学风、校风,进而影响学校的和谐健康发展。

(三)廉政文化育人是高职人才培养的需要

高职院校是培养一大批生产、建设、管理服务一线的高素质、高技能专业人才重要基地,立德树人是根本任务。这就要求这些大学生除了掌握扎实的专业知识和技能外,还必须要有责任感、法制意识、诚信意识和廉洁意识等,为毕业后更好地服务社会打下思想基础。然而,高职学生正处在人生观、世界观、价值观的形成时期,思想活跃,关注社会热点问题,新的信息了解多而杂,社会上的不良信息很容易影响他们的思想和行为。其中一部分学生又不注重自我修养,往往存在享乐主义、拜金主义、功利主义等思想,诚信意识和法制意识缺乏。为此,高职院校要培养高素质的合格人才,就必须加强廉政文化育人工作。

二、高职院校廉政文化育人的途径

(一)提高高职院校廉政文化育人的思想认识

廉政文化育人要取得实效,做到真正让学生受益,需要全校上下的共同努力。学校各级组织和全体教师要充分认识到廉政文化育人的重要性和必要性,努力帮助青年学生树立正确的世界观、人生观和价值观。同时,要有针对性地开展育人工作,了解大学生的需求,进行合理的引导。

(二)明确高职院校廉政文化育人的理念思路

首先必须要明确一个理念,即"崇廉敬廉,育人为本"的育人理念。围绕立德树人的根本任务,以廉政文化陶冶学生,使青年学生在大学校园健康成长,成为社会主义现代化事业的合格建设者和接班人。区分两个层面:学校层面和系部层面。学校层面要抓规划,出思路,建制度,强监督。把廉政文化育人纳入党委工作的整体规划,与学校党风廉政建设一起部署、一起落实。系部层面抓落实,出亮点。突出三个层次:领导干部、教职员工、学生。领导干部要做到勤政与廉政的统一,教师要做到教书与育人的统一,学生要做到学知识技能与学做人的统一。坚持五个结合,即坚持廉政文化育人与党建育人相结合,与师德建设相结合,与课堂教育相结合,与学生德育相结合,与校园文化育人相结合。

(三)创新高职院校廉政文化育人的活动载体

廉政文化育人活动需要以多种育人载体为支撑。传统的主要有校园广播、廉政宣传栏、廉政书籍、廉政报刊、廉政讲座、廉政网站、参观警示教育等。应在坚持传统载体的基础上,不断创新学生容易接受的活动载体,形成内容的多元化、形式的多样化,同时可以因地制宜;结合思政理论课教育、专业教育等来开展。在《马克思基本原理概论》《毛泽东思想与中国特色社会主义理论体系概论》《中国近代史纲要》《思想道德修养与法律基础》的学习中,使学生了解马克思主义原理中就有廉政思想的真实体现,我党在长期的革命和建设过程中一直注重党的群众路线,注重党风廉政建设。通过对近代史中清廉历史人物的学习和对党和国家法律法规的学习了解,把廉政文化的思想教育给大学生,使大学生受到廉政文化的教育。在课外,学校可以通过开展学风建设活动,让学生党员召开党风党纪座谈会、参观廉政教育基地、举办廉政知识竞赛、廉政书画展、成立学生廉政社团、办好廉政网站等,使广大学生认同清正廉洁的思想,起到润物无声的作用,提高廉政文化育人的准对性和实效性。

(四)营造高职院校廉政文化育人的优良环境

优良的环境可以育人。为了达到良好的育人效果,要做到校园清洁、教室整洁、寝室美化。在学校的楼宇文化中要体现廉政育人,如在教室、走廊、图书馆等场所挂置名人名言或名人图片,以环境暗示的原理将廉政文化植入大学生的思想,以此来影响大学生的一言一行,同时加强对学校内外的一些公共场所进行监督管理,防止学生接触不良的社会风气,以达到廉政文化育人的目的。

(五)营造高职院校廉政文化育人的师德条件

教师是人类灵魂的工程师,其言行对学生的影响最直接最深刻。多年来,广大高校教师自觉贯彻党的教育方针,学为人师、行为世范、默默耕耘、无私奉献,涌现出一大批优秀教师和先进模范人物,在学生中树立了当代教师良好的形象。然而,在市场经济和开放的条件下,高校师德教风建设还存在一些亟待解决的突出问题。如有的教师责任心不够强,主要心思没有放在教书育人上,上课心不在焉,下课忙于副业;有的教师治学不够严谨,学风浮躁,急功近利,敷衍了事,有重业务、轻师德的状况;有的教师言行不够规范。要求不严,阵地意识淡薄,有的甚至不是在讲共产党好、社会主义好,而是宣扬西方那一套。在学生中造成了很不好的影响。为此,学校要不断加强师德教风建设,加强对教师的学习教育,加强师德考核,营造良好的师德环境。

三、浙江金融职业学院廉政文化育人的实践

高校廉政文化育人是高校党风廉政建设的重要组成部分。长期以来,学院党委确立了以"五政十廉"理念为引领,以学生"健康、廉洁、成才"为目标,大力推进了学院廉政文化育人工作,形成了风清气正的育人氛围,为学生成长成才做出了贡献。

(一)以"廉政文化研究所"为依托,推进廉政文化育人

成立"学院廉政文化"研究所,整合校内外资源,依托学院人文社科部、学院党建与思想政治教育研究会等学院研究机构,由多年从事党建与思政、法律、金融等方面的研究专家、学者组成,于2013年3月成立。学院纪委书记任所长,党委书记为学院廉政文化研究所揭牌。研究所开展论文征集、六项课题研究、举办廉政文化沙龙等活动,为探索高校反腐倡廉工作提供了良好平台。

(二)以廉政征文评选活动为载体,深化廉政文化育人

学院结合学习型组织建设,在全院党员领导干部、广大师生员工中,开展了廉政文化征文评选活动。学院党委领导亲自带头撰写文章,广大师生踊跃参加,先后收到论文 50 余篇。这一活动为我院党风廉政建设和反腐败工作营造了浓厚的氛围,探索了师生员工主动学习、自我教育的途径,为我院探索廉政文化育人创造了良好的条件。学院重视廉政文化理论研究活动。几年来,我院先后发表了《党政合力、师生一心,精心打造清廉健康高职发展模式》等 10 多篇具有一定影响力的廉政文化学术研究成果。在教育部召开的党风廉政建设座谈会上,学院院长作为全国高职院校的唯一代表发言,受到了教育部领导的充分肯定。

(三)以"强五政、促五风、建十廉"活动为平台,开展廉政文化实践育人

学院要求党员干部要做到"勤政、廉政、俭政、善政、优政",以加强"保持党风、改进政风、提升教风、引领学风、优化校风"建设。多年来,以校长讲师德、纪委领导讲党风、总书记讲学风等形式开展系列讲座,以举办书画摄影展、警示教育展、校园廉政网络等多种形式为载体,开展了形式多样、富有成效的党风廉政建设宣传教育活动。大力开展典型教育。组织党员领导干部观看廉政教育片,学习先进典型。先后学习了郑培民、宋鱼水、王英等廉政模范的事迹;同时,利用腐败案例开展警示教育,观看警示教育片和戏剧,参观浙江省廉政警示教育基地杭州市南郊监狱等,大力树立校内廉洁典型。

(四)以"五个结合"为抓手,拓展廉政文化育人领域

一是坚持将廉政文化育人与课程育人相结合。以思想政治理论课为主渠道,在课堂教育过程中,将廉洁教育与大学生社会公德、职业道德、艰苦奋斗教育、纪律教育、法制教育等结合起来,通过军训、入学教育、专业思想教育、毕业教育等相互渗透,增强了大学生的廉洁意识。

二是坚持将廉政文化育人与环境建设相结合。把学院的主干道命名为诚信大道,把学院的主会场命名为诚信讲学堂,把学院的中心广场命名为中信广场,把学院货币博览馆作为师生廉政教育基地,在学院的尚德池中种有莲(廉)花,使师生们在日常工作、学习中能够领悟到廉政理念、诚信文化。同时,努力倡导"诚信、明理、笃行"学风,增强学生对廉政文化的认同感。

三是坚持将廉政文化建设与师德建设相结合。将廉政教育贯穿师德师风教育的全过程,加强对广大教师的理想信念教育、法律纪律教育和优良传统教育,培育广大教师为人师表、言传身教的职业道德素养,着力提高教师的思想政治素质和职业道德水平。

四是坚持将廉政文化育人与校园文化育人相结合。我院的校园文化是三维文化,即金融文化、诚信文化、校友文化。对一生与金钱打交道的金融学院学子开展金融廉政教育,教育大学生做到"常在河边走,就是不湿鞋"。举办金融系统警示教育展。培养学生诚信做人、遵纪守法职业道德意识,张贴、悬挂廉洁格言和警句。邀请成功校友来校讲励志报告等,积极实践三维文化育人。

五是坚持廉政文化育人与校务公开相结合。建立校务公开制度和领导小组,建立文件

公开制度。充分发挥工会、教代会、学代会的作用,定期召开各种类型和不同层次的师生座谈会,听取师生的意见和建议,做到程序透明,公正公平。形成了以教代会为基本载体,校园网、公示栏、情况通报会、座谈会等多种形式为补充的校务公开模式。

通过一系列内容丰富、形式多样、主题鲜明的廉政文化育人活动,达到了学生"健康、廉洁、成才"的目标,达到了廉政文化育人的目的。

[参考文献]

[1] 狄成杰,陈康.大学生廉政文化教育研究[J].宿州学院学报,2012(4).

[2] 丛彬彬.高职校园廉洁文化建设的现实意义和实现路径[J].中国职业技术教育,2013 (19).

高职院校"爱生"文化建设研究与实践

——以浙江金融职业学院为例

方 华

[摘 要]本文以"爱生"文化为逻辑基础,通过实证研究,探讨了"爱生"文化需要通过精神文化、制度文化、行为文化等建设形成,为学生健康成长成才创造优良的文化氛围。

[关键词]高职院校 爱生 文化

文化是学校的灵魂,是学校的根基,是学校发展的力量和源泉。大学文化是大学长期发展演变过程中,逐渐积累下来的,能够体现本校特色的教育理念、办学宗旨和管理思想。它是为全体师生员工所认同和接受的共同理念(大学精神、校训)、群体意识、学术风格和行为操守等,其内化为学校的办学理念、价值追求和学术品位,外显于学校的制度规范、行为方式和物质条件,弥漫在校园的各个角落和学校教育的各个方面,影响着师生员工的一切行为。没有文化便没有学校,没有优秀的文化便没有卓越的学校。大学的教育教学过程,不仅是教师向学生传授知识的过程,更是一个有计划、有目的的文化过程。浙江金融职业学院自创办以来,牢固树立"以生为本"理念,把大爱精神作为学校精神的核心,以爱为出发点和核心的文化导向,以"爱生"文化铸就校园文化的灵魂,营造一种极富生命张力的爱的文化—— 让物质充满爱,让制度体现爱,让管理表达爱,让行动传递爱,让爱渗透学校教育的每一个细胞,为学生的成长成才创造了有利的文化氛围。

一、"爱生"文化的逻辑基础

(一)"爱生"是学校践行"以生为本"观的具体要求

"以人为本"是科学发展观的核心理念,也是学校"大爱"理念的核心,"爱是教育的基础,没有爱就没有教育"。学生是学校一切工作的出发点和落脚点,是学校的办学主体和关键。学校应把"爱"的理念贯穿于教育教学、管理和服务工作之中,以父母之心、兄长之情,关爱学

[作者简介]方华,女,1963年出生,浙江杭州人,研究员,浙江金融职业学院副院长,研究方向:高等职业教育。

生的进步,关注学生的困难,关心学生的就业,把对学生的关爱渗透在教育教学、管理、服务等各个方面、各个环节。在学校大爱为魂的文化氛围中,形成强大的凝聚力和向心力,积极遵循学生发展规律,满足学生成长需求和成长意愿,让学生因"爱"而成长。

(二)"爱生"是学校教师事业心和责任感的具体体现

爱生是师德的具体表现,是师德的基本准则。教师对学生爱的情感,不是基于血缘关系的一己之爱,而是源于社会赋予的神圣责任,源于对学生未来的殷切希望,它具体表现为对学生的一种亲近感、期望感、责任感。教师对学生之"爱",最好的表达莫过于以最大的热情躬身教书育人。爱生是一种无私而又崇高的事业爱、理想爱。它要求教师有视生如子、无私奉献的胸襟、和蔼可亲的态度、诲人不倦的精神,热爱每一位学生,把爱的阳光洒向每个学生的心田。要把教育当作事业来追求,用"心"去教学生,心中有学生,目中有学生,把对事业的满腔热情倾注到学生身上,在潜移默化中熏陶和影响学生,成为学生健康成长成才的指导者和引路人,让师德因"爱"而升华。

(三)"爱生"是学校教师幸福事业的精神寄托

爱生尊师是教育的心理基础。教育是心心相印的活动,教师对学生的关爱和学生对教师的敬爱能够促进师生形成理性共识,强化师生之间的感情联系,是教育的维系所在,是教育的灵魂,是教育和接受教育最好的心理机制。教师心里应常常牵挂着学生成长过程中的困难,惦记着学生所期盼的幸福,与学生同甘共苦,共同为追求真理而奋斗。大爱让教师走进学生的心里,使教师的身心与学生融为一体,师生的身心与社会融为一体,在师生之间搭起感情桥梁,让学生爱师、信师、学师,师生情感互通,学生"亲其师而信其道",使教育实现情通理达。学生感受到学校的关怀,爱校如家,学习目的明确,科学规划学习生涯,学风浓厚,爱的教育为学生筑牢精神支柱,发掘创造潜能,培养健全的人格,促进自身的全面发展,"大爱"精神的感染力、穿透力和生命力,在潜移默化中造就学生的成功,教师因学生的成功获得成就感,让教师因"爱"而幸福。

二、"爱生"文化的建设——以浙江金融职业学院为例

文化的本质是人的外化,是人的存在和意识、能力和愿望的反映。文化的作用对象也在于人类本身,对人的素质和能力、生存状态和生存方式产生深刻的影响。学校"爱生"文化建设需要通过精神文化、制度文化、行为文化等的熏陶和影响,使教职员工达成共识,形成行动。

(一)精神文化建设:"爱生"文化内化于心

学院在创办之初就明确提出"一切为了学生,为了一切学生,为了学生一切"的理念,并在校训、校歌、教风中渗透大爱的精神;2002年构建了"关爱学生进步,关注学生困难,关心学生就业"的学生工作服务体系;2006年在学院被成功列为国家示范校建设单位时,明确了

学生是学院国家示范校建设的第一参与者和最终受益人的指导思想；2007年发布全国高校第一份社会责任报告，指出关爱每一个学生成长成才是高校履行的第一社会责任；2008年5月23日（谐音：我爱生）在全国高校中第一个设立"爱生节"，弘扬和倡导"爱生"文化；2010年，学院提出在全院范围内开展学生"千日成长工程"，大力推进"全员育人、全程育人、全方位育人"机制，促进学生在校千日成长成才；2011年11月23日起，为进一步深化"爱生"意识，在深化"爱生节"和行业企业进校园大型招聘会当天，举行全员参与的"师生零距离"沟通会；2011年下半年起，开展"进寝室、送温暖、增亲情""电话家访"等活动，学院领导带头深入教室和寝室与学生交心谈心，全体教师干部与学生全方位沟通、对话、交流，增进亲情，增进了解，进一步营造"爱生"文化。教师干部把教育当作事业来追求，关爱每位学生，用爱心培育爱心，用人格塑造人格，全方位地为学生营造温馨的家园，让"爱生"成为全体教职员工的自觉行动。

（二）制度文化建设："爱生"文化固化于制

要维系一个组织的正常运作，离不开相应的制度，要让一个组织的运作富有效率和成效，必须有好的制度安排。学院各项制度的形成以爱为出发点和归宿，强调制度在规范人和教育人的同时，更要尊重人、服务人。学院在教学管理上，建立专家督导、教师评教、学生评教等制度，及时、全面地了解和监控教学过程，不断提高教学质量；在日常管理上，学院通过建立院长接待日制度、书记信箱、一站式学生事务服务中心等，想学生之所想，急学生之所急，真情关心学生的疾苦，真心为学生办好事、办实事，不断提高管理与服务质量；在学生管理上，以学生"千日成长工程"为载体，不断深化"三关"服务体系，构建并完善"12345"育人载体，尊重学生个性，充分调动学生的积极性，切实做到以学生为先、以学生为重、以学生为主，让渴望进步的学生有平台，让生活和学习有困难的学生得到关爱，让全体学生能够健康成长、快乐成才。

（三）行为文化建设："爱生"文化外化于行

1. 把"爱生"体现在优质教育上。学院牢固树立以人为本的理念，坚持教学工作中心地位，积极探索工学结合人才培养模式改革，着眼于学生的协调发展和个性发展，促进学生的可持续发展，以及学生的全面发展与个性发展的统一。学院相继出台了《关于进一步推进全员育人、全过程育人、全方位育人的若干意见》《关于全面实施"千日成长"工程，切实提升人才培养质量的若干意见》等一系列制度文件。进一步明确了学校育人的理念、总体要求和主要任务，健全了"三全育人"的工作机制、工作载体、队伍建设、保障机制等，进一步统一了思想。学院以学生"千日成长工程"为载体，形成了全院齐抓共管的育人机制和服务学生的工作机制。以"明理学院""银领学院"和"淑女学院"为平台，积极构建"三课堂"有机衔接的育人体系。充分尊重学生的个性特点，深入学生实际，走进学生内心世界，增进师生理解、互信；了解不同学生的知识结构特点，挖掘学生发展潜能和特长，为其提供多样的成长成才机会。同时，学院积极创造条件为学生的个性发展提供充足的空间和条件，全方位服务于学生，以学生和谐发展成才为本，引领全体学生树立正确的世界观、人生观、价值观、道德观，强化个人修养和职业能力，促进健全人格的养成，实现学生职业生涯适应性和创造性的结合，支持学生的可持续发展,满足社会对于高职人才更高、更多样化的需求。

2.把"爱生"体现在人性化服务上。学院不断完善帮助学生成长、解决学生困难、方便学生办事、维护学生权益的学生成长成才服务体系。加强就业服务和指导,开设了"人文与职业素养""创业指导""职业生涯规划"等课程,邀请行业、企业专家开设讲座,兼职教师深入课堂开展教学,努力提高学生的职业竞争能力,近50%毕业生进入金融系统等订单班学习,就业质量不断提高。建立了"奖助贷补免"助学体系,使物质资助与精神激励双举、诚信教育与励志教育并重。设立了由学院师生捐赠的"爱心基金",全心全意帮扶困难学生。提供校内外勤工助学岗位,帮助学生解决实际困难,保障其圆满完成学业。开展"绿色家园"活动,坚持物质支持和精神帮扶"双线"并举,加强师生情感沟通和交流,从思想、生活、学习和心理上帮助贫困学生,培养学生的感恩意识,鼓励贫困学子精神成人。深化大学生心理健康教育工作,完善院系班三级网络体系,建立专兼职相结合的心理健康教育和咨询指导教师,开展心理健康状况普查、讲座、报告、个别咨询、预约谈话、"5·23"心理健康活动等,形成有效的学生心理危机干预机制。使"关爱学生进步、关注学生困难、关心学生就业"服务工作制度化、常态化。

3.把"爱生"体现在亲情化管理上。学院以推进学生成长成才为逻辑起点;以满足用人单位的需要为着眼点;以充分利用三年学习时间为着力点,坚持"学历教育与岗位培养相融合""职业能力与职业素质相兼顾""坚持就业导向与人生发展相统一"的原则,为学生就业和可持续发展提供便利,创造条件。在教学管理方面,学校坚持"以生为本"理念,构建了"三化一式、三位一体"的教学管理模式,以学生需求为导向,尽最大可能提供丰富的、优质的课程资源,满足学生多样化、个性化的需求。在学生管理方面,构建了发展服务型学生工作体系,为学生成长成才和可持续发展提供多样化服务。在社区管理服务方面,构建了"三级网络、四方联动"的学生社区管理新模式,成立了以学生处、系党总支、辅导员(班主任)为主要力量的学生工作管理和服务网络,以学院后勤服务中心、社会物业服务公司、社区管理部(社区管理委员会、社区总值班)为主要力量的后勤管理和服务网络,以学生社区自律委员会、学生楼委会、楼层长、寝室长为主要力量的学生自我服务的管理和服务网络;构建完善四方联动体系,即系(院)管理与社区管理联动,课堂教育与课外社区育人联动,现实社区与虚拟社区联动,驻公寓辅导员与社区学生组织联动,积极打造安全、民主、健康、阳光、和谐的学生社区,为学生的健康成长服务。

三、"爱生"文化建设带来的效应

(一)激励效应

学校积极倡导"尚德、精业、爱生"的教风,建立健全师德师风建设的长效机制、师德师风考核机制等,注重榜样的引导作用,开展"师德标兵""教书育人、管理育人、服务育人"先进个人和"五星教师"评选活动,大力倡导爱岗敬业、无私奉献的红烛精神,用先进人物的"爱心"事迹感染广大教职工,用道德模范的行为引领师德师风建设。学生在沐浴教师爱的同时,无形中也用同样的感情去爱别人,通过潜移默化的熏陶,逐步形成了人与人之间关系的正确认识和信念,并转化成爱同学、爱老师、爱父母、爱国家、爱社会,学校因"爱"而和谐。

(二)辐射效应

学院教师将大爱思想传授给学生,学生以大爱精神回报社会,青年志愿者活动受到学生的广泛关注和热情参与,体现了学生社会责任意识、参与意识、感恩意识和公民意识的增强。2012年我院学生得知校友家长因手术需要输血的消息后,学生们通过微博招募志愿者,广泛传递爱心,学生不辞辛苦从学校奔赴外地无偿献血,用实际行动践行青年学生的社会责任。浙江在线、青年时报、中国青年报等媒体跟踪报道了我院学生奉献爱心的事迹。爱心传承,实现了良性的"感恩"循环,"爱心传递"成为学院文化的一种内在张力,社会因"爱"而温暖。

(三)品牌效应

学院把爱生具体体现在优质的教育质量、人性化的服务和亲情化的管理上,善待学生、厚待学生、优待学生,促进学生健康成长。近年来,毕业生就业率连续保持在95%以上,其中,金融系统订单培养数量占毕业生人数的50%以上。麦可思(MyCOS)公司对我校毕业生的调查报告显示,2012届毕业生愿意推荐母校的比例为84%,比全国示范性高职院校高出14个百分点;对母校的满意度为97%,比全国示范性高职院校高出6个百分点;半年后的就业率为96.6%,比全国示范性高职院校高出3.2个百分点。学院培养的学生爱校爱岗,适应能力强,职业素质高,学生因"爱"而成才。

[参考文献]

[1] 宋景华.突出树人育人宗旨　办学生满意大学[J].中国高等教育,2012(Z1).
[2] 林孟涛.高校教师管理文化建设浅谈[J].牡丹江师范学院学报:哲学社会科学版,2007(3).
[3] 于凯生.爱生为本创新高校学生工作[J].赤峰学院学报,2008(6).

浙金院学生工作的十年发展之路

盖晓芬

[摘　要]本文总结了浙江金融职业学院自 2000 年筹建到 2010 年建成国家示范性院校的十年间的学生工作。文章认为该期间的学生工作经历了三个发展阶段,即探索和构建高职学生工作机制阶段(2000—2002 年);优化工作队伍,打造工作品牌阶段(2003—2005 年);管理服务育人并举,师生共成长,拓展素质培养阶段(2006—2010 年)。文章简要阐述了学生工作优质发展的良好内外部环境。

[关键词]学生工作　发展之路

2000 年 6 月 1 日,经浙江省政府批准在浙江银行学校的基础上筹建浙江金融职业学院。2002 年 2 月学院去筹转正。当年 11 月 1 日,浙江金融职业学院的新校址在下沙高教园区东区(当时"学源街 118 号"还没有"出生")奠基开工。2003 年的国庆节期间,学院的3000 多名师生整体迁入现校区,到 2013 年国庆节,咱们学院迁入下沙也整整十年了。

十年来,学校的硬件设施不断完备、校园环境不断完美、各类管理不断完善、育人成果不断完全、办学成效不断完好,在校师生规模也从当初的 3000 多人发展为今天的近万人,这些都让每个经历了学院发展并在发展中为之努力过的师生倍感欣慰。

我作为长期从事学生工作的老教师,回顾学院十年发展历程中的学生工作,也深感可喜可贺。喜的是学生工作的发展与学院的发展齐头并进,相互支撑,相互作用,推动了育人成果和办学成效;贺的是十届毕业生在佐证学院教育质量的同时,为浙江乃至全国经济、金融业做出了积极的贡献。这正是每个教育工作者最看重和最欣喜的。

为了回顾我院学生工作的十年发展历程,我翻看了手头的资料,其中在本人所著的《思与治》专著中,有从 2000—2009 年共十年的学生工作报告,仅这些报告的标题也从一个侧面反映出了我院学生工作从初创时期到现在的发展路径,我个人认为可初分为三个阶段或三个层次,如表 1 所示:

[作者简介]盖晓芬,女,汉族,1956 年出生,河北行唐人,大学本科,教授,浙江金融职业学院工会主席,研究方向:金融、证券投资、高职学生管理等。

表1　2000—2009 年学生工作报告主题及层次

年份	主　题	阶段或层次
2000 年	认真总结、积极探索、勤奋工作,努力构建浙江金融职业学院学生工作新机制	第一阶段,即探索和构建高职学生工作机制阶段
2001 年	巩固成绩、积极探索,开创学生工作新局面	
2002 年	总结提高、创新奋进、为全面实现学生工作新机制而努力	
2003 年	适应大学城学生管理新特点、形成新校区学生工作新机制	第二阶段,即优化工作队伍,打造工作品牌阶段
2004 年	总结得失、准确定位,合力打造活力、高效、优质的学生工作局面	
2005 年	优化环境、强化服务、深化管理、创新特色育人载体,打造学生工作品牌	
2006 年	做一个小结、谈一点认识、提一点希望	第三阶段,即管理服务育人并举,师生共成长,拓展素质培养阶段
2007 年	以科学发展观为指导,以示范性建设为动力,优化学生工作,促进学生成才	
2008 年	适应工学结合的创新、探索灵动有效的管理、落实真切可靠的服务、实现学生素质提升	
2009 年	落实科学发展、强化学工队伍、促进学生成才	
2010 年以后	学生工作进入一个新的层次,即服务型、发展型学生工作之路	

一、探索和构建高职学生工作机制阶段(2000—2002 年)

2000 年后,我院学生工作在汲取国家级重点中专浙江银行学校已有的优良工作机制基础上,积极探索新的工作机制,这就意味着要主动放弃一些熟悉的工作制度,努力探索一些以往不熟悉的,如当初我们在学生工作管理中提倡的是"严、细、爱",即严格、细致、爱护,因为当初我们的学生中有中专生,他们的年龄普遍较小还未到成年人。办学升格后学生也都是成年人了,同时大学的教育功能和中专还是有较大的区别的,为此就不再将"严、细、爱"作为工作方针。又如,中专学校是一级管理,学生科直接主管班主任和各个班级,到了大学就必须二级管理。还如中专学生的夜自修都是考勤的,到了大学,大学生主动性的自主学习要求较高,学习的形式更多样化,这些都需要探索和建立一个适应大学教育的学生工作机制。

2000 年学院出台了《浙江金融职业学院学生手册》(以后每年修订不断完善),出台了第一本大学生工作管理手册,这意味着从制度意义上学生工作已由中专的浙江银行学校向大学的浙江金融职业学院过渡了,即浙金院学生工作机制初步建立。此间,初步建立了专兼职的辅导员工作队伍;提出了学生管理由一级向二级过渡,建立了系党支部直接负责学生工作的机制;提出了学生党建工作的思路,即"一年级有学生党员、二年级班班有党员、三年级系里要有学生党支部"，要求系党支部要在基础工作的规范性、具体性、成果性上下功夫。此间，大学生的学生会、团委和相应的社团组织也基本建立并不断形成大学生组织的特色。

二、优化工作队伍，打造工作品牌阶段（2003—2005 年）

2003 年 10 月学院整体迁入下沙后，虽校内的办学条件大大改善，但下沙本身还是一块生土，缺信号、缺交通、缺商品供给、缺文化设施，师生们共同克服困难，不断建设和完善新家园。

其间，有了 15 个专业，学生规模达到 5 000 多人。中央〔2004〕16 号文件的出台，对加强和提高学生工作提出了更高的要求。各系党组织已由党支部发展为党总支，党总支书记或副书记全部配备到位，有了 18 位专兼职辅导员、60 位班主任。

其间，提出了努力探索新校园学生工作新格局，要求从思想上构筑起"一切为了学生，为了一切学生，为了学生一切"的学生工作思路，在机制上构筑起"关爱学生进步、关注学生困难、关心学生就业"的学生服务体系；提出了积极培育"诚信、明理、笃行"优良学风要求，要以思想教育为先导内化学风，以教育质量为核心体现学风，以校园活动为载体烘托学风，以奖惩机制为手段凝结学风；提出了努力丰富各具特色的第二课堂，充分发挥校园文化的作用；提出了在关爱学生进步上多方位拓展，在关注学生困难上多途径解决，在关心学生就业上多角度帮助；提出了哪里有学生，学生工作就延伸到哪里的工作思路，在积极探索学生宿舍社会化管理的同时，努力实现学生宿舍成为学生的第一社会、第二家庭、第三课堂的功能；提出了心理健康普及化辅导的要求，探索了心理健康的院、系、班三级和由不同角色即教师、管理人员、学生、社会专业机构组成的"三级四结合"的工作机制。

2005 年 5 月，浙商学生发展大楼正式建成，以此为契机成立了"12345"的学生服务机制，即一个求助中心，两个咨询中心，三个指导中心，四个活动中心，五个服务中心，通过 12345 这样的服务机制和完善的楼宇硬件条件能更好地为学生成长服务。为了坚持金融业所要求的严谨作风，同时让学生有认错、改错、纠错的机会，开始试行预警教育机制，《学生违纪处分条例》被作为全省高校的参考样本之一在全省学生工作会上介绍。学生党建成绩突出，学生党员之家被省教育厅党工委评为"优秀党员之家"。2005 年，还开展了"健康校园"的研究，探索了以美丽环保、安定有序、活泼多彩、健康融洽为内涵的育人环境和机制建设。

三、管理服务育人并举，师生共成长，拓展素质培养阶段（2006—2010 年）

2006 年底，我院进入首批国家级示范院校建设行列。其实在 2003 年底我院被省教育厅教学水平评估为首个优秀院校后的 2004、2005 年，学院就主动地进行了示范性高职院校建设，2006 年以后的示范性建设更是如火如荼。

其间，落实科学发展观，进一步强化了以生为本是学生工作出发点，为生服务是学生工作着力点，促进学生成长是学生工作落脚点的理念，探索灵动有效的管理，落实真切可行的服务帮助学生成长。2007年全面开展了以"品德优化、专业深化、能力强化、仪表美化"为主要内容的学生素质提升工程,大力开展了"2300"为内涵的社会实践活动(即千名学生访校友、千名校友回课堂,百名校友上讲坛、百名校友话人生、百名教师进企业),同时以"八个起来"为内容,巩固和加强大学生一日生活规范化教育和管理,提高学生文明素质的修养。2007年首次招收省外学生,学生高考成绩均达三本以上分数,学生组成更多元化。针对学生现状,提出了稳定是基础、协调是关键、发展是目标的工作思路,发展中强调师生共同发展并将师生的发展融入学校和社会之中,以利于发展的可持续性。2007年进一步完善了"三级四结合"的心理健康工作机制,被省教育厅命名为"心理健康教育省级示范高校"。2008年试行了明理学院的1+1+X的教育构架,2009年将学生的思想教育和实践与明理学院教育有机结合,相关考核导入评奖评优之中。在2009年开始探索"千日成长工程"的基础上,2010年全面推行,每个系制定出本系特色的实施方案,学生处、团委将"四化"内涵和"千日成长工程"有机融合,进一步拓展和深化了素质教育的阵地。

回顾我院学生工作的十年发展之路,"三个好"保证了路之畅、行之稳。第一是遇到了一个好机遇。2000—2010年是高职教育起始和大力发展时期,也是学院乘势发展的大好时期,学校从2000年首招400名高职生到2010年招近2500名学生,从名不见经传的高职到首批国家级示范院校,无论是数量规模还是质量内涵都有了巨大变化和发展,这都为我们学生工作者提供了广阔的工作平台,也为我们施展才华提供了舞台,让我们能在高职学生工作的白纸上挥洒图画,并画出了较为可观的图画。第二是遇到了一个好班子。1994年我进入银行学校的领导班子后,先在张耀校长带领下和周建松、吴胜等副校长合作;1998年张校长退休后,在周建松校长的带领下,班子又陆续增加了陈利荣、姜进、王琦等领导;2003年10月,省教育厅委派李逸凡任书记、周建松任院长后组成新一届领导班子工作至2010年。在各任领导班子的带领下,班子成员有分工、讲合作,工作得非常愉快,特别是我分管的学生工作,只要提出建议和要求,都得到了班子的大力支持,在人财物上都予以倾斜,使得学生工作在全院形成了人人关心、人人参与的良好局面。第三是遇到了一支好队伍。学院的学生工作队伍从2000年的20多位发展到2010年的160多位,不仅数量增加,更重要的是能力增强、水平提高、育人成效突出,很多学生工作者在帮助学生成长的同时,自己也优质发展,这支学生工作队伍,不仅会思考、想创新、懂管理,更重要的是肯吃苦、能耐劳、愿奉献,在紧要关头都是特种兵、多面手,保障了学生工作的平稳和高效,保障了学生的各项权益。也正因为此,学生工作发展之路才能宽广、顺畅。

2010年后,学生工作进入深化发展阶段,提出了构建"三关"服务型、发展型工作体系的要求。由此,学生工作迈上了一个新的台阶。

回顾过去,学生工作成效已经突显。展望未来,学生工作仍将是学校永恒和不断推进的主题工作。只要我们在现有的基础上,不断探索和深化,学生工作将有更大的舞台,会有更多姿的成果。学生工作的明天一定会更加美好!

[参考文献]

[1] 盖晓芬.思与治——高等职业教育学生管理研究与实践[M].杭州:浙江科技出版社,2011.

高职校园文化品牌建设的实践探究

——以浙江金融职业学院十年文化品牌构建为例

蒋　赟

[摘　要]历经十余年的建设发展,高职教育办学内涵的丰富与逐渐深化带动了高职文化的孕育和发展。高职院校在十余年高职教育探索中,以校园文化建设为抓手,丰富高职文化内涵,提升高职教育软实力,逐渐积淀和构建起一批富有职业性、强化专业性、体现时代性、具有传承性的高职校园文化品牌。本文以浙江金融职业学院十年高职校园文化品牌构建为个例,分析其品牌建设模式及实践经验,探究高职校园文化品牌建设的一般规律。

[关键词]高职院校　文化品牌　实践

校园文化品牌,意为通过学校全体成员长期的共同创造与劳动,充分显示学校办学物质形态、精神成果等的特定符号、标记、设计或这些多重元素的组合;是一所学校文化特质的区别性象征;是被学校全体成员长期认同、不断传承和发展的重要文化资产。可以说,校园文化品牌是校园文化的识别标记,是校园文化发展到一定阶段的产物,是校园文化向纵深方向发展的结晶。

高职院校在十余年高职教育探索中,以校园文化建设为抓手,丰富高职文化内涵,提升高职教育软实力,并逐渐积淀和构建起一批富有职业性、强化专业性、体现时代性、具有传承性的高职校园文化品牌。探索高职校园文化品牌的发展之路,应深入到高职院校中去,充分地占有资料,进行具体的“解剖麻雀”般的分析研究,以获取高职校园文化品牌建设与发展的特殊规律即矛盾的特殊性。进而,从特殊性抽象出普遍性,从个别上升到一般,找到高职院校校园文化品牌建设与发展的一般规律。

对于高职校园文化品牌建设研究,采用个案研究方法是一种重要研究手段。选择浙江金融职业学院作为高职校园文化品牌建设个案研究的对象,基于浙江金融职业学院是一所立足金融行业、面向金融市场、培养适应现代金融业发展需求的高素质、技能型、应用型人才的首批国家示范性高职院校,办学以来累计为浙江省乃至全国的金融机构培养输送了近5万名优秀的经济金融人才,近百名校友成为省级分行及以上领导,其中支行副行长以上干部5 000余人,被誉为浙江省金融界的“黄埔军校”。浙江金融职业学院精心打造的特色校园文

[作者简介]蒋赟,女,汉族,1983年出生,台州温岭人,硕士,助理研究员,浙江金融职业学院办公室文秘科副科长,研究方向:高职校园文化。

化,颇具高职教育文化特色,其十年蓄力积淀的诚信文化、金融文化、校友文化是学校的三大文化品牌,以此为核心构建的三维文化育人体系在推进人才培养和深化文化育人功能方面已取得突出成果,在全国高职教育领域树立了良好的示范榜样。以浙江金融职业学院校园文化品牌作为样本,分析高职校园文化品牌发展模式具有典型性和可借鉴性。

一、浙江金融职业学院校园文化品牌十年发展概述

迄今为止,浙江金融职业学院的校园文化品牌发展之路已十年有余。一直以来,校园文化建设就是学院高度重视和重点实施的一项主要工作,也是学校前身浙江银行学校流传下来的优良传统。2000 年升格高职院校之初,学校在科学分析高等职业教育办学指向和学校定位的同时,对校园文化的基调也作了明确,即高职院校的校园文化建设必须围绕"促进人才培养和发展"的总体目标,"高""职"两条主线支撑并进、凝练特色,即有高品位的文化精神、高品质的文化格局、高标准的文化建设,职业性的文化植入、职场化的文化环境、职教体的文化共育。基于此,学校以新校区构建为契机,在物质文化环境建设方面创立格局、着手实施,2000—2003 年结合校园基本建设,陆续修建完成诚信大道、明理报告厅、诚信讲学堂等,完成校园主体建筑群的金融系统冠名,2003—2006 年修建升级省内高校首家货币博览馆、票据博览馆、金融华尔街等主题文化场馆,创意并设计了主题文化雕塑《立》《传承》①等,使校园文化发展有了实体依托。在精神文化内涵方面,2000 年学校立足银行学校时期的文化精髓,结合金融行业的文化特质,提炼了"严谨、勤奋、求实、创新"的校风,"诚信、明理、笃行"的学风,"尚德、精业、爱生"的教风,2005 年深化提出"披沙拣金、融会贯通"的校训,丰富了文化风向标,并围绕品牌金院建设着眼文化品牌的创意构思。

2006 年结合首批国家示范性高职院校建设项目的启动实施,学校着力文化品牌的特质塑造,注重品牌核心价值的凝练形成,注重文化资源的整合运用。在传承原有文化积淀的前提下,结合高职办学定位和人才培养目标,学院强化构建富有时代气息、展示学校独有特色的优质高职校园文化,提出建设"开放合作、尚德重能"高职教育文化的目标,进而创新思路,系统规划,构筑了以诚信文化、金融文化、校友文化为核心的"三维文化"体系,并在 2007 年、2008 年分别收获了"诚信文化""一把手技能训练营"两项浙江省高校校园文化品牌,2011 年"校友文化"获教育部"2011 年全国高校校园文化建设优秀成果奖",以三项文化品牌位居浙江省高职院校前列。

(一)诚信文化品牌

诚信文化品牌:诚品为尚,立身之本。诚信文化品牌是浙江金融职业学院的第一个校园

---

① 《立》雕塑,2005 年纪念建校三十年所建,取古钱币——布币造型,正反面分别镌刻"不诚无物""汇通天下"八字,寓意诚信文化与金融文化的交融结合;侧面如一"方鼎",寄予学子一言九鼎,为诚信之人。

《传承》雕塑,以现代金融人必备的笔记本电脑为基本造型,嵌入珠算元素,以金融行业用具的升级寓意时代的发展和金融精神的传承;珠子定格为"1975",以纪念学校前身银行学校恢复建校的重要时期,讲求学校文化精神的传承颂扬。

文化品牌,此品牌的核心价值在于"诚信文化"这一金融职业学院推崇的重要文化元素。"诚信"既是中国传统道德观念的第一准则,也是金融行业从业人员的基本职业操守,更契合了浙江金融职业学院以德建校、以德育人的办学基调。该品牌历史悠远,形成距今已30余年,自学校前身浙江银行学校时期,诚信文化便成为学校重点建设和推广的校园文化内容。2000年筹建高职院校之初,学校明确了加强诚信教育和诚信文化建设的共识,2002年浙江金融职业学院正式建立后,随着"诚信"作为学校第一学风地位的确立,诚信文化成了浙金院的校园文化主题。多年来,诚信文化通过校园文化建设委员会、诚信文化研究所等组织机制的研究进一步深化,通过以诚信为主题的育人环境的优化(如诚信大道、主题雕塑、舆论环境等)进一步外显,通过覆盖三年就学全过程的诚信主题教育活动的丰富(如诚信理论与实践课程、诚信档案、诚信公约等)进一步传扬,使诚信文化在师生中入脑、入心、入行。在诚信文化品牌的影响下,如今,诚信已然成为浙江金融职业学院师生们自觉遵守并践行的重要理念,学生在无人监考的"诚信考场"自觉应考,主动参与实施并发布"金院诚信指数","诚信书架""诚信伞"和"诚信报栏"等诚信指数均在85分以上;学生综合素养明显提升,重诚立信,深受订单合作单位欢迎,毕业生初次就业率连续六年超过95%;关乎学院诚信文化或诚信教育活动等经常见诸报端,受到主流媒体和社会各界的认可与好评。

(二)一把手技能训练营品牌

一把手技能训练营品牌:金融为基,立业之本。金融是现代经济的核心。浙江金融职业学院以"金融"命名,金融作为学校文脉的重要地位一目了然。一把手技能训练营品牌是浙江金融职业学院金融文化的动态标识,始建于2000年,该品牌的核心价值在于"运指如飞、融会贯通"的"技能文化"。对于以面向金融业为办学主要面向的浙金院而言,技能是金融行业的特色与从业人员职业标准的体现,是金融文化最鲜明的特征,也是高等职业教育技能型应用性人才培养定位的诠释,一把手技能训练营品牌基于此而衍生发展。训练营品牌以传承金融文化、精进职业技能为主旨,以提高技能水平、提升职业素质为己任,以造就金融精英、服务社会大众为目标,通过实行社团导师制度、教师全面指导学生课外技能训练、系统化技能培训等模式,培养行业业务精英,传承金融传统文化。训练营的主要培训项目——点钞、珠算、传票输入等金融行业的业务技能,契合金院学子的职业技能和专业学习所需。训练营文化品牌所实施的职业化的文化渗透、专业化的教学指导、个性化的培训策略、仿真化的实训模式、精英化的培训机制,既能助力学生职业素养的有效提升,也能在学生群体和社会层面广泛传播和推广以技能为主线的金融业务发展历史,更能凸显金融类院校的文化特质。同时,训练营文化品牌始终以行业最新业务需求和技能要求为导向,以适应学生的专业学习和职业素质要求为出发点,以实现行业规范和学生顺利就业为落脚点,其构建过程中得到金融行业的大力支持,行业业务骨干和一线技术能手作为兼职教师倾力加盟,金融机构、金融企业等与训练营合作开发从业人员技能培训方案,训练营讲师进驻金融机构或企业开展技能培训,为品牌的持续发展奠定了扎实基础。训练营文化品牌促进了金融职业学院高技能学生数量的日益增多,全校学生技能通过率达98%;学生在各类金融业务技能比赛中屡获冠军或包揽奖项,成为同类院校和行业中的佼佼者;训练营学员成为金融单位订单培养的首选,入选订单合作培养体系高达97%,深受行业企业认可和欢迎,绝大多数成了企业单位的技能标兵和业务骨干,"要优秀柜员、找浙江金院"成为学校在业界的口碑。

(三)校友文化品牌

校友文化品牌:责任为重,发展之本。校友文化是传承学校精神、扩大学校影响、增强学校合力、促进学校发展的重要载体。办学 38 年来,浙江金融职业学院培育了近 5 万名校友,其中多数已成为省内外各类金融机构的领导与业务骨干,是学校凝聚资源、传承文脉、扩大交流的重要力量。正是对校友群体的尊重与信赖,对校友力量的高度重视与充分认知,浙江金融职业学院在发展校友文化、构建校友文化品牌上才会不遗余力。校友文化品牌历史最为悠久,不仅仅由于校友自身就是学校一段历史的创造者和见证者,也在于校友文化品牌的凝练成型集合了无数的岁月沉淀与几代金院人的不懈努力。创设于 1994 年的浙江银行学校校友总会(2009 年更名为浙江金融职业学院校友总会)是浙江省仅有的两个具有法人资质的高校校友会组织之一,在全国高职院校中实属首例。校友文化品牌的核心价值在于浙江金融职业学院"动手能力强,上岗适应快,实践水平高,创新行业成绩显著,廉洁自律操守规范,报恩母校情深义重"的"校友文化",品牌发展基于校友总会所搭建的覆盖全国各地区的 14 个校友分会组织、浙江省 20 余个地市县的 28 个县级校友组织这一完善的校友网络展开。校友文化品牌通过广大校友捐资助教、奖学奖教支持学校金融教育事业,通过校友捐资兴建 15 个校园文化景观、营造文化育人环境,通过校友参与母校构筑的"行业、校友、集团"共生态办学平台、主动寻求母校办学发展的机遇与资源支持,通过联合开展订单人才培养和发挥行业优势、推介学生顺利就业,通过广泛参与校友回校日和"2300"校友文化育人活动(即千名学生访校友、千名校友回课堂,百名校友上讲坛、百名校友话人生、百名教师进企业)、帮助母校深化校企融合和产学合作、提高人才培养质量等多种途径来展现,产生良好的文化育人功效。在校友文化品牌的构建与推广过程中,其所辐射的爱校、荣校、爱生的责任理念,成为浙江金融职业学院和谐育人生态的重要组成部分;积淀校友文化的校友们的从业背景、职场经历、行业导向等,成为浙金院培育学生可持续职业发展能力的重要资源。

"诚信文化""一把手技能训练营"和"校友文化"三个文化品牌均以教育人、培养人为根本目标,立足不同的育人视角,形成立体式的文化育人系统。诚信文化重立身,强调从品格塑造培育人;训练营为代表的金融文化重立业,强调从专业定位培育人;校友文化重立世,强调从职场生态培育人,三者交互融合,顺应了浙江金融职业学院在高职办学之初的文化构想,共同推进学院以文化人的人才培养工作深入发展。除了学校层面,系部层面以"一系一品"、楼宇文化等多种形式实施的系部文化品牌建设,也在有条不紊地进行之中,呈现百花齐放之姿。

二、浙江金融职业学院校园文化品牌建设的经验

综观浙江金融职业学院十年间校园文化品牌建设推进的过程,从无到有,从单一到多元,从形式到内容,都可以发现文化品牌建设呈现稳步递进、层级发展、网状延伸的态势,可

以管窥学校在校园文化建设工作上的重心,在文化品牌发展上的用心,在品牌规划构建上的细心,在文化品牌效力发挥上的精心。结合学院校园文化品牌建设所取得的成果,笔者初步总结了四条经验:

(一)未雨绸缪,提早规划

《礼记·中庸》:"凡事预则立,不预则废。"细致规划、科学设计、提前准备,犹如勾画清晰蓝图,便于全盘考量和高效实施,更有助于获取成功。对于校园文化建设,浙江金融职业学院自浙江银行学校时期就开始着眼规划、蓄力建设、着力实施,自印制文化指南、成立校园文化建设委员会开始,校园文化建设帷幕便已正式开启。升格高职院校之初,学校在迁址新校区之际,便将校园诚信文化、金融文化、校友文化的要素融入校园环境的整体布局之中,规划出以金融系统冠名的校园建筑群落,以南北主干道命名"诚信大道",东西横线以金融专业词汇题路名的道路命名方式,以校风、学风、教风、学校核心文化融入校园的景观结构等周密计划,为校园文化建设的全面铺开奠定基础。校园文化建设无论是理念、举措还是路径、保障等,都伴随学校每一阶段的办学任务而深化并高效落实,2008年出台了《全面构建"三维文化"育人体系的若干意见》,2011年制定了《关于加强文化和品牌建设的若干意见》,校园文化及校园文化品牌建设作为专项内容写入学校"十二五"发展规划。

(二)领导重视,推进有力

浙江金融职业学院的领导集体对校园文化建设尤为重视,学校多次召开专题党委会议、院长办公会议,研究校园文化品牌建设工作,从文化建设理念、文化品牌的定位、建设团队人员选拔、阶段建设方案、资金配备保障等各个方面予以细致研究,责令相关责任部门督办评估,确保了校园文化和校园文化品牌建设工作的高效落实。校园文化建设委员会由分管文化建设的校领导亲自挂帅,宣传部、学生处、基建后勤处、计划财务处、组织部等职能部门负责人和各系部党总支书记等任校园文化建设委员会委员,以软件组(负责文化思路创意)和硬件组(负责物质环境建设)的支撑组合有力推进校园文化及文化品牌建设工作。专门成立研究所,负责对校园文化及文化品牌建设进行跟踪研究和实践反馈,从理论层面给予校园文化品牌建设有力指导与制度鞭策。

(三)重视传承,讲求特色

建设富有金融院校特色的高职校园文化品牌是浙江金融职业学院对校园文化品牌建设始终如一的定位。学校把"特色、特质、特征"作为校园文化和文化品牌建设的主基调,要求浙金院的校园文化品牌要体现高职教育育人目标,体现高职文化内涵,体现金融院校的气质,体现行业历史文化,体现示范院校气度,体现文化浸润功效。现有的三个校园文化品牌,无一不折射出浙江金融职业学院与众不同的特色文化理念。学院还十分讲求文化的传承性与发展性,无论是诚信文化品牌、一把手技能训练营品牌,还是校友文化品牌,都与浙江银行学校时期的校园文化一脉相承,又保有这个时代所赋予的内涵与新意,历史与现代的元素在每个文化品牌之中融合、共生。

(四)紧贴实际,持续发展

在校园文化品牌的建设过程中,学院重视文化品牌的积淀,更关注其可持续发展力的培育,定期对校园文化品牌进行品牌梳理与评估,对品牌内涵进行再提炼和再深化。结合"十二五"办学发展新目标,学院提出培育高层次高职院校文化的目标,计划实施"文化建设提升战略",立足"职业"属性,以"诚信文化""金融文化"和"校友文化"为基本维度,倡导崇德厚能、经世开放的大学精神,突出文化的厚重感和现代感,着力构建高层次职业院校文化理论支持体系和实践推进机制;在层次升级的同时,逐步构建特色鲜明、类型完整、形式多样、品位高雅的校园文化物质载体体系,构建学校形象标识系统,并物化、实化于校园环境;打造示范性高职文化品牌,塑造特色鲜明、内涵深厚、深入人心的学校文化理念和文化形象,充分实现师生员工对学校特色文化的内化、与学校办学理念的融合。

三、高职校园文化品牌建设的实践规律

浙江金融职业学院在高职校园文化品牌建设中起步较早,摸索较多,遇到的困难和问题也很多,很多问题是高职院校在文化建设中所遇到的共性问题,但通过学校上下的合力支持、努力攻坚、全力建设,较好地规划出"三维文化"内涵与文化育人体系,并通过对应的文化品牌加以铭记、传播、应用,以实现文化育人的终极目标。这其中,蕴涵着学校集体的智慧结晶,寄托着文化工作者的巧思妙想,囊括了教育者的爱生之情。单纯就品牌构建和发展的视角而言,从浙江金融职业学院的实践探索中可以觅得高职校园文化品牌建设的一些规律。

(一)校方态度决定文化品牌建设的力度

校园文化品牌建设是在校园文化基础上的再凝练过程,作为建设与共享的主体,学校的领导、老师、学生,以及校友、合作企业机构等都能对校园文化品牌的生长发展产生影响。而学校是其中的主导单位,起着决定性的导向作用,在权衡文化品牌的价值、实施文化品牌管理、评价品牌的预期效力、评估品牌的发展潜力上具有很大的发言权和引导力。为此,学校应始终担负主要责任,领导班子需给予校园文化品牌建设足够的重视、充沛的支持、丰富的想象、合理的保障,需要响应文化发展的新政策与新要求,出台制度完善建设流程与规范,积极吸纳专家学者的意见建议,使得校园文化品牌拥有丰盈的发展空间,保持旺盛的生命力,积淀丰厚的品牌价值。

(二)特色亮点决定文化品牌生存的韧度

校园文化品牌的优势在于将校园文化的核心精神显性化,以多种可识别的符号(活动、形象、声音)等加深印象,提高师生或外界对校园文化的认知度与感受力。在信息量过度膨胀的今天,让校园文化品牌更显文化特质、更易接受、更具育人效力、更脱颖而出,文化品牌的独特性至为关键。校园文化品牌的独特性不仅要看其所依附浓缩的校园文化内涵是否丰富,也要看承载的外显框架是否新颖,更要看品牌价值是否润泽心灵。高职院校在提炼校园文化品牌之时,需要综合师生们的需求满足程度、学校文化与校园文化品牌的匹配度、校园文化品牌与企业文化的衔接度等为指标,来衡量校园文化品牌的特色亮点提炼得是否到位,能否更好地经受住各方检验。

(三)品质效力决定文化品牌影响的程度

校园文化品牌需要与时俱进地充实和丰富内涵,以此保持与文化前沿的契合度,保障文化品牌对人才培养的助推力和学校文化的传播力,扩大校园文化的影响范围。一个品质优异的校园文化品牌,往往能够更准确地反映校园文化精髓,引起师生们长时期的心灵共鸣,这需要在规划之初就对校园文化品牌的定位、内涵、功能、影响力等做清晰的界定,需要在建设之时以强化校园文化品牌的文化自信、品牌价值来积淀品质、提升效力,使高职校园文化品牌逐渐走出校园,在广阔的范围发挥文化育人和传播高职文化的品牌功能。

[参考文献]

[1] 周建松.建设"开放合作,尚德重能"的高职教育文化[J].中国高教研究,2008(12).

[2] 陈云涛.高职院校文化育人模式的创新与实践[J].天津职业大学学报,2007(8).

[3] 朱毅峰.高校校园文化品牌建设探析[J].浙江师范大学学报:社会科学版,2007(3).

基于"三维文化"的学生系统性成长环境研究

陆春光

[摘　要]高校学生的成长环境管理作为高校管理的重要内容,其有效性问题越来越受到高校管理者的重视。本文以学生成长环境为研究对象,提出了基于"三维文化"的学生系统性成长环境体系。认为高校学生三维系统性成长环境可以分为:素质育人环境系统、专业育人环境系统和校友认同培育环境系统。试图通过对学生系统性成长环境管理目标的分析,构建适用于金融类高职院校的学生成长环境系统,以此来提升我国高职学生素质培养的有效性。

[关键词]三维文化　系统性成长　成长环境

一个事物在成长和发展过程中,都需要有相关环境作为支撑,并在发展中起着关键的导向作用。高校学生在半社会化向社会化转变中,同样需要有相应的成长环境因素作为其成功转变的支撑条件。这种成长环境的 KPI(关键绩效指标)在不同学生培养系统中存在着差异性。这主要取决于教育机构的文化价值取向、社会对学生的价值预期和教育管理机构的系统性价值延续等,因此,其具有不同的价值特征。本文试以浙江金融职业学院的学生成长环境为研究对象来进行基于"三维文化"的学生系统性成长环境研究。

一、系统性成长环境的特征

高校学生的成长环境从广义而言指的是在特定的时间与成长主体——高校学生发生关系互动,并促进其发展的各种因素的总和。这种成长因素的集合,既有群体性成长因素集合,也有个体的成长因素集合,其首先表现为系统性。

(一)系统性

群体性成长因素集合和个体成长因素集合的集成与校园文化的形成一样具有一定的延续性和系统性。这种延续性表现为对高校本身文化价值的继承和发展。文化的继承可以通

[作者简介]陆春光,男,汉族,1980 年出生,浙江绍兴人,本科学历,硕士学位,助理研究员,浙江金融职业学院经营管理系系办副主任,研究方向:教育管理。

过校园文化载体来实现,这些文化载体通过与高校学生的价值互动内化为学生的文化价值认同。从文化的外在形式而言就形成了群体性成长的因素集合。例如,浙江金融职业学院校园内的明理亭对明理笃行价值的显性展现就成为其群体成长的因素。当然从个体和群体的成长中,可以发现其成长因素是一个较为复杂的集合体,但具有一定的系统性。从成长过程看,高校校园成长环境支撑体系赋予不同的个体、群体不同的成长环境支撑,例如,学院"一年级金院学子,二年级系部学友,三年级企业学徒"的人才培养理念。从纵向看,不同专业学生构建了不同的成长环境,工商企业管理专业学生其培养目标为"经营人生,管理未来",投资理财专业学生为"资至达业,保善致远"。不同层面的成长因素构建形成了高校学生成长环境的系统性。

(二)导向性

学生的社会化过程,主要发生在具有半社会属性的高校,影响学生社会化进程的 KPI 主要来自家庭、高校和社会。其中高校的 KPI 起着十分重要的作用,即导向性。从高校学生内在驱动力角度来分,这种导向性可以分为:价值取向的导向性、行为模式的导向性和个体发展的导向性。价值取向的导向作用是基于对高校文化的认同、社会价值的选择性认同的基础上形成的具有主体判断意识的价值观。浙江金融职业学院学子对诚信文化的认同就是学生对高校校园文化的认同和社会文化的认同。学生的成长环境另一个关键作用就是帮助学生形成相对稳定的行为模式。这种行为模式虽然也是基于价值取向基础上,但是个体或者群体的行为模式具有无意识行为的特性。学生自觉和不自觉地进行点钞等技能的练习,当其成为习惯后就带有一定的行为无意识性,这些行为都是学校成长环境赋予的行为期望。个体发展的导向性与专业学习和行业文化的内化有直接的关联。校园成长环境具有开放性,其关键因素的选择是依据社会发展、行业成长的环境,因此校园学生成长环境是在内、外环境互动的基础上形成的。学院内的金融文化长廊就带有校园文化的特性,也带有金融行业文化的价值属性。这些学生成长环境影响着学生的职业选择。

(三)整合性

校园的学生成长环境是所有成长因素的总和,其既有隐性的内在价值,也有显性的制度等管理载体。因此,学校"三维文化"与学生成长环境的融合能有效地整合高校管理资源,提高学生素质教育的有效性。"三维文化"——诚信文化、金融文化、校友文化是学校凝聚资源、传承文脉、扩大交流、增强合力、促进发展的重要力量。(盖晓芬,2010)从学校大环境出发以三维文化作为整合要素,实现对高校、行业和校友资源的有效整合。这种整合作用不仅具有外部性,也具有内部性。内部性主要表现为:学生素质教育体系的构建,例如诚信教育、明理教育等;教学资源的有效整合,例如金融行业相关实训基地的构建、课程的设置;校友会的管理,例如校友返校日、校庆活动等。因此,三维文化育人体系在对资源有效的整合基础上,有利于形成具有个性的高校实践育人体系。(周建松,2012)三维文化对资源的整合作用不仅表现为物质资源的整合,也表现为人力资源的整合。例如,专业团队、专业集群的形成,科研能力的提升,教师行业素质的培养等。

二、"三维文化"与学生成长环境的融合

"三维文化"是高校内部文化与外部文化的有效提炼,学生的系统性成长环境构建需要依据"三维文化"。"三维文化"所构建的行为主体为学校,而学生的成长环境行为主体为学生,这就需要进行"三维文化"与学生系统性成长环境之间行为主体的融合。

(一)行为主体融合

基于三维文化来构建高校学生系统性成长环境首先要解决的问题就是对其行为主体,进行重新定位,即要实现三个转变:(1)学校诚信文化实践转变为学生诚信素质教育。(2)学校金融文化实践转变为学生金融行业文化价值的认同教育。(3)学校校友文化实践转变为学生校友自我认知的教育。高校诚信教育系统性环境的构建,其实是除学生自我素质的内在要求之外的金融行业职业素养的要求。这种诚信文化的概念可以大而化之为学生素质教育环境构建,并需要依据学生自身的发展特征来重新定义诚信文化的阶段性内涵。行为主体转变为学生之后金融行业文化教育环境就变成专业教育的重要内容。其系统性不仅表现为过程中的阶段性,也表现为因主体差异而导致的专业性。而当行为主体离开成长系统之后,自发的校友文化认同就显得尤为重要,这就需要从行为主体出发来构建具有个体、群体个性特征的高校归属感。

(二)教育资源融合

依据"三维文化"可以将学生系统性成长环境分为三个育人系统,即素质育人环境系统、专业育人环境系统和校友认同培育环境系统。"三维文化"与学生系统性成长环境的融合,存在着纵向的文化价值的融合即导向性,也存在着横向的融合即三种不同的育人环境系统的教育资源的融合。这三种成长环境系统,由于管理、制度等问题使得其资源利用相对独立,但是学生系统性成长环境在对学生素质模式的构建中,可以发现不同环境系统之间存在着共性,即学生的素质成长环境不仅包含了素质育人环境系统的成长因素(一般素质),也包含了专业育人环境的成长因素(专业素质)。这就要求三维育人环境系统之间进行资源的融合,突破管理鸿沟,实现三维文化与学生系统性成长环境系统之间的有效融合。

(三)管理模式融合

三种不同学生成长环境系统之间的融合问题从本质上讲就是高校管理模式融合问题。三种环境系统的分管,类似于事业部制管理,但这种管理容易形成部门之间的交流缺乏,各自为战易导致内部管理资源的浪费。三种不同的环境系统具有相同的行为主体即高校学生,因此就需要以"三维文化"为基础构建能打破这种管理鸿沟的管理模式。"三维文化"从管理的角度而言具有一定的管理整合功能。(1)管理价值融合。各部门之间明确各自在学生素质提升过程中需要为其提供什么,同时通过"三维文化"进行部门之间的价值整合,形成较为统一的价值取向。(2)管理手段的融合。独立的环境系统管理相对封闭,需要转化为开放式的管理模式。(3)构建合理的沟通渠道,在环境系统之间实现学生成长的合理过渡。

三、学生"三维文化"系统性成长环境的构建

基于"三维文化"的学生系统性成长环境,就需要构建素质育人环境系统、专业育人环境系统和校友认同培育环境系统。这三种环境系统之间通过"三维文化"育人体系进行有效整合。

(一)学生"三维文化"系统性成长环境指标构建

学生系统性成长环境构建的最终目标就是实现学生的素质提升,以满足社会对人才的需求,因此要构建学生的系统性成长环境指标就需要依据学生的素质指标,如表1所示。

表1 学生"三维文化"系统性成长环境指标体系

目标	系统性成长环境	一级指标	二级指标
学生三维文化系统性成长环境	素质育人环境	一般素质培养环境	1.德育内化环境 2.人际交流环境 3.素质强化环境(教育模式) 4.管理能力培养环境 5.自我认识体验环境 6.生存技能提升环境
		职业素质培养环境	1.职业价值内化环境 2.职业道德强化环境 3.职业行为培养环境 4.职业认同培养环境
	专业育人环境	专业知识培养环境	1.课堂专业知识讲授环境 2.课外专业知识实践环境 3.课外知识扩展环境 4.课外专业知识内化环境 5.专业知识的互动环境 6.专业知识的提升环境
		专业技能培养环境	1.课堂专业技能讲授环境 2.课外专业技能实践环境 3.课外技能扩展环境 4.课外专业技能内化环境 5.专业技能的互动环境 6.专业技能的提升环境
	校友认同培育环境	在校学生的学校认同培养环境	1.课堂学校文化讲授环境 2.校园文化价值的标示环境 3.校友认同教育环境
		校友认同培养环境	1.学校社会影响培养环境 2.校园文化价值的传播环境 3.校友互动环境

(二)学生"三维文化"系统性成长环境构建对策

为实现高校学生三维系统性成长环境构建必须与相应的管理模式相适应。因此首先就必须明确成长环境构建的目标。

1.明确系统性成长环境构建的目标。系统性成长环境的目标是一个目标体系,从阶段性看,可以分为大一成长环境目标、大二成长环境目标、大三成长环境目标。当离开这个成长环境之后,也存在着职业成长环境的目标。职业成长环境目标是高校针对各自的毕业生所培养的社会环境,以及其职业发展环境目标。

从学生个体或者学生群体的横向看,存在着专业化的成长环境目标构建,即素质育人环境目标、专业育人环境目标和校友认同培育环境目标。这些目标体系都必须依据"三维文化"育人目标来构建。同时各自的目标系统之间必须保持统一性,以保障"三维文化"育人目标的实现。

2.构建相适应的管理模式。"三维文化"育人体系下的学生三维系统性成长环境构建属于直线制下的事业部制。这就要求进行合理的职能分工,明确各自的权、责、利。各事业部制之间进行权、责、利的有效界定,明确各自的行为规范。在事业部内部进行职能的划分,在实现学生素质提升的目标的前提下,实现管理效率的提升。

在各个系统成长环境系统之间构建合理的沟通渠道,在相对独立的管理环境中实现资源的有效整合,管理目标的合理统一。在管理模式的转变过程中,要保障管理的系统性和连续性,避免因为学生系统环境的转变而导致的成长环境的培养效率低下问题。

3.实施学生系统性成长环境的有效性检验。这种有效性检验需要长期检验和短期检验相结合。成长环境的有效性检验主要依据学生的素质培养目标来检验其素质提升的效果。检验过程中可以发现其存在着效果评估缺乏科学依据和合理指标的问题,评估往往带有随意性,因此首先要构建合理的检验的指标体系,通过信度和效度分析短期内的成长环境的有效性。

成长环境的长期检验是对毕业之后学生社会价值的评估。这种评估需要对高校毕业生进行跟踪调查,形成长期的系统的社会价值认同的数据,通过其实现途径的分析判断其成长过程中的 KPI,以此来评估高校学生系统性成长环境的有效性,并将此作为进行成长环境改进的依据,来提高我国高职学生素质培养的有效性。

[参考文献]

[1] 周建松.基于学校个性的高职院校三维文化探索研究——以浙江金融职业学院为例[J].武汉职业技术学院学报,2012(2).

[2] 盖晓芬,王东升.创新校友工作,构建办学生态,促进学院发展——浙江金融职业学院校友工作的品牌建设[J].青岛职业技术学院学报,2010(1).

[3] 冼季夏.基于学生成长需求的高校学生社团建设[J].广西社会科学,2009(11).

对我院廉政文化育人工作的几点思考

郁国培

[摘　要]本文从廉政文化的内涵入手,分析了高校廉政文化育人的必要性,并针对我院廉政文化育人工作提出从理论研究、师风建设、课堂教学、学生工作及校园文化等方面履行高校重要的廉政文化育人使命,培养高素质的未来建设者的工作思考。

[关键词]我院　廉政文化　育人　思考

一、廉政文化的内涵

学者们对廉政文化的理解各有不同,但是比较一致的观点是,廉政文化是人们关于廉政的知识、信仰、规范和与之相适应的生活方式及社会评价的总和,是廉洁从政行为在文化和观念上的反映。它是以文化为表现形式的社会意识形态及相应的制度和活动,既可体现在廉洁理念的树立上,也可以体现在廉洁从政行为的规范上。主要包括三个方面:一是精神形态方面,是指人们对廉政的认知、感受,对优秀传统文化的认同和对廉洁价值观的追求。二是社会行为方面,是指在廉政意识的促使下,人们自觉遵守廉洁的实践活动。三是物质载体方面,是指廉政教育场所、景观、网络、书籍等历史和现实的文化积淀。

二、高校廉政文化育人的必要性

(一)高校廉政文化育人是培养大学生成长和成才的需要

廉政文化是廉政建设与文化建设相结合的产物,是高校校园文化的重要组成部分,对学生的影响巨大而持久。大学生们思想活跃、乐于创新,但同时由于他们涉世未深,是非判断能力、自我控制能力和防腐蚀能力相对比较弱。尤其在当今社会转型带来的各种压力下,大

[作者简介]郁国培,女,汉族,1962年出生,浙江杭州人,本科,教授,浙江金融职业学院纪检审办主任,研究方向:金融、会计。

学生面对一些现实社会的消极面和阴暗面缺乏抵抗力,容易受负面因素影响。大学是人一生中最后一次系统性地接受教育的阶段,也是即将踏上社会的准备阶段。在这个关键时期,如果能以健康清廉的校园文化奠定大学生的思想和文化底蕴,就可以为他们自觉抵制腐败文化的侵蚀打下扎实的思想根基,使他们在走入社会后,能增强抵制腐败和不良行为的信心和能力,成长为健康的社会主流力量。

(二)高校廉政文化育人是引领社会廉洁风尚的需要

由于高校校园文化主体,即师生的多重身份属性,校园文化内容和形式的高层次性,也由于校园文化对校园内外不同行业文化的包容性,决定了校园文化不仅仅是局限在高校的校园内部,还通过直接和间接的方式对社会文化产生深刻影响。高校通过经常性的文化传播,直接辐射并影响周边社区的文化精神。学生在接受校园文化熏陶后,走向社会成为高素质的劳动者、建设者,同时又带去先进的科学技术和创造思维,对整个社会人文精神产生间接的辐射和影响。

三、对我院廉政文化育人工作的思考

总的来说,建设廉洁的校园文化就是要以加强党风建设、传播廉政知识、弘扬廉政精神为主线,以培养高素质、尚品德的社会主义接班人为目标,着力形成与社会主义市场经济相适应、与中华民族传统美德相承接、与社会主义核心价值体系相统一、与社会主义法律法规相协调、与校园文化相补充、与学生思想政治教育相促进的校园廉政文化,用廉政信仰陶冶师生员工的情操,共同树立"以廉为荣、以贪为耻"的意识,形成崇廉尚洁的校园清风,营造幸福和谐的教书育人环境和氛围。我院一贯重视党风廉政建设,重视高素质、尚品德金院学子的培养,也培养了大批德才兼备的优秀人才。在新的历史条件下,如何不断探索具有我院特色的廉政文化育人工作新途径,真正做到以廉育人、以文化人,为社会培养具有优秀品德的栋梁之材,我个人认为,应注重做好以下方面工作:

(一)以廉政文化研究所为依托,推进廉政育人的理论研究

今年我院整合院内外资源,组织院内多年从事党建、思政研究及院外金融行业的专家,在优化配置和优势互补的基础上形成专家群体,成立了廉政文化研究所。廉政文化研究所要根据党风廉政建设和反腐败工作的总体要求,结合金融行业特点及我院教学的实际,充分发挥理论研究优势,以校园廉政文化建设与行业廉政文化建设为重点,积极开展多种形式的交流与合作。要根据我院学生毕业后大多从事金融行业工作的特点,充分利用金融机构具有代表性的典型案例,对学生开展警示教育,增强他们的法纪观念,做到自重自省、自警自励。研究所要进一步开展高校纪检、监察工作的理论研究,探索具有金融教育特色的校园廉政文化建设的新方法和新途径,为廉政建设和反腐倡廉教育提供可行性论证,为深入开展"五政""十廉"文化建设提供良好的平台。

(二)以社会主义价值观为核心,树立精神文化的标杆

我们正处在价值观念深刻变革的时代,先进文化、健康文化和落后文化、腐朽文化同时并存,正确思想和错误思想、主流意识形态和非主流意识形态相互交织。在这样的条件下,就必须以社会主义核心价值观指导校园文化建设,用先进科学的文化思想和积极进取的文化精神引导师生员工。要充分发挥院内专家的学术优势,以通俗易懂的方式和深入浅出的讲解,大力弘扬民族精神和时代精神,把课堂和论坛作为师生交流沟通、谈论时政、传播文明的重要阵地。身为教师要对经济社会转型、改革开放进程中出现的矛盾和问题做出科学的理论阐释和文化解读,弘扬社会正气、通达社情民意、正面引导舆论,积极培育和践行社会主义核心价值观。通过经常性的文化传播及影响,培育昂扬向上的精神风貌,引领校园形成良好风尚。

(三)以师德师风建设为重点,树立廉洁高尚的楷模

学为人师,行为示范,教师传道授业,求真、求善、求美,应当成为学生的楷模和表率。教师的政治思想、品德修养、行为情操、仪表风范对学生会产生最直接的影响。要以教师"重育人,善教学,强学问"为抓手,充分发挥思想教育的主渠道作用。按照为人师表的标准,使全院教师做到为师有师德、从教守规矩,坚守教书育人的本职。弘扬"尚德、精业、爱生"的教风,开展各项评优评先活动,激励先进、表彰模范,营造"学习师德楷模、注重师德修养、塑造师德形象"的良好氛围。在政治思想、品德修养、治学施教、行为情操、仪表风范等方面树立起楷模和表率,让学生耳濡目染、潜移默化,让高尚的教风形成一股强大的精神力量,带动诚信的学风。优化学院学术风气。要把廉洁教育渗透到班主任和辅导员队伍建设中,通过他们的以身作则、言传身教,大力弘扬正气,为学生树立诚信榜样。

(四)以课堂教学为阵地,夯实廉政教育的基石

坚持以课堂教学为主阵地,在思想政治教育体系中全面渗透廉政教育,将其贯穿于思政课的教学内容之中。要不断丰富思政课的教学内容和形式,深入研究教学方法和艺术,使教学更富有现实性、针对性、时代性和教育性。大胆创新教育理念,充分整合教育教学资源,通过正面引导、潜移默化、相互渗透、相得益彰等形式,使学生在润物无声的浸润中接受廉政文化的熏陶。教师要充分挖掘教材中的内容,并与国家时事结合起来,对学生进行党的十八大关于反腐倡廉的一系列重要论述及法律法规教育,将其与学生的世界观、人生观、价值观、诚信教育、公民道德、传统美德教育,以及大学生集体主义教育等进行有机结合,形成廉政教育的整体效应,增强学生的心理认同度,在一体化的德育模式中实现真正的"双赢"。廉政教育不仅仅是思政课教师的任务,更应该是全院各学科教师的职责。将廉政教育渗透于各科教学内容和教学过程,不仅作为一种理论学习,而且适时培养学生在实践中真正懂得做人的道理。

(五)以学生工作为平台,增强廉政教育的辐射

坚持以学生为本、立德树人。将学生廉政教育渗透于丰富多彩的教育实践活动和社会实践活动中去,让学生更多地了解现实、社会,把握方针、政策,主动引导学生自觉关心时事政治、国家大事、世界动态。要善于抓住学生入学、实习、考试、答辩、求职、毕业等有利时机,有针对性、计划性地开展教育活动,使廉政教育贴近实际、贴近生活、贴近学生、贴近学习。将廉政教育渗透于学生日常管理之中,使其对学生的日常生活产生应有的约束作用和管理的效果。充分发挥学生党员和学生骨干的作用,结合学校的诚信教育,把廉洁自律的信念内化为学生的道德规范和自觉行为。重视学生干部培养工作制度化,在学生干部的选拔过程中和上岗前进行专门的培训,在培训中加强廉洁教育力度,教育学生干部平时就在用钱用物上养成正确的良好习惯,融入他们今后的职业规划和人生发展,并树立终身的廉洁意识。

(六)以高品位校园文化活动为载体,提升廉政教育的实效

开展主题鲜明、内容丰富、品位高雅、形式多样的校园文化活动,可以进一步提升校园文化的实效性。充分利用校报、校园网等校园媒体搭建宣教平台,拓宽廉政文化建设的传播领域。加强网络阵地建设,丰富廉政文化专栏,大力宣传中华民族优秀传统文化和马列经典著作中的廉洁思想,深入解读我们党关于廉洁自律和加强风廉政建设的各项规定,引导师生广泛探讨廉政建设的理论和实践问题。召开相关讲座、报告会,举办演讲比赛,开展知识竞赛,举办以廉政建设为主要内容的书画展、征文比赛等,增强廉政文化的艺术性和趣味性,不断扩大其影响力和感染力。结合教育教学组织学生外出参观法庭,观摩实际法庭案件审理,举行法律知识竞赛、辩论和学习讨论等活动,增强学生的守法意识和提高运用法律的能力。组织好实践类活动,在参加公益活动中培养学生的爱心和道德意识,从而使廉洁意识成为学生的自觉行为。积极开展廉政教育专题班团活动,开展对廉洁先进和腐败对象的大讨论,在讨论中明辨是非,树立坚定信念,树立道德和法制意识,使廉政教育覆盖到全体学生。

[参考文献]

[1] 蔡娟.廉政文化建设研究综述[J].山东社会科学,2010(4).

[2] 陈利荣.加强高校师德教风建设的实践与探索[J].学校党建与思想教育,2012(22).

[3] 陈利荣.加强党风廉政教育 促进和谐校园建设[J].学校党建与思想教育,2008(9).

[4] 刘峰久,陈丽.高职院校廉政文化与和谐校园文化建设互动性研究[J].职教论坛,2013(14).

[5] 阎现章.高职院校廉政文化与和谐校园文化建设互动性研究[J].河南大学学报:社会科学版,2008(5).

学生诚信就业的缺失及人才培养的几点思考

李宏伟

[摘　要]高职教育是以就业为导向的高等教育。但是在开展人才培养的过程中,很多院校往往只是片面地关注学生的"适销对路",而忽视了学生的"诚信"教育。大学生在求职就业过程中的诚信缺失现象时有发生,主要反映在学生的就业行为上,虚假简历、随意违约等情况屡见不鲜,导致许多用人单位对这类学生敬而远之,大学生就业面临诚信考验。随着高校毕业生数量的不断增长,而社会所能提供的新的就业机会却很有限,当前大学生的就业形势日益严峻,前景不容乐观。这一问题不得不引起我们的高度重视和审慎思考。本文对高职院校订单班学生在就业过程中存在的诚信缺失问题进行分析,给出解决的方法和途径。

[关键词]诚信就业　诚信缺失　人才培养　思考　订单学生

一、引言

诚信可谓中华民族最古老的美德之一。"诚,信也。""信,诚也。"它的一般含义是为人处世要做到诚实无欺、言行一致。诚信不仅在历史上曾被作为修养之道、交友之道和为政之道,即使是在现代社会的政治经济活动,文化事业和人际交往中依然发挥着极其重要的作用。在当前社会主义市场经济建设中,如果一个人失去了"诚信",那他将会变成"孤雁"之行,他的事业也将会变成"无源之水""无本之木",其结局可想而知。由此可见诚信的重要性,它是做人之本。当代大学生作为未来社会的主人,在国家振兴和民族富强的道路上将发挥着极其重要的作用,诚信对其的重要性不言而喻。但是,在现实生活中,仍有部分大学生从自身的利益出发,做出许多违背"诚信"的事情,考试舞弊、学历造假、拖欠贷款和就业违约等现象屡见不鲜。本文仅从高职院校订单班学生的不诚信就业现象进行分析,找出其问题所在,并给出解决的方法和途径。

[作者简介]李宏伟,男,汉族,1979年出生,江苏沭阳人,硕士,讲师,浙江金融职业学院银领学院办公室副主任,研究方向:金融营销技巧、金融服务营销和商业银行服务营销等。

二、高职院校订单班学生在诚信就业过程中存在的问题

高职教育是以就业为导向的高等教育。在当前大学生就业形势日益严峻的今天,高职院校大都实行"订单式教育模式"的改革与探索,并已成为高职院校发展的必然趋势,是具有高职特色的人才培养模式,在促进高职学生高质量就业的过程中发挥着极其重要的作用。所谓"订单式"培养,是高职院校根据企业的用人需求,按照企业的具体要求"量身定做"完成学校的人才培养工作。学生尚未毕业,就先就业,在一定程度上解决了高职学生的就业问题。订单式人才培养是建立在校企双方互信互利、合作共赢的基础上的,其最大的亮点就是稳定、可靠。但是,在具体的实施过程中,存在着两个问题我们不容忽视:

一是部分学生在向用人单位求职的过程中,缺乏诚意,伪造简历,这山望着那山高,"骑驴找马",在有更佳的工作岗位可供选择的时候,便无视订单人才培养协议的约束而任意违约。当然,在这一过程中也确实存在着个别订单企业由于用人计划的调整而出现违约的现象。但是,通过笔者在工作过程中的调研数据显示,学生的主动违约率要远远高于订单企业的违约率,甚至有相当一部分未违约的学生也表示,目前的订单企业仅是今后工作单位的一个过渡,一旦有比目前更好的工作岗位可供选择时,将愿意随时违约。

二是在违约的学生中,绝大部分学生还是能够按照相关的规定和要求办理退班手续,并交纳因违约而产生的相关费用。但是,也存在个别学生既不愿意办理退班手续,也不愿意交纳违约费用等现象。更有甚者,有的学生为了逃避交纳违约费用,故意在日常学习或专业实习中表现较差,让订单企业主动将其淘汰。这不仅严重损害了学校的品牌形象,给订单企业留下了较坏的印象,同时,也势必会打击订单企业继续参与校企合作、订单人才培养工作的积极性,对学校学生的就业造成严重的影响。

三、高职院校订单班学生诚信就业缺失的成因

高职院校订单班学生诚信就业的缺失,其成因是多方面的,既有学生自身的原因,也有来自家庭和学校的原因,当然,还有订单企业的原因,具体主要有以下几个方面:

(一)大学生自身诚信是非观念的淡薄

由于受到市场经济条件下功利主义思想的影响,部分大学生的个人诚信是非观念较为淡薄,意志不坚定,自我约束能力较差。虽然在认识上认同诚实守信原则,但是在关系到自己个人利益时,却往往放松了对自己的要求,知与行不能够做到统一。尤其是在就业过程中,目光短浅,仅从眼前利益出发,将进入订单班作为今后走向社会、寻找更好工作的跳板,违约情况也就在所难免,置个人的道德和信念于不顾,给个人和学校的声誉带来了不良影响。

(二)家庭和学校在教育过程中的错位

一方面，家庭教育作为一切教育的起点，对一个人道德观的形成起着最基础和最关键的作用，其影响是潜移默化和根深蒂固的。家庭教育的根本是思想道德教育，而诚信教育更是思想道德教育的根本。但是在现代家庭教育中，很多家长过多地关注孩子的生活起居和学习成绩，却忽视了孩子思想品质的有效引导。更有甚者，部分家长在诚信意识和行为等方面本身就不能起到榜样作用，孩子在耳濡目染之下也很难做到诚实守信了。

另一方面，学校教育是教育的主阵地，高职教育作为学校教育的重要组成部分，其根本任务是培养面向生产、建设、管理和服务第一线需要的"下得去、留得住、用得上"、实践能力强、具有良好职业道德的高素质技能型专门人才。但是，在具体的实践过程中，很多高职院校只是片面地关注学生知识和能力的提升，却忽视了品德的教育，尤其是在培养学生诚信意识方面，即使是有也只是停留在道理的讲述，而忽视了精神方面的培养，致使学生的诚信意识淡薄。

(三)订单企业人才选拔的方式不合理

当前，许多订单企业在组建订单班进行人才选拔时，片面地强调学生的学历程度、知识结构、个人能力、获奖情况、任职和实践经历等方面的内容。仅据学生提供的应聘材料，并不能对学生的道德品行进行准确的判断。同时，由于时间的局限性，一般订单企业在面试应聘学生一到两次后就进行确定，企业与学生之间缺乏有效的沟通和交流，无法进行深入的了解，使企业无法对学生的道德品质，尤其是诚信等方面进行甄别，信息的不对称性，对接下来有可能出现的学生违约情况埋下了一定的隐患。

四、提升订单班学生诚信就业的方法和途径

针对订单班学生在诚信就业过程中存在的问题，本文仅从学校教育的角度出发，提出三点解决的方法和途径：

(一)加强诚实守信教育

教育的根本使命是要育人。诚然，高职院校的人才培养目标是高技能人才，但是在具体的实践过程中，不能"只见才，不见人"，只有技能没有素质。高技能人才的培养是素质和技能的融合。高职院校在新生入学伊始就应重视对学生包括诚信就业在内的道德品质的培养。充分发挥课堂教学的主渠道作用，要能结合专业教育、专题讲座和实践活动等，多角度、全方位地开展学生诚信教育，使学生在理论学习和实践运用中，亲身体会诚信在其自身发展和人际交往过程中的作用，潜移默化地感受诚信的重要性，引导树立正确的就业观、诚信观，使学生以诚实守信的良好道德风尚迈出走向社会的第一步。

(二)做好学生职业规划

学生职业规划是高职学生就业指导工作的核心。学校通过职业规划等相关课程的开设,在有效帮助学生认清当前严峻就业形势的情况下,进行科学的自我认知、职业分析、目标设定和能力培养等,使其能充分发挥自我潜能,提升个人实力。同时,也能帮助学生根据自身专业情况和个人实际,并能结合学校提供的订单就业资源,确定职业志向,设计出合理的、可行的职业规划方向,增强学生职业发展的目的性和计划性,以期在订单企业招聘中有的放矢地进行面试,以提高就业成功的概率。同时,也有效避免了在订单班学生违约的可能性,以最大限度充分地利用学校的订单就业资源。

(三)完善制约机制建设

截至目前,多数高职院校在对学生的道德品行,尤其是诚信品质进行考评时缺乏规范的考核体系,对学生的失信行为也缺乏相应的惩罚机制,由此导致学生在求职就业过程中的诚信缺失现象时有发生。因此,学校可以考虑构建学生诚信品质考核体系,制定完善、规范和便于操作的实施细则,实行严格的加减分制度。并将学生的诚信考评与奖学金的评定、优秀选拔与推荐等项目相结合,加大学生的失信成本,以期培养学生的自尊心和自信心,进一步促进学生自觉树立诚信意识,从而减少订单班学生就业诚信缺失现象的发生,降低订单企业的招聘风险。

[参考文献]

[1] 陈勇.对高职院校毕业生订单式管理的几点思考[J].金卡工程,2010(6).

[2] 卢海涛.高职发展"订单式教育"的问题与对策[J].成人教育,2006(9).

[3] 张利华,姜楠.浅析大学生就业诚信问题[J].辽宁教育行政学院学报,2007(9).

[4] 刘浔,张丹丹.大学生诚实守信教育是高校素质教育的重要课题[J].时代文学:理论学术版,2007(6).

[5] 殷宏.做好高职学生的职业生涯规划[J].改革与开发,2009(3).

[6] 郭忠奎.高职学生就业诚信教育探析[J].生涯规划,2008(14).

[7] 徐波,余洁华,吴文广.浅谈基于就业导向的高职学生诚信教育体系的构建[J].湖北广播电视大学学报,2010(6).

"课程社团化"改革实施策略研究

陈正江

[摘　要]"课程社团化"是当前高等学校课程改革的一种探索,旨在大力推进素质教育和实践育人。高等职业院校教学改革的方向是构建充满对话、自主和协作的真实学习环境,课程是学习环境的基本载体,要突破传统课程教学的藩篱,借鉴社团活动的形式开展课程的教与学,面临着课程教学范式的转换与创新。本文根据学生社团开展活动情况,从课程设置、活动指导、制度建设等方面对该"课程社团化"进行描述与分析,力图探索适合高等职业教育的课程教学改革模式,为进一步加强课程内涵建设和推进课程改革提供启示和借鉴。

[关键词]高等职业教育　课程　社团　课程社团化

一、引　言

一百年前,我国著名教育家黄炎培先生在创办中华职业教育社时提出"双手万能,手脑并用"的职业教育理念。当前,高职院校大力推行的以校企合作、工学结合为核心的人才培养模式改革是对这一理念的传承与创新。随着高等职业院校课程改革的深化,课程体系与课程内容发生了较大变化,需要在原有课程基础上突出实践课程的开发和运用,强调对学生实践能力和职业技能的培养。

随着高职学生社团数目不断增多,不同类别的社团不断涌现,社团活动从原先自发的、零星的、松散的兴趣小组活动发展到目前全校层面理论化、系统化、课程化的社团建设,学生社团逐渐成为高职学生第二课堂学习和活动的重要载体,进入一个快速发展期,学生的参与热情和教师的指导的积极性都在不断提高。随着学生数量增加、知识分化、学生背景及需求多元化,根据现代课程结构,社会和人文课程处于课程体系的边缘位置。因此,需要将分散在各专业的知识整合成完整的有机体,改变学习停留在单纯认知层面的现象,使课程内容生活化,容易学习,方便应用,而不囿于课堂、教室、教材和分数,改变以考试成绩论质量,避免学生丧失了批判和超越的能力,成为"单向度的人"。与传统课程教学组织形式相比较,"课程社团化"搭建学习方式变革的有效平台,以课内带课外,以课外促课内,拓展学习内容,丰

[作者简介]陈正江,男,汉族,1977年出生,山西临汾人,硕士,副教授,浙江金融职业学院投资与保险系党总支副书记,研究方向:高等职业教育。

富教学组织形式,营造开放学习环境,努力实现课程与社团的结合,契合学生个性特征,旨在形成体现、发挥学生学习主动性的多元、开放的课程发展系统,适应社会发展需要。

二、"课程社团化"的含义与特点

(一)课程

课程是指学校学生所应学习的学科总和及其进程与安排。广义的课程是指学校为实现培养目标而选择的教育内容及其进程的总和,它包括学校老师所教授的各门学科和有目的、有计划的教育活动。狭义的课程是指某一门具体的课程。

(二)社团

社团是学生根据自己的要求,以共同的理想、积极的兴趣为动机,为了实现自身的需要或目的而自由结合的青年群众性团体。学生社团活动都是由学生从自己的兴趣、爱好出发,结合学习、生活的实际,自愿选择的对象性活动;是学生认识世界、改造世界及探索人生的重要实践活动。学生组织,不仅为学生提供了学习和交流的场所,也丰富了学生的课余文化生活。近年来,随着素质教育改革的不断深化,社团课程化已形成,随着高校学生社团数目不断增多,不同类别的社团不断涌现,社团活动从原先自发的、零星的、松散的兴趣小组活动发展到目前全校层面理论化、系统化、课程化的社团建设,进入一个快速发展期,学生的参与热情和教师的指导积极性都在不断提高。

(三)"课程社团化"

"课程社团化"是当前高校课程改革的一种趋势,其目的在于大力推进素质教育和实践育人。早在20世纪20年代,美国课程教学研究学者库伯在讨论课外活动的组织管理问题时,就提出了"课程化"的观点。他说:"然而,也许该问,有无必要为不该或不可能课程化的学生活动留有余地?课程化的完全实现将是漫长的。在此期间,我们要尽可能地使课程与课程活动密切配合起来。"在这里,库司第一次使用了"课程化"的概念的术语,并科学地预见课外活动也就是当前的社团活动课程化的漫长过程。简言之,"课程社团化"的实质即课程学习和社团活动的融合。它是理论与实践一体化的过程,在这个过程中,课程教学、能力训练和社团活动有效结合,寓课程学习于社团活动之中,不断提高课程学习的实效性。

三、基于社团活动的课程教学模式的理论依据

(一)自我效能理论

自我效能理论(Self-Efficacy Theory)——班杜拉对心理学的主要贡献之一在于他提出

了社会学习理论。在社会学习理论中,既可以看出行为主义的影子,又可以看到认知心理学的影响。他坚持行为主义心理学的一些基本观点,如强调研究人类的行为,强调客观化的研究原则,强调学习中强化的作用;但另一方面,他也探索了内部的心理过程,强调自我因素对行为的中介调节作用。他主张行为和认知的结合;主张必须以环境、行为、人三者之间的交互作用来解释人的行为。自我效能理论是人们对自己在特定情景中是否有能力去完成某个行为的期望,个体在获得相应的知识和技能后,自我效能感就成为行为的决定因素。自我效能理论是班杜拉社会学习理论体系的重要组成部分之一,也是其一般学习论观点的逻辑产物。班杜拉的社会学习理论产生于 20 世纪六七十年代,是在对传统行为主义的继承与批判的历史关系中逐步形成的,是当传统行为主义陷入危机之后,作为对这种危机的反应并接受新兴的认知心理学的影响而形成的一种新的行为主义体系,其基本特征是强调主体因素对人类学习的必要性及其对人性潜能发挥的决定性。

(二)体验式学习理论

体验式学习(Experiential learning)是一种以学习者为中心,从体验和反思中获得知识、态度和技能的学习方式。而美国心理学家、教育家库伯从教育学角度把体验学习的本质特征归纳为以下六点:一是体验学习是一种过程,而不是一种结果;二是体验学习是以体验为基础的持续过程;三是体验学习运用辩证法不断解决冲突;四是体验学习是适应世界的完整过程;五是体验学习是个人与环境间连续不断的交互作用过程;六是体验学习是创造知识的过程。体验学习的关键在于能够实现社会知识与个人知识之间的转换并完成创造知识的过程。从性质上分析,"课程社团化"是一种体验式学习。学生从自己的兴趣、爱好出发,结合学习、生活的实际,自愿选择的对象性的内容和实现载体是学生认识世界、改造世界及探索人生的重要实践活动。通过实践来认识周围事物,或者说,通过能使学习者完完全全地参与学习过程,使学习者真正成为课堂的主角。教师的作用不再是一味地、单方面地传授知识,更重要的是利用那些可视、可听、可感的教学媒体努力为学生做好体验开始前的准备工作,让学生产生一种渴望学习的冲动,自愿地全身心地投入学习过程,并积极接触语言、运用语言,在亲身体验过程中掌握语言。

(三)活动课程理论

让学生在活动中主动发展,活动课程的特点之一就是让学生从以自己为主体的活动中主动地得到发展,这是和人才成功过程、科学发现过程、技术发明过程及文艺创作过程相一致的。探索未知应当是构建活动课程的第一条主线。它以引导学生去探索、让学生在探索中自己寻找正确的方法,提出正确的或不正确的,甚至荒诞的问题与设想为活动目标。人类的技术活动,就是按照人类的目的使自然界人工化的过程。传统的技术观念仅仅把技术视为某种劳动本领,这种观念反映在技术教育上就是要受教育模仿前人的操作,获得技能技巧。现代技术观认为,技术活动的核心是创造和发明,技术成果的起点是人脑中的想象。活动课程应当促进学生之间的协作与交往,促进学生与社会的来往,注意引导学生研究社会现象,发现社会问题,鼓励学生立志去改造和建设社会。教育工作者对其教育价值的再认识和课程学专家对课程概念的重新探讨,笔者认为,课外活动已向着课程化的方向有了极大发展,或者说,课外活动课程化问题已见端倪。

四、基于社团活动的课程教学模式的架构与特点

(一)传统课程教学的局限性分析

学习是在一定环境中进行的活动,学习环境对学习者的认知、情感、行为产生直接与间接、显在与潜在的影响。课程不仅要通过环境的建构来促进学习,它也会受到环境的影响。课程教学无疑是"学生生存与发展的重要方式",也是教学改革成败关键所在,关乎人才培养质量。以班级授课制为代表的传统教学组织形式,是传统知识体系的产物,是它的空间权力的实现。这种教学组织形式虽然提高了教学效率,但不利于学生的全面发展和个性发展,传统的学习环境过于强调课程对于学习的专属性,突出班级(课堂)教学作为教学组织的唯一形式,重视教师在不同专业的专职性,造成了唯课程、唯课堂、唯专业的封闭状态,学生之间缺乏合作交流,与教师之间彼此疏远。传统课程教学最大的局限在于教与学必须发生在特定的时间(40—50分钟)及特定的地点(教室)。传统课程教学,教师"统一讲",学生"集体听",教师用"一个版本"对所有对象授课,忽视了不同个体的能力差异,这就导致传统课堂的集体授课无法兼顾学生的个性。每位学生的学习能力和兴趣各有不同,传统课程教学虽然意识到这一点,但在具体实践中很难做到因材施教。尤其是在大班情况下,教师很难照顾到学生的个别需求,教师与学生之间难以建立深入的关系。

(二)基于社团活动的课程教学模式的架构

专业知识学习、生活态度培育和职业技能训练是高等职业教育人才培养的三个维度。任何学习既是一个获取知识、提升能力的过程,也是一个情感体验、人格建构的过程,这在从杜威的经验中心学习模式(即把学习放在一个经验、概念、观察和行为相结合的辩证过程中)到皮亚杰的学习与认知发展模式(即体验、观念、反思和行动四个维度构成了成人基本的连续性发展思维)等理论中都得到明显的体现。高等职业院校教学改革的方向是构建充满对话、自主和协作的真实学习环境,课程是学习环境的基本载体,要突破传统课程教学的藩篱,借鉴社团活动的形式开展课程的教与学,面临着课程教学范式的转换与创新。后现代主义课程观提倡"以学生为中心"和"课堂之外的学习",强调张扬学生的主体意识和促进学生个性发展,使课程目标定位适应社会发展与变革,体现出课程的多样性、非系统性、文化性、开放性、动态性和过程性。学生通过独立探索与小组协作的形式进行学习,在共同目的的基础上构建学习共同体。

在高校学生社团这种学习共同体中,学生拥有更多的自主权,可以根据自己的喜好选择合适的时间、地点进行学习,与教师和其他学习者进行沟通交流。课程资源对于学生作用的充分发挥,有赖于形式灵活多样的教学组织形式与之相适应,以"课程社团化"为切入点,将社团引入课程教学过程,引入学生的学习活动中。"课程社团化"是课程教学的重要补充,而非要生造出一个社团,其最大特点在于其对传统的课堂教学结构进行大胆突破,即课堂教学与课外活动的创新性转换。尽管看起来是一个形式上的变化,但事实上这一变化却引起了

教学重心的转移。教师根据学生的兴趣专长，以社团活动的形式选择合适的交互策略，与学生形成积极良性的互动交流，学生在社团活动中形成良好的小组协作、探究式学习氛围。

(三)"课程社团化"的特点

"课程社团化"即课程学习和社团活动的融合，是课程理论教学实践一体化的过程，这个过程有效结合课程教学、能力训练和社团活动。由于社团活动是根据学生的现实需要和兴趣设计的，学习更多地体现为一群个体在共同探究有关课程过程中相互影响，整个学习活动是在教师指导下学生自主、自动进行的，因而能够激发学生的学习兴趣，发展特长，不受教材的束缚。指导教师要担负起教书育人的职责，创造性地发展教学过程，开展课程(社团)教学，制订好教学计划，保证课程教学的有效开展，使课程教学成为一个动态的、多方交流的发现和发展知识的过程，教师是课程的开发者和研究者，选择和开发教学资源，设计开展教学活动。在活动中更多地融入课程要素和实践要素，以体现职业教育的职业性与实践性，发挥学生的主体性和教师的指导和促进作用弥补专业课程教学的缺陷、形成个体间相互尊重的关系和提高学生的交流沟通能力。

1.职业性。高等职业教育是以就业为导向的教育类型，因此必须体现教育过程的职业性，这种职业性的具体表现就在于教学过程运行中尤其是教学内容设计上。课程教学要能够体现职业资格标准的要求，体现职业的工作过程特征，改革教学内容，提升学生的职业能力和就业质量。通过在实训中逐步建立健全专业学习与课外活动的联动机制，进一步整合深化教学主渠道之外有助于学生提高专业核心竞争力的各种活动和工作项目，从而构建以提升学生专业核心竞争力为导向的职业素质训练体系。

2.实践性。高等职业教育培养生产、建设、服务和管理第一线需要的高素质技能型专门人才，就是在基层一线岗位和工作现场做实事、干实务、实践性很强的实用性人才。而这种实用性人才，不是单单依靠传统学历教育就能够培养出来的，他们必须在工作实践中锻炼能力、提高能力。高等职业教育要有效培养学生的职业能力，就必须强化课程实训、实习、实验等实践环节，教学过程中就必须强调实践性，强化学生的实际操作训练，以提高学生适应职业岗位能力的能力，实现毕业与上岗零过渡。

3.自主性。学生社团课程要尊重学生的意见，因为学生是学校的主体，其意愿是否受到学校的尊重，是判断一个学校是否有民主治校理念的重要依据，听取学生意见，尊重学生选择，势必会促进学校民主管理进程的加快，学生主人翁地位得以巩固。学生根据自己的兴趣爱好选择学生社团课程，会促进学生个性养成，提高其学习兴趣，增强对学习的主动性，有利于提高学习效果。

五、"课程社团化"改革实施设计

(一)用课程的理念管理第二课堂活动

运用课程的理念，建立第二课堂活动课程体系，使第二课堂活动课程化，将第二课堂纳入学校人才培养的整体中,解决第二课堂活动被边缘化、覆盖面窄、与第一课堂衔接不紧密的问题。在进行课程体系设计时,既面向全体学生,促进学生全面发展,又结合学生兴趣爱好,尊重学生个性;既突出实践性,与第一课堂有机结合,又注重特殊性,发挥第二课堂的优势。在进行课程体系设置时,可以面向全系学生设置系列选修课程模块,要求每个学生必须完成,也可由二级系院根据专业特点,设置一些与学生专业学习紧密相关的实践活动课程,要求学生根据自己的兴趣、爱好、特长进行选择,在活动课程的实践中形成专长。

(二)依托学生社团组织实施活动课程

班级是第一课堂教学的实施载体,学生社团是第二课堂活动课程最合适的实施载体。因为学生社团是高校校园文化建设的重要载体,是学生在自愿的前提下,以共同的兴趣爱好为纽带,以满足自我发展需要,按照各自章程而组织的学习共同体。第二课堂活动课程广泛性、多样性和选择性的特点恰好与学生社团的功能有效衔接。为此,可以把第二课堂活动课程体系中的每一门课程,都与一个学生社团有机衔接,通过学生社团来实现活动课程的教学目的,以促进学生兴趣、才能和个性的全面发展。在实践中,一方面各系部可紧贴专业培养目标,围绕本专业第一课堂的教学,成立各类具有专业特色的学生社团,如保险实务专业与保险协会、投资与理财专业与投资协会等,这类专业性的社团负责完成专业类活动课程模块的教学计划,在学生专业能力培养上有着独特的教育效果,是培养学生实践能力的重要载体。另一方面,面向全体学生,建立人文、艺术、体育等方面的学生社团,如演讲与口才协会等,这些非专业性的社团负责完成综合类活动课程模块的教学计划,在培养学生的兴趣爱好、拓展学生综合素质方面起到十分重要的作用。

(三)搭建课内外两个活动课程实践平台

在第二课堂社团活动课程的建设中,发挥其整体的育人功效,使活动课程开展的时间和空间得到拓展,实现优势互补,最大限度地发挥各自功能,形成课内外两大活动课程的实践平台,解决育人中重理论、轻实践的问题。为给学生创造更多的实践机会,在校内实践平台上,依托学生社团实施第二课堂活动课程的同时,充分整合校内的教学资源,开展各种竞赛类和非竞赛类活动,这些活动为学生提供锻炼与展示才能的平台,促进学生实践能力的提高。

(四)建立运行、保障考核评价机制

为解决"课程社团化"运行管理、保障不规范,机制不健全和评价不科学的问题,首先,从学校层面制定切实可行的教学改革配套政策,如活动课程专项资金、活动器材的配备,为社团活动课程的实施提供有力保障。其次,建立学校、院系、社团三级管理的运行机制,成立社团活动课程领导小组,负责课程总体方案的制定与完善,同时成立社团活动课程管理中心,负责日常事务管理,负责学生学分认证等工作,各社团具体落实每一门活动课程的教学计划与实施。最后,为解决课程、社团、学生、教师四位一体的考核评价问题,在对课程进行考核时,应注意证书管理、合格评价、档案管理、查看参与情况等;在对社团进行考核时,应建立社团活动督导制,将其完成情况纳入院系学生工作年度目标进行考核;应在对学生进行考核

时,把出勤与效果结合起来评定成绩,在完成课程学分后,可按照合格、良好、优秀三等级记入学籍档案,成绩突出者颁发优秀学员证书;在对教师进行考核时,应按照导师制的规定,将教师指导学生的工作量计入教师教学工作量并给予报酬,对成绩优秀的教师予以表彰。

六、改革效果及解决的关键问题分析

(一)改革效果分析

"课程社团化"是一种课程与社团结合的混合式课程教学模式,实现课程教学与社团活动的优势互补,充分发挥了各自在教学中的优点。实验证明,单靠学习者个人很难达到最佳的学习效果,提倡协作探究的学习模式,创建对话协作式社团,通过"课程社团化",促进学习共同体成员间的协作来完成知识建构则不失为一种很好的解决办法,也为深化现行课程改革提供一种新的思路,同时为社团活动实践提供一个指导性框架。

(二)解决的关键问题分析

1.重建师生对话。重建师生对话是"课程社团化"的灵魂。教学不是简单的传递和灌输,教学过程不是单一的知识接受过程,而是一个知识建构、情感交流、道德发展、人格完善的过程。"课程社团化"使学生不再是被动的接受者,而是积极的建构者,倡导建构性学习,寓课程学习于社团活动之中,不断提高学生课程学习的积极性和实效性。

2.转换教学形式。转换教学形式是"课程社团化"的核心。在传统的课程教学组织中,课堂是知识传递的场所,而在"课程社团化"的课堂,更多地赋予课程以灵活性、多样性和选择性,学生对待知识的态度从确定性的符号化、文本化的课程到情景性、生活化、体验性的课程转化。"课程社团化"基于社团活动基础开展课程教学改革,鼓励学生通过探究的、体验的和合作的方式积极主动地学习。

3.创新师生关系。创新师生关系是"课程社团化"的根本。课程要素并未发生变化,而是使社团活动成为质疑问难、知识相遇、思想碰撞的教学活动场域,从而形成开放的课程发展系统。"课程社团化"转换了师生关系,使师生角色发生实质性变化,并在真实课堂中切实保证师生之间的深度互动,教师与学生的交流互动的时间大为增加,教师在社团活动中不断捕捉学生的动态并进行针对性的反馈,从而激发学生对学习的自觉性和责任感,实现学生对各种知识的整合和能力的迁移。

七、结 语

"课程社团化"是按照学校人才培养目标科学设置和构建的,要实现课程模块教学与学生社团类型的合理对接,将现有的社团划分为文化艺术类、体育类、技能类、科技创新类等并进行合理的调整和重组,确保每门课程都对应有相应的学生社团,这极大地丰富了学校校本课程的内容,是校本课程向课外延伸的有效尝试,这种模式既增强了教师开发校本课程的积极性,也使校本课程更具生命力和活力。"课程社团化"使社团活动的内容与第二课堂活动课程内容吻合,取得社团活动的灵活性与课堂活动课程的规范性的平衡,要对社团活动计划进行统一的设计和规划,对已有的社团活动进行梳理和归纳,而不能简单地将第二课堂活动课程机械地搬到学生社团中,要努力发挥社团的自由性和灵活性,让社团在规范中持续运行。

[参考文献]

[1] 张连绪,任卫民.基于职业发展的高职院校素质教育体系的构建[J].番禺职业技术学院学报,2006(1).

[2] 朱海莲,李涛.综合素质拓展训练对高职院校学生职业能力的影响研究[J].嘉兴学院学报,2010(1).

[3] 孙勇,黄挺,汪世福,唱焕德.高职院校学生素质拓展体系构建研究与实践——以六安职业技术学院为例[J].长春理工大学学报,2011(2).

[4] 刘献君.论"以学生为中心"[J].高等教育研究,2012(8).

加强社团建设　拓展学生素质

傅红英

[摘　要]随着高等教育改革的不断深化,学生社团作为学生自愿组成的群众性组织,作为展示自我的重要舞台,越来越受到青年学生的欢迎。发挥社团的育人功能,在社团活动中渗透对学生的素质教育,是当前学生社团建设的方向和主要任务。本文从学院的实际出发,分析论证了学生社团的育人功能及社团在拓展大学生素质教育中的重要作用,并对学生社团建设进行了初步探讨。

[关键词]学生社团　育人功能　拓展素质

《中共中央国务院关于深化教育改革全面推进素质教育的决定》指出:"实施素质教育应贯穿于幼儿教育、中小学教育、职业教育、成人教育、高等教育等各级各类教育。"同时,《决定》还指出:"高等教育要重视培养大学生的创新能力、实践能力和创业精神,普遍提高大学生的人文素质和科学素质。"丰富多彩的学生社团具有覆盖范围广泛、组织形式灵活、突出学生个性、育人成效明显等特点,是大学生素质教育的重要环节。

我院十分注重社团建设,将学生社团作为素质教育体系的重要组成部分,成立了公益服务型、理论学习型、兴趣爱好型、学术技能型四大类社团,各社团以其具有思想性、艺术性、知识性、趣味性、多样性的社团生活吸引广大学生积极参与其中。截至 2013 年,在册的学生社团已经达到 60 个,90% 以上学生参加过学院社团。学院在逐步推进学生社团的规范化、精品化建设的同时,充分发挥社团的积极作用,增强大学生参与素质教育的积极性和主动性,社团活跃着校园生活,丰富着校园文化,引领着学生全面发展。

一、学生社团的功能

(一)价值导向功能

学生社团举办的讲座、学术报告、知识竞赛及各种文化活动对学生有直接和间接的导向

[作者简介]傅红英,女,汉族,1973 年出生,浙江义乌人,管理学硕士,讲师,浙江金融职业学院会计系教师,研究方向:企业会计与高职教育。

作用,深刻地影响大学生的价值取向、心理趋向和行为规范。通过参与社团活动,他们可以亲身体验集体活动的乐趣和集体的力量,从而能够增强集体荣誉感,进一步认清个人与集体的关系,树立全局的观念、集体的观念;通过认可社团的章程,大学生能自觉地规范自我、约束自我、培养公德意识、领悟做人道理,从而促进良好行为规范的养成。

(二)自我发展功能

学生社团作为高校课堂教育的补充和延伸,因为其专业的交叉性、活动的实践性、组织的社会性而具有实践和教育的功能,为学生综合素质的提高提供了广阔的舞台,如广泛存在于大学校园中的英语协会、文学社、电脑协会等社团,通过知识讲座、作品交流、参观考察、竞赛、义务服务等方式,使学生所学的知识得到不断强化,也锻炼了学生思维能力,有利于大学生开阔视野,增长知识,培养能力,陶冶情操,促进其全面发展。

(三)自我激励功能

积极向上的社团文化能够强化学生的学习动机、工作热情,调动学生的积极性、主动性和创造性,不仅使学生保持高昂的情绪和奋进精神,而且还产生一种内在的驱动力和激励力。精彩纷呈的社团活动和广大学生良好的精神风貌,给校园文化注入了巨大的生机和活力,对建设良好的校风、学风起到了巨大的促进作用,也对高校精神文明建设起到了积极的推动作用,有利于学校各项工作的开展,从而使高校充分发挥其育人职能。

二、学生社团在素质教育中的作用

(一)发展学生个性,促进个性化发展

素质教育提倡张扬学生个性,培养学生实践能力和创新能力的教育。因此,学校教育应具有灵活性,让学生成为学习的真正主人。学生社团是以学生共同的兴趣爱好为基础的,适应了学生兴趣多样性特点,为学生发现、发展、挖掘自己的兴趣、潜质、特长创造了条件,为因材施教和发展学生个性拓展空间。学生社团能很好地锻炼学生的各种能力,丰富多彩的社团活动使校园文化生活更充实、更精彩,独具特色的社团活动给学生提供了张扬个性、施展才华的舞台。

(二)促进学生社会活动能力的提高

大学生作为个体,必须要适应社会的要求,而社团则有利于提高学生适应社会的能力。一方面,学生社团本身是由许多不同的文化背景和性格特征的学生聚合而成的一个小社会。另一方面,学生通过参加各种社团活动,比如一个活动的设计、一个项目的策划,以及一次成功参与的体验,都能极大地提高各种能力,丰富、发展和提高学生的个性潜能、素质和修养。同时,由于社团活动需要经费,常常使得学生走出校园,直接与校外各企事业单位进行交流与合作,以获取赞助资金,并获得社会有用的信息,为他们步入社会奠定了基础。

（三）促进学生创新素质的提高

高等教育作为国家知识创新和技术创新体系的主要基地,自然要承担起培养具有创新精神和实践能力的高级专门人才的任务。从培养学生创新素质的角度来看,学生社团活动的开展是创新素质培养的重要补充。学生社团能给学生创造宽松的精神环境,减轻心理压力,他们在活动和交往中有高度的心理自由,好奇心、自尊心和自信心得到了满足,有利于其兴趣爱好的培养,能促进学生情感和健康人格的养成,激发起上进心和求知欲,从而有利于大学生创新素质的培养。

（四）促进团队合作精神的发展

学生社团的建立,更多地让学生自主地来完成一项"事业",让学生尝试成功与挫折,培养了大学生克服困难、挑战自我的良好品质;在创造性的工作中,体味一分耕耘,一分收获,培养脚踏实地的良好作风。在集体生活中感受一荣俱荣、一损俱损,正确认识自我与集体的关系,学生关心社团的成长和发展,主动地去想办法,出主意,在交流中体会竞争与合作,培养了学生的竞争意识和团队合作精神。

三、加强学生社团建设

（一）高度重视,大力支持

我院充分认识到学生社团在提高大学生综合素质工作中的地位与作用,从指导思想到制定相关政策,一直支持和鼓励学生社团的发展,为社团工作营造良好的外部氛围,学生工作部门每年的工作计划,都将社团工作纳入其中。为了保障学生第二课堂的发展,我院制定的学生手册规定,对学生参加全国、全省大学生各种竞赛中的获奖者,在学年评定中给予不同程度的奖励加分。

（二）把握方向,强化育人

社团建设要把握时代特点,要强化社团建设的导向功能。社团建设在遵循教育规律的同时,着重加强创新精神和创新能力的综合素质培养。社团宗旨的确立要具有前瞻性。注意与未来职业教育相联系,与学生综合素质的提高相结合。通过在社团活动中对学生渗透做人的教育、合作精神教育、奋斗精神教育和人文素质教育,培养学生健全的人格、互助协作精神、勇于进取的品质和科学的思维方式,以及高品位的文化素养,从而从根本上培养富有创新精神和创造能力的高素质人才。

（三）加强引导,规范管理

学生社团作为学生自愿参加的群众组织,具体事务一般都由学生自主管理。但为了确保社团组织的高质量运作,其组建审批、制度建设、组织建设应该由学校来规范管理。因此,要本着管理监督和服务引导相结合的原则,建立社团的一系列规章制度,使学生社团的工作目标明确,有章可循。对不同的社团组织要实行分类指导,相应地给社团以人、财、物等各方面的投入,借此推动社团工作正确发展。社团要以学院某系部作为依托单位,并聘请多名专职教师担任该社团的负责教师和指导教师。

(四)发挥特色,做好精品

我们依据时代要求和学生特点,积极引导学生依据自己的兴趣、爱好、特长积极参与适合自己个性发展的社团组织。同时我们要求各社团要积极创新,注意特色的打造,提高社团成员的参与层次,不搞多而重复的社团,集中人力物力财力做精品社团。对各社团活动加强协调,宏观管理。同时本着求实创新的精神,让社团积极投入社会实践,团委和指导教师引导好学生社团的实践工作,增强社团的实践性,让社团发挥强大的作用。

实践经验告诉我们,从大学生个体成才和发展的角度看,参与社团活动对学生良好个性、品格、素质的培养,是第一课堂教学所不能替代的,是能令学生终身受益的宝贵经历,所以学生社团建设应该得到充分重视。当前,我国高等教育的蓬勃发展给高校学生社团建设提出了更高的要求和期望,我们必须充分认识并遵循社团发展的规律,使其以特色求发展、以规范求发展,为提高校园文化品位,实现学校教育与社会生活的有机衔接发挥更大的作用。

[参考文献]

[1] 中共中央国务院关于进一步加强和改进大学生思想政治教育的意见(中发〔2004〕16号).

[2] 伍安春,张绍荣.浅谈和谐社会视野中大学生德育体系的构建[J].德育研究,2006(9):32—33.

[3] 田桂蓉.学生社团:大学生成长的重要课堂[N].中国教育报,2005-6-10(3).

以学生社团为核心的高职计算机专业
第二课堂实践研究
——以浙江金融职业学院信息技术系为例

余 彦

[摘 要]当前第二课堂已逐渐成为高职院校教学的重要组成部分。本文以浙江金融职业学院信息技术系为例,阐释该系依托学生社团"E帮帮",在专业教师督促与指导下,通过有计划、有目的地设计和开发第二课堂活动,打通第二课堂与第一课堂学习的连贯性,探讨了以学生社团为核心的高职计算机专业开设第二课堂的保障原则、主要形式及实践反思。

[关键词]第二课堂 计算机专业 学生社团

众所周知,我国高等职业教育是当前高等教育发展中重要的组成部分,它以育人为本,坚持立德树人,实践育人,以培养学生高素质的专业技能和创新能力为重点,肩负着培养提供面向社会生产、服务第一线需要的高技能人才的使命。因此,如何在现有的教育环境下,不断更新育人方法与手段,进一步提升学生的专业技能和综合素质已成为高职院校教学所思考的重要命题。当前,第二课堂已逐渐成为高职院校教学的重要组成部分。本文以浙江金融职业学院信息技术系为例,诠释该系依托学生社团"E帮帮"为核心,在专业教师督促与指导下,通过有计划、有目的地设计和开发第二课堂的活动,打通第二课堂与第一课堂学习的连贯性,对于当下拓展学生综合素质,推动学生的可持续发展,提升教学质量有着重要的现实意义。

一、以学生社团为核心高职计算机专业开设第二课堂的重要性

2010年,《国家中长期教育改革和发展规划纲要》提出,我国要建设成人力资源强国,需要培养造就数以亿计的高素质劳动者、数以千万计的专门人才和一大批拔尖创新人才。因此,作为大众化的高等教育重要组成部分的高等职业教育,它承担着向社会培养提供生产、服务一线需要的高技能专门人才的重任,对于促进就业,改善民生,构建和谐社会发挥着不

[作者简介]余彦,男,汉族,1984年出生,浙江杭州人,哲学硕士,助教,浙江金融职业学院信息技术系辅导员,研究方向:中国传统文化与当代大学生教育。

可替代的作用。因此,在高职院校中大规模地培养高素质、高技能、有创新能力和发展潜力的人才,满足经济社会发展的迫切需要,使之成为相关行业的技术能手和带头人,是落实《国家中长期教育改革和发展规划纲要》的精神,服务地方经济发展的必然要求。

众所周知,当前高职院校计算机专业的第二课堂作为第一课堂教学的延伸与补充,在拓展学生综合素质,提高学生专业技能水平,潜移默化地培养学生的科学精神和人文情怀发挥着重要的作用。而在高职院校计算机专业中,学生社团作为发展创造性思维,激发自我积极性,展现自身个性的学生自发组织,是高职院校计算机专业培养高技能人才和实现育人目标的重要阵地和摇篮。学生社团活动,能激发学生创新灵感,发挥自身才华,实现主动学习,正如德国著名教育家费希特所说:"在这种面向所有学生的教育中,学生们不管其天赋能力如何,都无例外地热爱知识并愉快地学习,……激发学生对学习纯洁之情的途径,那就是鼓励学生自发的活动,并使这成为获得知识的基础,从而让学生无论学习什么都通过他们自身的活动来学习。"因此,以学生社团为核心,高职计算机专业开设第二课堂的重要性主要体现在以下几个方面:

首先,学生社团为计算机专业学生提供了自主学习的环境。高等教育与其他教育的区别就在于高等教育不是一味地向学生灌输知识,因为当前人类正处于知识大爆炸的时代,科技日新月异,因此高等教育的目的是让学生学会学习,养成自主学习的习惯。学生社团活动能极大地扩展计算机专业学生自主学习的空间,有利于学生依据自身的需要,通过多种渠道、多种形式,学到第一课堂以外更多有利于自身发展的专业技能和知识,开阔视野,不断增强综合素质,提高专业水平。

其次,学生社团能满足计算机专业学生实践训练的需要。实践是检验真理的唯一标准,计算机专业学生只有将自身课堂学习到的理论知识通过实践转化为现实成果,才能真正实现提高自身创新能力的目的。同时,也只有在实践中不断地磨炼和检验,才能进一步激发学生的创新意识。通过学生社团活动,不仅能锻炼学生日常社会交往能力,更重要的是让学生在活动中加深了对课本理论的认识和理解,激发其旺盛的求知欲,培养了探索精神和坚强意志,从而使其进一步寻找创新的源泉,为将来的成功打下坚实的基础。

再次,学生社团为计算机专业学生营造了创新发展的环境。计算机技术作为当今世界充满无穷活力的技术,需要一大批具有创新精神和自我个性的人才。通过学生社团组织的各项专业活动,学生可以充分享受到这种创新活力的熏陶,让学生借助一批批成果的出炉感受到成功的喜悦。学生社团为学生技术创新和思想自由提供了广阔的平台,活跃了学生的思维,激励了学生不断推陈出新,促进其自身个性发展,满足其个性展现的需求。

最后,学生社团能满足计算机专业学生情感发展和人文情怀的需要。对于计算机专业学生而言,乐观开朗,积极向上,充满人文情怀,不但有利于自身身心健康,更有利于自我潜能的开发。传统的教育模式过分强调知识的传授,忽视学生情感发展和人文情怀的培养,这直接影响学生身心和情感生活。而学生社团活动正好能弥补学生这方面发展的需要,让他们在活动中实现自尊心和自信心的满足,有利于其兴趣爱好的培养,促进学生人文情怀和完美人格的养成,从而切实提高学生的综合素质。

总之,学生社团作为高职院校计算机专业富有活力的重要组成部分,是第二课堂的核心载体,是构建特色校园文化的主力军。

二、以学生社团为核心高职计算机专业开设第二课堂的保障原则

为保证高职计算机专业第二课堂的顺利开展,让其真正以学生社团为核心,实现拓展学生综合素质,提升专业技能,打通与第一课堂学习的连贯性,需要满足以下几个原则,在此笔者以浙江金融职业学院信息技术系为例:

(一)以培养专业技能为核心

高职教育作为职业教育,不管第一课堂还是第二课堂都应以就业为导向,以培养学生进入职场所需要的技能和素质为目标。因此在第二课堂活动中始终应以培养学生专业技能为核心,紧紧围绕就业市场的需求,依托学生社团的开放性,多层次、多形式地开展各类提升学生专业技能的活动,让学生尽可能地缩短从学生角色到职场角色的时间,尽快融入工作环境,满足用人单位的要求。因此,浙江金融职业学院信息技术系在开展第二课堂活动中始终牢记以提升学生专业技能为目标,积极培养学生具备在职场日常工作中所需要的基本职业能力,包括计算机技术应用能力、办公自动化操作能力、沟通协调能力、独立处理信息能力、良好的文字表达能力,以及职场应有的观察能力、判断能力、应变能力等。

(二)与第一课堂相辅相成,共同配合

正如前文所述,高职计算机专业学生专业技能仅仅依靠第一课堂教育是难以实现的,有必要通过长期的、大量的第二课堂活动来潜移默化地培养。但在开展第二课堂活动时,也不能片面追求数量,盲目开展各类种类繁多、质量参差不齐的活动,从而导致与第一课堂的脱节,忽视了第一课堂学习的紧密度,让学生在校期间每天忙于应付各类活动,无法专心学习专业技能。因此,浙江金融职业学院信息技术系在开展第二课堂活动中将第一课堂与第二课堂放在同等重要的位置,努力确保两者的连贯性,按年度制定实施方案,明确第二课堂活动内容、考核形式。通过第一课堂与第二课堂有效结合,更好地鼓励学生学习专业技能,激发自身的积极性,打造学生的核心竞争力。

(三)以学生为主体,教师积极指导与督促

第二课堂相对于第一课堂而言,尽管主体以学生为主,但教师不能缺位。教师的参与指导,不仅能保证第二课堂活动的质量与特色,更重要的是能促进学生专业能力的提升,及时解决第二课堂活动中存在的主要问题,为学生遇到的困难提供帮助,确保第二课堂活动的质量和效果。浙江金融职业学院信息技术系在开展第二课堂活动中明确要求教师要对学生的特长与兴趣进行有针对性的辅导,让学生的兴趣与特长从无到有,逐步发展。本着学中有乐、乐中求学、学有特长的思想,讲求指导实效,坚持指导与督促相结合,课内与课外相结合,普及与提高相结合。学生通过第二课堂活动,实践能力从低到高,循序渐进,逐步提高,同时教师要对成绩突出的学生给予表彰奖励。

(四)学生社团自我管理与激励机制

第二课堂是以学生社团为核心开展活动,因此加强学生社团的自我管理,通过激励机制吸引更多的优秀学生主动参与到第二课堂中来显得尤为重要。浙江金融职业学院信息技术系以本系"E帮帮"学生社团为核心开展各类第二课堂活动,学生社团通过制订本年度的第二课堂计划,让第二课堂活动有计划、有目的、有步骤地进行。同时不断丰富和创新活动内容和形式,使每个学期都有衔接,不半途而废。学生社团负责人通过组建团队小组,填写、整理与收集团队成员的资料,有条不紊地开展好每一次活动,并做好活动记录与作品收集。同时系部建立学生第二课堂的评价体系,注重第二课堂的学习评价与考核,将学生在第二课堂的表现与成绩作为综合素质考核、评奖评优等重要指标。

(五)以服务对象评价的考核机制

为确保第二课堂的学习效果,让其能促进学生技能和素质的协调发展,需要建立一套考核机制,这不但有利于学生自身个性与能力的发展,也有利于教师通过反馈及时优化改善教学方法和手段。浙江金融职业学院信息技术系在开展第二课堂活动中,通过学生社团设立积分制度,按照公正、客观的原则,进一步提高了学生参加第二课堂的积极性,让第二课堂不断走向制度化与规范化。同时,根据学生作品的专业化及复杂性程度,让教师对学生的作品给予评价,使学生在参加第二课堂活动时有量化与考核的指标。学生可以依据积分累计的数值,来评定一至三级技能达人,同时系部每学期也会开展一次成果展示活动。

三、以学生社团为核心高职计算机专业开设第二课堂的主要形式

根据专业人才培养目标,围绕专业技能的提升,以学生社团为核心高职计算机专业开设第二课堂的主要形式有以下几种:

(一)思想道德类

主要培养学生的政治素质和道德素质。通过各种公益活动,激发学生的爱心和责任心,增强社会责任意识,传承和弘扬中华民族优秀传统文化,陶冶情操,修身养性。浙江金融职业学院信息技术系在第二课堂中,用正确、积极、健康的思想文化来引导学生思想工作,增强思想政治工作的针对性和实效性,紧紧围绕以党的十八大精神为活动主线,以弘扬社会公德、职业道德、个人品德为导向,以推进社会主义核心价值观教育为目的,以社会志愿服务为载体,通过与"青慈孝友会"等社会公益组织的合作,提升学生公民思想道德素质和社会文明程度,贴近生活、贴近社会、贴近群众,寓教育于活动中。其中包括:(1)结合本系专业教育,开展具有鲜明专业特色的社会志愿服务活动,深入教师社区,帮助教师进行计算机的日常维护与维修。(2)在专业教师指导下,通过打造本系特色的微信、微博、网站等平台积极开展思想教育宣传活动。(3)充分利用重大节日或重要历史事件为契机,开展爱国主义、理想信念为主题的绘画、演讲活动,如"我心中的中国梦"绘画比赛,金色校园PPT演讲比赛,通过学

生喜闻乐见的形式在深深吸引学生参与其中的同时,注入了思想教育的元素,让学生思想素质得以进一步提升。

(二)身心素质类

社团主要通过各类体育活动和心理健康教育活动,鼓励学生锻炼自身体质,强化意志品质,发展个性,保持心理健康。针对学生由于特殊成长的环境,以及面临日益激烈的社会竞争,呈现出学习压力、就业压力等不断增大的趋势。浙江金融职业学院信息技术系系统地规划了关于提升学生身心素质的活动。(1)心理素质第二课堂:通过与学院心理教育的老师开展合作,通过制作心理健康教育专题的PPT、flash等来促进学生关注自身的心理状况,提升心理素质。同时利用本系心灵心语空间及寝室留言袋,帮助学生进行心理疏导,培养良好的情操,并结合本系专业课程基础,从色彩心理学入手,让学生了解自身的性格特质,更好地处理相互间的人际关系。(2)身体素质第二课堂:在学院体军部等相关老师指导下,通过举办"和谐信息,趣味运动"之趣味运动会、"信息E家"之寝室文化大赛、篮球赛等丰富多彩的各类文体活动吸引更多本系的学生参与其中,强健体魄,锻炼心志,培养相互合作、团结拼搏的精神。

(三)专业素质类

作为高职计算机专业第二课堂的核心内容,主要培养学生专业核心技能,并通过技能实践潜移默化地塑造学生的职业意识,让学生成功就业并实现可持续发展。为使专业素质类第二课堂活动更加富有成效,笔者根据学生社团活动特点,以浙江金融职业学院信息技术系为例,将其分为四大模块:服务校园信息化建设、多形式专业技能竞赛、专业实践基地与展示活动、专业企业培训活动。

第一,服务校园信息化建设。参与服务校园信息化建设,一方面可以增加现有教学的信息容量,提高教师教学的效率,促进教学目标的实现,达到教学内容与教学手段及方法创新,另一方面也可以锻炼与强化学生自身的专业技能,进一步促进学生提高学习的质量和效率。浙江金融职业学院信息技术系以本系"E帮帮"学生社团为核心充分发挥学生在信息技术专业技能上的特长,积极服务学院的相关系部与部门,学生在参与学院相关教学活动的过程中增长才干,锻炼技能,同时促进教师教学信息化水平的提升。通过制作一系列高品质、专业性的教学视频与动画,让学生在第二课堂充分利用课堂所学的专业知识服务于教师,教学相长,共同进步,推进学校的信息化建设。

第二,多形式专业技能竞赛。以学生社团为依托,在校内定期举办各类技能大赛,考察学生的专业技能,调动学生的积极性,让其通过比赛发现自己的优点,开发潜能,树立信心。同时教师也能通过比赛检验第一课堂的教学质量,及时调整教学的手段和方法。浙江金融职业学院信息技术系在专业教师指导下,坚持通过多渠道、多形式组织开展各类专业技能比赛,如"描绘专业——创意Logo"设计比赛、"阳光社区,幸福金院"DV大赛、"微我吧!亲!"计算机维修维护活动、青春纪念册制作大赛等帮助学生加深对课堂所学知识的理解,激发学生科技创新意识。同时以参加"挑战杯"等学科竞赛为契机,组织学生开展生产工艺革新及产品创意设计大赛,将科研方向与就业、创业相结合,提高自身创新能力,夯实动手能力。

第三,专业实践基地与展示活动。专业实践基地主要指按照学校部署,依托专业实践基地,结合自身实际,组织学生开展各类专业技能实践,同时通过专业展示活动,发扬学生个性,拓展学生视野。浙江金融职业学院信息技术系以学院专业实验室为平台,通过制定相应措施,加大实验室开放力度,促进学生专业技能的锻炼。同时,借助本系特有的"异芯 E 梦"下沙高校信息文化交流会,以专业作品展示、专业培训与座谈会等形式,拓宽学生的知识面,增强自身的竞争力。

第四,专业企业培训活动。通过专业企业的培训和宣讲活动,让学生的行为规范、职业意识、职业能力与企业需求相一致,体现自身更多"职业人"的特色。依托专业企业,开展各类专业活动进一步培养学生职业素养,让学生具备爱岗敬业、吃苦耐劳的职业态度,具备良好的职业操守和道德。浙江金融职业学院信息技术系与华硕、达内等国内优秀的 IT 企业建立联系,通过开展专业培训活动,让学生学到实用的技巧,解答了心中的困惑,提高计算机综合技能水平,为进一步深化校企合作打下良好的基础。

四、以学生社团为核心高职计算机专业开设第二课堂的实践反思

近年来,浙江金融职业学院信息技术系以本系"E 帮帮"学生社团为核心开展各类第二课堂活动取得了很大成效,促进了专业建设,改善了教学手段与水平,学生学习的积极性和主动性有了很大的提高,有效地实现了师生之间的良性互动,教学相长。学生在校内外各类竞赛中也屡创佳绩。本系培养的一批批毕业生专业技能过硬,心理素质良好,受到用人单位好评。

然而,在成绩面前,仍然有许多值得反思与研究。笔者认为要想以学生社团为核心,让第二课堂充分发挥其效果,还应从管理制度、运行制度、保障制度等方面进行探索与研究。

(一)制度规范

以学生社团为核心高职计算机专业的第二课堂需要进一步规范管理制度,自上而下建立各级领导机构,由系部主要负责人、教学负责人、行业专家参与,对第二课堂的性质、目标、内容、考核等一系列制度统筹规划研究和协调,让其与第一课堂教学具有同等的重要作用,从根本上促使学生以正确积极的态度去参加第二课堂各项活动。

(二)运行有效

系部要按照社会、企业对学生职业技能的要求,制定本专业核心竞争力的职业技能培养方案,将第二课堂活动具体化,使第二课堂活动更具针对性。分阶段、分层次开展第二课堂活动。首先,帮助学生树立正确的职业观,端正学习态度,确立明确的职业目标。其次,培养过硬的职业技能和职业认同感。再次,培养学生敬业爱岗、吃苦耐劳的精神,为就业做好思想准备。最后,还要做好调查反馈工作,及时听取学生意见,满足学生成长和成才的需求。

(三)保障到位

第二课堂的顺利开展离不开场地、设备、经费、人员等方面的保障。系部应从各方面为第二课堂提供一切便利条件。深化第二课堂建设还须加强师资队伍建设,把那些有热情、有能力的老师引导到第二课堂中来,建立一支专业化教师团队,成为第二课堂人才保证。此外,还可以借助建设第二课堂信息平台,帮助管理者、教师和学生有效地解决第二课堂的组织难题。

综上所述,以学生社团为核心的高职计算机专业开设的第二课堂作为第一课堂的延伸,对学生核心专业技能和综合素质的培养日益发挥出了深远的作用。随着经济的发展,企业需求的变化,以学生社团为核心的高职计算机专业开设的第二课堂还将不断面临新的问题,如何开展好第二课堂活动,建立起规范有效科学的教学体系,还需要不断地去探索。

[参考文献]

[1] 国家中长期教育改革和发展规划纲要(2010—2020 年)[M].北京:人民出版社,2010.
[2] 朱旭东.欧美国民教育理论探源[M].南京:东南大学出版社,1998.
[3] 曹健,王中华.开展第二课堂培育学生职业素质的探索[J].创新与创业教育,2012(1).
[4] 刁益韶.第二课堂培养高职优秀拔尖人才的探索研究[J].泰州职业技术学院学报,2013(1).

基于文化传承的校友工作思考

王东升

[摘　要]随着高等职业教育改革发展的不断深入,加强校友工作,开发校友资源,培育校友文化,对于学校履行文化传承职能、承担文化传承创新使命、凝聚校友智慧和力量、整合校友和社会资源、促进学校发展将发挥重要作用。

[关键词]文化传承　高职院校　校友工作

校友是母校最重要的资源和财富,校友对母校的支持,会积极促进学校的发展。校友和校友文化是传承先进文化的重要媒介,学校在承担育人职责的同时,也承担着引领、传承社会先进文化的重要任务。随着高等职业教育改革的不断深入,加强校友工作,建设健康积极的校友文化,对于学校履行文化传承职能、承担文化传承创新使命、凝聚校友智慧和力量、整合校友和社会资源必将发挥重要作用。

一、校友是文化传承的重要载体

"校友"一般是指以学缘为纽带而聚合的一个特殊群体,包括曾经在学校学习过的各种层次和各种类别的学生,以及在学校工作过的所有教职员工。而有些学校则把"校友"的定义范围更宽、更广泛,即把曾经在该校接受过学历和非学历教育的学生学员和工作过的教职工,以及对学校做出过贡献的客座教授、兼职教授、社会知名人士等都认定为校友。

文化传承主要是指学校文化的传播与继承,学校是优秀文化传承的重要载体和思想文化创新的重要源泉,它体现在人才培养、科学研究、社会服务和文化建设等各个方面。在新的历史条件下,从文化传承与创新高度认识高校的使命,对于提高高校人才培养的质量、提升科学研究的水平、拓展社会服务的广度、强化校企合作的深度都有着重大意义。校友文化建设是高职院校文化建设的重要标志,通过校友工作和培育校友文化,让每个校友在传播先进文化中充分起到引领、传承和示范效应,是高校的文化传承的重要渠道。高校的文化传承功能,首先可以通过课堂教学、第二课堂等形式实现,也可以通过校友联谊平台传播校友文

[作者简介]王东升,男,汉族,1969年出生,浙江仙居人,经济学硕士,副研究员,浙江金融职业学院校友办主任,研究方向:高等职业教育和校友工作研究。

化来实现。校友资源的开发,校友文化的培养和形成,对于学校建设发展文化传承功能的实现具有重要意义。

二、校友资源价值是文化传承的重要内容

毕业后的校友们在不同时期、不同产业、不同地域都以不同方式对社会产生一定的影响,校友们的精神风貌、成长历程、成功经验和先进事迹是对在校学生进行思想教育、专业教育和创业教育的宝贵资源。校友资源对学校发展和品牌而言,是非常重要的资源和财富。

校友文化是由校友和学校共同创造的一种积极的、向上的、引领社会发展的先进文化,其文化价值是校友在与母校的互动交流和校友活动中营造健康向上的文化氛围,优秀的校友文化具有很强的现实指导作用,主要具有教育指导、激励学生、引导价值、凝聚力量等方面的作用。因而学校培育健康积极的校友文化是传承学校精神、扩大学校影响、增强学校凝聚力、促进学校发展和校友进步的重要手段,而传承校友文化基于对校友资源价值体现的认识。

(一)校友是母校最生动的品牌形象

校友是母校的名片,是母校在社会公众中最直观的形象品牌。广大校友在社会上所做出的成就和社会对他们的认可,直接代表着母校的形象。校友的表现好坏、业绩状况,决定和影响着母校的声誉,表明了学校的社会地位,影响着学校的成长和发展。历届校友是一个优秀的社会群体,为母校在社会上赢得了广泛的赞誉,校友在社会上赞誉度越高,母校的美誉度也越高。

(二)校友是人才培养的宝贵资源

开展校友工作,管理校友资源,通过对校友和校友所在单位的调查,获取关于对学校建设发展、教育教学等方面的建议,建立快速有效的评价反馈体系,有利于学校迅速把握社会对人才培养的需求,调整办学目标和教学内容,推动专业建设和人才培养的发展和完善,适应社会发展需要,促进学校管理体制创新。

(三)校友是母校育人的精神财富

校友们的精神风貌、成长历程、成功经验和先进事迹是对在校学生进行思想教育、专业教育和创业教育的宝贵资源。开展校友工作,开发校友资源,为在校生提供生动的思想道德教育素材。邀请在各行各业里做出成绩的校友回校给在校学生做报告,用校友的奋斗经历和感人事迹激励和引导学生,这也是开展在校大学生思想政治教育和成才教育的有效途径。因此我们在实际的校友育人过程中,要根据学校的发展和学生的思想实际来选择。既要考虑成功校友对在校学生的榜样效应目标感召,也要注重安于基层、安于一线的平凡校友对在校学生的踏实人生的教育。

(四)校友是引进人才的有效途径

开展校友工作,积极开发校友资源,使校友成为学校宝贵的师资资源。学校通过聘请专职或兼职教师、创业导师、业务辅导员等形式,尤其是聘请在工作中有突出业绩和实际经验的校友返校授课、举办业务讲座、进行学术报告,辅导学生理论学习,指导学生职业规划,引导学生创业就业,是加强师资队伍建设、提升教学水平、提高教学质量的有效途径。

(五)校友是学校就业的资源

高职教育办学以就业为导向,毕业生能否顺利上岗就业,能否实现优质就业,也是衡量一所学校办学水平的重要标志,校友及其所在行业企业来母校招聘学生,帮助解决了众多学弟学妹的就业,或者帮助牵线搭桥,成就了学弟学妹的事业发展,同时为校友人生价值的实现创造了条件,也是学校老师和在校学生无法替代的重要就业资源。

(六)校友是学校的建设资源

广大校友在工作中取得的工作业绩和成就,对增值母校无形资产、光大母校品牌起到了重要作用,校友品牌直接增加了母校的品牌与声誉。综观中外大学,校友主体的捐赠是大学筹措教育经费的重要来源之一,西方国家比较注重校友的捐赠,一些知名大学都得益于知名校友的捐赠。校友捐赠有设立各类基金、奖学金、奖教金,也有捐赠图书、教学仪器设备、实验室,还有各类活动、庆典日捐款,教学场所、实验室冠名等形式。

(七)校友是传承母校精神和文化的主要力量

校友与母校有着一脉相承的历史渊源,与母校有着千丝万缕的关系,因此,校友可以说是传承母校精神和文化的主要渠道,他们在传承母校精神、母校文化、母校传统的同时,通过多种形式的返校联谊、交流、报告、授课等,不断地创新和发展学校文化并将其发扬光大。

(八)校友是开展产学合作和服务社会的沟通渠道

校友是学校与政府、社会沟通的重要桥梁和纽带。做好校友工作,借助校友资源,与校友所在单位或其介绍的单位开展合作,联合共建实验室和实训基地,为学校争取横向科研课题和项目,推进学校科研成果的转化工作,使学校科研成果得到有效运用;通过这些途径,有效提升学校的科研能力和水平,促进产学工作发展,服务当地经济和社会发展。

三、校友文化建设是文化传承的重要途径

校友工作是一项围绕校友资源的价值开发与管理工作,涉及学校工作的方方面面。高校具有文化创新与传承的功能,而校友一般被认为是学校先进文化、大学精神、学校优良传统的主要传承者和传播者。那么,学校要培育好校友文化,发挥好校友育人功能,最重要的是要做好校友工作,着重从以下几方面来思考。

（一）围绕学校的中心工作开展校友工作是关键

一所学校的办学质量最终反映在毕业的校友身上，体现在校友的工作能力和工作业绩上。可以说，重视校友工作就是重视人才培养工作，校友工作是服务于学校人才培养的重要环节，不仅贯穿于培养学生成才的全过程，而且作为连接母校与校友的桥梁与纽带，代表着母校始终关心支持校友事业的发展。因此，校友工作要为学校中心工作服务，促进母校的发展，为广大校友服务，促进校友个人的发展，学生毕业后，母校仍有义务关心毕业生的成长。也只有这样，才能增进校友与母校的感情，才能激发校友支持母校发展的热情和动机，才能换来校友对母校给予的物质上、精神上、道义上的支持。

（二）全员参与是做好校友工作的重要前提

校友工作涉及学校工作的方方面面和学校的全体师生员工，做好校友工作不仅是校友工作部门的职责，也是学校全体人员的责任，因而需要学校领导的进一步重视和全校上下的密切配合，完善校友工作领导体系与工作体系，要健全院系两级校友工作模式，建立系部层面的校友联络机构，各系、各有关部门都要有专人负责校友工作，要设兼职的校友工作秘书，要努力形成一个得力的、完整的工作网络和工作系统。做好校友工作仅靠一个机构和少数人是不够的，要调动全校师生员工的力量，动员各部门、各系部关心、支持、参与校友工作，推动全体师生一起关注校友工作，建立一个全员、全方位、全过程参与的全校性校友工作网络，使校友工作得以广泛、深入、持续、健康地开展。

（三）校友文化建设是做好校友工作的重点

校友工作是一项既有利于学校事业繁荣，又有利于校友事业进步的双赢的工作。要通过校友联谊，发挥校友中介作用，促使母校资源与校友资源有机结合起来，培育健康积极的校友文化，以此来传承学校精神，扩大学校影响，增强学校合力，促进学校发展和校友进步。校友文化的建设重点是发掘典型校友、树立学生榜样、凝结校友力量、支持母校建设、加强校友联络、培育校友情意，构建校友捐赠文化育人、产学合作育人、环境文化育人、"2300"文化育人的校友工作的独特文化氛围，让广大校友产生对母校的归属感，利于校友工作的顺利开展。

（四）服务校友是校友工作的主题

校友工作是双向互动的，学校的建设发展需要校友在人、财、智方面的大力支持，校友的需求和发展进步母校也应该有社会责任。随着学校历史不断发展，办学规模不断扩大、校友信息总量大幅增加，校友联络工作也随之增加。因此，必须树立以校友为本的理念，把为学校建设发展服务与为广大校友服务结合起来，坚持与广大校友互惠互利的原则，坚持感情优先的原则，强化服务意识，通过高质量的服务来联络校友和凝聚校友力量。一方面，校友工作要着眼于为广大校友的成长和发展服务，要着眼于每一个校友的发展，要帮助校友在社会上立足成长、不断更新知识、进而建功立业，通过多种途径密切学校和校友的关系，增进学校和校友的感情，要发挥学校的资源优势，支持校友事业上的发展，为校友提供各种服务，以争取校友对学校工作的支持和贡献。另一方面,要充分利用新媒体搭建校友工作平台,使校友工作信息化、网络化,通过给校友寄送《校友通讯》、建立校友网站等方式广泛联络校友,通过帮助校友解决问题等方式为校友发展服务,积极提供校友回报母校的机会和条件,从而进一步提升校友工作的综合能力和服务水平。

(五)加强地方校友会建设是校友联络工作的基础

地方校友会作为校友总会的分支机构,是做好校友工作的基础,是提高学校在地方影响力的积极力量,是团结各地校友、促进母校与校友联系的重要纽带,是弘扬母校优良文化和传统、打造学校品牌的重要阵地。学校要按照完善地市分会,拓展县域校友会的原则,关注地方校友会的建设,指导协助地方校友会完善组织机构,搭建平台,开展各项校友联谊活动,要发现、鼓励和组织校友积极分子参与校友工作,壮大校友工作队伍。要坚持做好校友资源的开发和利用,积极搭建校友与校友、校友与母校之间联系的桥梁,充分发挥地方校友会的功能和作用,促进母校的发展。

(六)注重在校生校友意识培养是校友工作的希望

今日的在校学生就是未来的校友。对在校学生灌输好校友意识,有利于学校掌握校友工作的主动性,可以对以后的校友工作起很好的铺垫作用,为校友工作打下坚实的基础。培养与校友的感情,需要从校友在校学习时做起。学校教师在对学生的培养上,不仅要对学生做学业指导,还要重视师生的情感交流。在教学和管理工作中要认真做好每一项工作,通过严谨的教学、科学的管理和高效的服务赢得学生的尊重,唤起学生心中最真诚的情感;同时还应关心学生的健康成长,继续开展校友话人生、明理大讲堂、会长话就业等系列活动,通过组织和安排在校学生与毕业校友的联络与交流,邀请有成就的校友回母校做报告、开座谈会等形式,用校友们的先进事迹和奋斗经历教育在校学生,使得在校生逐渐形成与母校荣辱与共的校友意识,在校学生的校友意识将推动学生弘扬母校光荣传统和为母校争光的奋发精神。

(七)队伍建设是做好校友工作的保障

要加强校友工作专兼职队伍建设,以促进校友工作质量和水平的切实提高。学校要在人员编制、资金上给予更大支持,保持校友工作队伍的相对稳定。同时要提高校友工作人员的素质,适应新形势对校友工作的要求。要指导发挥好学生会校友联络部、校友桥联谊会等学生校友工作社团的作用,使之成为学生校友工作的主要力量。

(八)信息平台建设是要加强校友工作宣传的主阵地

通过主办《校友通讯》、完善校友工作网站、建立校友信息库等建立网络信息平台,为母校和更广大的校友间架起交流的桥梁,让校友们能够便捷地了解母校的信息,热盼母校的发展,从而支持母校的建设;学校也能通过信息平台及时关注校友的动态和取得的骄人业绩。通过校友信息平台充分发掘校友资源,实现校友信息资源共享。

[参考文献]

[1] 谢晓青.高校校友资源开发与运用研究[J].高教探索,2010(2).

[2] 康新荣.浅论高校校友资源的开发与管理[J].上海金融学院学报,2007(3).

[3] 梁勇,安秀梅,宁小花.基于文化传承功能的高校校友会工作探析[J].社团管理研究,2012(6).

[4] 闫祖书,董平,张粉婵,等.开发利用校友资源 促进大学生成长教育的探索[J].高等农业教育,2007(7).

[5] 王东升.高职院校校友育人生态文化建设探析[J].职业教育研究,2010(6).

发挥校友作用促进学校发展

王　瑾

[摘　要]综合开发校友资源,促进学校持续发展是中国高等职业技术教育研究会形成的共识。重视校友工作,铸就学院品牌,发挥校友助就业和文化育人的作用,是我们共同追求的目标。

[关键词]校友　作用　学校　发展

在日前结束的以"综合开发校友资源,促进学校持续发展"为主题的中国高等职业技术教育研究会校友工作委员会第四次会议上,中国高等职业技术教育研究会校友工作委员会主任、浙江金融职业学院党委书记周建松指出:校友是力量、校友是资源、校友是人心、校友是桥梁、校友是平台、校友是渠道、校友是纽带、校友是品牌、校友是财富、校友是声誉、校友是文化、校友是事业。因此,校友工作需要全院上下达成共识,需要学院党政班子的高度重视,需要有兢兢业业的大批实干热心人,需要有全体教职员工以主人翁的身份参与校友工作,需要大家珍惜它、挖掘它。希望有更多的人来关心研究校友工作,使校友资源真正成为学院建设发展的正能量,为学院教育事业的发展与进步贡献力量。我院规定:每年11月的第一个双休日是学校校友回校活动日,每年5月的最后一个双休日是校友回访母校日,千名学生访校友、千名校友回课堂、百名教师进企业、百名校友上讲坛、百名校友话人生等"2300"校友育人活动已经常态化。我院在近40年的办学历程中始终立足行业办学校、对接需求设专业、抓住机遇重培训、行校合作做订单、培养职业化金融人才,取得了较好的人才培养成效。同时,我院十分重视校友工作,始终把校友事业作为学院事业发展的重要组成部分,凝聚校友力量,铸就金院品牌。

一、积极发挥校友助就业作用

推进"校企合作基层行,推进就业金融行"活动,自2001年开展以来已坚持了13个年头。每年春季和秋季学院领导带领学院相关职能部门、系部负责人走访各金融机构,围绕金

[作者简介]王瑾,女,回族,1964年出生,内蒙古人,大学本科,副教授,经济师,浙江金融职业学院经营管理系党总支副书记,研究方向:审计、财税、思想政治教育。

融人才培养、深化产学合作、实训基地建设、学生就业实习等方面征询用人单位意见,深入了解金融业发展及其对应用型金融人才的需求,为学生实现顺利就业、优质就业奠定了基础。每年11月初的"校友话就业"活动,许多校友在与同学们交流过程中还向在校学弟学妹们讲述了自己的工作经历,并结合自己的就业选择提出了职业生涯规划的重要性。他们丰富的实战经验告诉同学们在当今社会需求多样化的条件下,对人才要求更趋全面化,告知同学们应该把自己的才能转化为切合社会需求的宝贵资源。校友们希望各位学子能在竞争激烈的环境中努力提升自身素质、勇于克服困难并提升学历,能够在思想品德、专业技能、沟通协调能力上努力培养自己。校友们的讲座带给同学们深刻的体会。让同学们了解了就业信息,消除了就业困惑,拓宽了自己的就业渠道,也对自己的未来有了一个明确的目标。2013年号称史上最难"就业季",学院调动校友资源,充分发挥校友的能力和对母校的感情,为尚未就业的同学送上"校友助就业"的大礼。此次活动既是招聘,也是指路。这些在事业上已取得成功的校友在为学弟学妹们带来岗位的同时,还向他们提供一些应聘的相关建议,不管最终是否参加该企业招聘,校友们都耐心亲切地进行交流指导。同时这也是帮助学生实现优质就业、充分就业的接力之作。

在分析了新时期我院发展面临的形势和挑战,特别是金融行业招聘学历要求门槛提高的形势后,要求加强学生创业教育指导,开设创业教育课程,改进创业教学工作,营造创业环境,培养学生创业能力,增强学生创新创业意识,满足学生创业的需求,以通过创业和创业教育来带动就业工作。经营管理系通过校友创业论坛做了很好的尝试。给在校学生以启示,对于培养学生创新创业的理念和精神方面发挥了积极的作用。

二、积极发挥校友文化育人作用

校友是学院的宝贵财富。我院对校友的定义是"凡是在学校学习、工作过的人都是金院的校友";学院院长在毕业典礼上常讲的一句话是:"今天你们是金院的学生,明天你们就是母校的校友。"办学以来,学院始终把校友事业作为学院事业发展的重要组成部分,凝聚校友力量,铸就金院品牌。1995年学校经浙江省民政厅核准登记成立了具有法人资质的校友总会组织,为校友的学习交流、成长提高奠定了组织基础,也为学院深化校企合作创设了重要的纽带。

经过多年实践,学院校友事业形成了一套成熟的文化理念,如"助推校友成长、成就母校发展、促进经济繁荣"的工作方针;"巩固老校友、拓展新校友、重视成就校友、关注弱势校友"的工作理念;等等,学院把每年3月份的第一个星期六定为校友登高节,5月份的最后一个星期六定为校友回访日,11月的第一个星期六定为校友回校活动日,通过校友返校与在校学生之间的亲密互动,能强烈地感受学院文化的流动和传承。学院通过"2300"校友活动进一步密切与校友的联系,推动学院与校友良性互动发展,形成全方位校友文化育人氛围和长效机制,凝练"动手能力强,上岗适应快,实践水平高,创新创业成绩显著,廉洁自律操守规范,报恩母校情深义重"文化育人目标和育人文化精神实质。2013年6月,中国人民银行武汉分行行长、1981届校友殷兴山;2012年11月,时任中国工商银行总行副行长、1984届校友易会满,中国银行上海市分行行长、1984届校友潘岳汉;2011年11月,中信银行杭州分行副行长、1991届校友姜雨林,浙江鑫和集团有限公司总裁、1991届校友杨罕闻;2010年11月,全国劳动模范、温州银行董事长、1981届校友邢增福,中国农业发展银行浙江省分行副行长、1982届校友宣吉方,中国工商银行温州分行副行长、1982届校友卓仲强;2009年5月,中国工商银行浙江省分行原党委书记兼行长、1984届校友徐新桥;2009年11月,时任中国银监会北京银监局局长、1980届校友楼文龙,浙江泰隆商业银行副行长、1981届校友赵仙友等校友应邀与在校生共话人生,勉励同学们,要做一个"想干事、会干事、事细干、干成事、善共事和不坏事"的人。希望同学们立志如山,行事如水。要正确看待利己与利他的关系,正确处理人生的顺境与逆境,正确评价得与失,正确定位短期目标与长期目标。既要志存高远,更要脚踏实地。作为应用型职业人才,希望各位同学要从基层做起,基层或许很枯燥,条件也很艰苦,但只要摆正心态,以良好的态度去从事工作,就有可能获得成功。优秀校友们在对学生进行知识传授的同时,以自己成才成长的经历对在校学生进行职业道德教育,不仅提高了学生的综合素质,而且指导学生进行了良好的职业生涯设计。广大学生在活动中正确认识自己,确定追求目标,明确学习方向,切实提升了我校学生人才培养高度。

学院校友文化活动丰富了校友文化育人内涵,推进校友工作深入开展,形成全方位校友文化育人氛围和长效机制,取得了显著的校友育人成效,学院校友文化被教育部评为"2011年高校校园文化建设优秀成果奖",提升了学院和校友文化的品牌形象。

[参考文献]

[1] 盖晓芬.解读"2300"——浙江金融职业学院校友文化建设探索[M].杭州:浙江科学技术出版社,2009(3):1—2.

第三篇　学生教育管理

"基于学的教"育人机制的内涵、路径与载体

谢　峰

[摘　要]面对师生脱节、教与学脱节、教学管理与学生管理脱节的育人现状,高职院校有必要通过强化师与生、教与学、教学管理与学生管理三者之间的链接,强化认知、实践、内化三大载体建设,以教学媒介的优化促进教学相长,促进高职育人机制建设。

[关键词]高职教育　育人机制　内涵建设

完整的教育活动由三大要素构成:学生、教师、教育媒介(包括教育方法、教育内容、教育手段、教育环境等)。成功的教育活动便是在完整的教育要素基础上,使三者紧密联系、互动。"基于学的教"育人机制建设试图从强化以学生为主体,教师为引导的师生联系入手,联动教育媒介的优化与创新,从而实现教学相长,打造国际商务系的育人品牌。

一、"基于学的教"育人机制建设的背景

"基于学的教"应该是一个基本的教育命题。但是,我们却在教育实践中发现,学与教之间的纽带已经变得"松散"或者"松弛",具体体现在以下三个方面:

(一)教师与学生脱节

高职教育经过十多年发展,虽然明确其是高等教育的一个"类型",但是高职院校的教师的专业技术职务评定却仍然走的是不折不扣的"研究型"道路——科研成果才是教师职业生涯发展的杠杆;哪怕后来加上企业工作经验,这也似乎与学生没有必然的联系。加上当前众多高职院校坐落在离市中心"遥远"的大学城,教师往往像"上班族"一样早出晚归,只留下一批辅导员和组织员跟学生交流。从上述两个方面来看,既然教师在自身专业发展和生活空间上与学生发展没有什么交集,那么教师与学生的脱节便"顺理成章"了。

[作者简介]谢峰,男,汉族,1978年出生,浙江杭州人,硕士,浙江金融职业学院国际商务系党总支副书记,副研究员,研究方向:高职素质教育、高职教育管理。

（二）教师的教与学生的学脱节

与高职教育的"类型"发展相同步的是高职课程教学的改革,工作过程系统化、项目课程、学习领域课程等各种课程理论的引入,为高职课程教学带来了新的面貌,于是"说课""微课"等项目便成了教师展示课程教学理论与实践水平的舞台,使教师重视"说课"甚于"上课"。但事实上,在这些项目中,学生是"缺席"的。无论教师的课"说"得有多好,最终都应该以学生的接受水平为准绳进行考量。另一个方面,教学活动事实上不是仅仅在课堂中发生的,教师的教需要通过指导学生课后的学来实现其教学目的,但教师对于学生自主学习或自主实践的关注却远远不够。

（三）教学管理与学生管理脱节

教学活动与学生活动项目纷呈,但是如同散落的珍珠,需要有一条主线将其串成珠链。而学生们也普遍认为各项活动之间内在联系需要加强。比如:各类学生活动十分丰富,但与专业人才成长相关的活动需要加强;教学要求很多,但真正深入到第二课堂的要求需要加强;各类活动很多,但学生真正感兴趣的却不多。国际商务系学生跨文化理解能力、日常沟通能力等国际商务素质这一核心竞争力提升需要两个课堂有机衔接。

二、"基于学的教"育人机制的内涵

从关键字来看,学是指学生、学法与学生管理;教是指教师、教法与教学管理。育人机制则是指系部以专业人才培养为主要功能的组织构造及其相互关系。

从整体来看,"基于学的教"育人机制建设就是强调以生为本,以学情为着眼点,以实证性的行动研究为主要方法,以强化教师与学生的链接、教法与学法的链接、教学管理与学生管理的链接为主要路径,以促进学生纵向的核心能力深化和横向的综合素质拓展为主要诉求,从而提升学生的岗位适应能力和可持续发展能力,同时实现系部内涵建设"攀越"的一项系统性工作。

通俗地讲,从教的方面而言,就是要解决教师、教学和管理"从学生中来,到学生中去"的问题;从学的方面而言,就要解决"我是谁,成为谁"的问题。

三、"基于学的教"育人机制建设的思路

"基于学的教"育人机制建设的总体思路体现在"三个维度"上,即:以"六大素能导师团队"为依托,重点拓展育人的主体维度;以"千日成长工程"为主线,重点支撑育人的时间维度;以第一、第二课堂的衔接为纽带,重点覆盖育人的空间维度,在此基础上形成立体化、系统性的育人机制。通俗地讲,这就是国际商务系特色的全员、全程、全方位"三全"育人机制。

四、"基于学的教"育人机制建设的路径

"基于学的教"育人机制建设的路径体现在"三个链接"的强化上。

(一)强化教师与学生的链接

教师与学生的链接是开展"基于学的教"育人机制建设的核心,重点做好系部"六大素能导师团队"建设,开发输入阶段评估、学习过程评估、学习结果评估的"学习评估"调查工具,使学情调研科学化、制度化,开展包括中职生源和普高生源学生学情的比较调研、专业人才培养需求调研等,积累更多第一手数据,这样教师可以更好地把握学生的特点、企业的需求,在实践中更好地引导学生成长成才。

(二)强化教法与学法的链接

教法与学法的链接是开展"基于学的教"育人机制建设的重要突破点。要进一步了解学生课堂学习、自主学习的需求,继续开展合作学习、双语教学、"零课时"英语学习模式等改革,尝试开设模块化的研讨课,探索符合商贸类专业高职学生特点的教学方法。

(三)强化教学管理与学生管理的链接

教学管理与学生管理的链接是开展"基于学的教"育人机制建设的重要抓手。重点以专业人才培养为主线,统筹人才培养方案和"千日成长工程"的整体设计,将学生的第二课堂与第一课堂紧密联系起来,丰富学生活动的内涵和形式。

五、"基于学的教"育人机制建设的载体

"基于学的教"育人机制建设的载体主要根据"认知、实践与内化"这三个学生素质养成的主要环节进行设计。学生素质提升的过程其实就是这三个环节有效衔接并螺旋上升的过程,也就是学生"千日成长"的过程。为保证上面所说的三条路径的畅通,我们本年度重点以第一、第二课堂的衔接为纽带,因循这三个主要环节来夯实"基于学的教"育人机制建设的载体。

(一)认知载体

课程是探索"基于学的教"育人机制的基础性认知载体,也是夯实三条路径的主要载体。本年度,在第一课堂,我们将围绕国际商务人才英语应用能力、国际商务素质和外经贸职业技能三大核心竞争力培养,进一步开展合作学习、双语教学等课程教学改革,探索模块化的研讨课。同时,在第二课堂充分发挥"两堂一会"作用,即国际商务系书记大讲堂、国际文化大讲堂和"一月一书"读经典书友会(人文经典和专业经典),丰富学生人文知识和专业知识学习的载体,培育良好的学风。

（二）实践载体

实践是探索"基于学的教"育人机制最生动的载体，也是夯实三条路径的高职特色载体。这里主要包括三类实践：一是社会实践，包括列入人才培养方案的明理实践和专业实践，开展志愿者服务、各类专业实习、社会调研等，重点强化学生的社会责任意识和职业担当，使学生更有"正气"；二是团学实践，重点强化国际文化节、国际商务礼仪大赛、社团活动等与专业人才培养之间的内在联系，使学生更有"洋气"；三是创新创业实践，以"挑战杯""新苗计划"项目为依托，有效链接师与生，发挥创新创业导师团队的作用，探索学生创新创业导生制，重点培养商贸类专业学生的开拓、创新能力，使学生更有"朝气"。

（三）内化载体

内化载体主要包括两个类型：一是环境载体，二是文化载体。环境载体主要是指教室和寝室，是学生的主要生活空间。文化载体则主要是指系部文化和职业文化，是学生在认知和实践活动之后凝聚的共识和价值取向。从环境载体来说，一是要打造适合学生发挥其探究精神，适合研讨的"智慧型"教室，使用无线网络、活动桌椅、移动白板和投影等设备，便于开展合作学习、研究性学习；二是结合文明寝室建设，推动系部文化进寝室，将学生的学习和生活相结合，开展寝室英语微电影大赛等活动，不仅使学生更"洋气"，也要使他们的寝室更"洋气"。从文化载体来讲，重点在于挖掘文化在课程教学中的浸润式作用，并进一步丰富两类文化的育人功能：一是系部文化，重点是从学生的视角，重新打造系部文化，强化系部的系徽、系训等文化识别系统的育人价值，并结合认知和实践活动来凝聚师生对于国商文化的共识；二是职业文化，重点发挥校会、校企合作单位的作用，强化学生的工学交替和企业见习、实习经历，使学生接受职业文化的熏陶。

诚如前文所言，教学相长既是教育活动的原始命题又是一个当代命题。因此，更加需要广大教师以现代教育理念，怀揣育人的初衷投身高职教育的内涵建设——我想这也是"基于学的教"育人机制建设的题中应有之义。

高职学生自主管理之我见

吴小妹

[摘　要]培养学生自主管理能力,是素质教育的需要,也是提高学生整体素质的需要。本文在分析当前高职学生特点及高职教育中学生自主管理的现状的基础上,对加强高职学生自主管理提出了几点建议。

[关键词]高职　学生　自主管理

一、培养高职学生自主管理能力的重要性

所谓"自主管理"是一种以学生为主体和导向的管理模式,亦即学生知道自己需要学习什么内容、到何处去寻找学习材料、如何运用恰当的学习方法、怎样取得最佳学习效果的一种管理方式。这种自主管理有两层含义:一是自己的事情自己去做;二是社会和他人的事情能主动帮助去做。

培养学生的自主管理能力,是素质教育的需要,也是提高学生整体素质的需要。高职学生身心发展已基本趋于成熟,他们正在或已经形成成熟的世界观、人生观和价值观,具有一定的道德观念和判断力。学生的自主管理可以调动其主观能动性的发挥,而且学生可以在自主管理过程中认识自我,认识自己与客体的关系,并能依此对自己的思想和行为做出独立的自我观察、自我评价和自我调节。因此,从提高学生综合素质讲,自主管理是提高学生自我意识水平和自我教育能力的需要。

二、高职学生的特点

(一)大多学生生活条件优越,以自我为中心

目前绝大多数高职学生是"90后",独生子女占大多数。大部分孩子从小娇生惯养,衣

[作者简介]吴小妹,女,汉族,1981年出生,浙江文成人,硕士,讲师,浙江金融职业学院教师,研究方向:人力资源管理。

来伸手,饭来张口,生活条件比较优越,自小长辈对其有求必应,从而逐渐形成了自私自利的性格特点。在校园生活中,往往表现为上课迟到早退、骄傲自大、目中无人,对班级活动等集体活动漠不关心,做事情以自我为中心。

(二)思想松懈,缺乏上进心

笔者在与学生交流的过程中发现,有一部分学生进入大学后就有了"如释重负"的感觉,没有目标,没有了认真学习的态度,更有甚者觉得上学只是迫于父母的要求。这些学生对待任何事情都比较消极,缺少积极性,如对学习、实习实践等,认为进入大学就是"修身养性",学习不是重要事情,缺少紧迫感,放松了对自己的严格要求。对老师的要求也会当作耳边风,作业敷衍了事,考试作弊打小抄,甚至对学校的管理不屑一顾,我行我素。

(三)眼高手低,未完全树立"大众化就业"意识

随着我国高校的扩招,高等教育已经进入了大众化阶段,大学生就业也进入了一个"大众化就业"模式的时代。但是,多数高职学生眼高手低,一方面他们自我定位比较高,没有树立大众化就业观念,在选择就业岗位时并不是根据自身的特点和能力去选择,而是把高薪、大城市等作为选择的首要因素,缺乏吃苦耐劳的精神,不愿从事体力劳动,认为工作不体面,又辛苦又赚不到钱;另一方面,自身竞争力又不强,部分学生专业知识掌握不够,动手能力差,缺乏社会经验,知识结构和能力素养与用人单位的要求差距较大,从而形成了学生眼高手低、难以就业的局面。有许多学生在实习期间不珍惜锻炼机会,经常是工作一段时间不满意就会更换新工作,这也是学生自身定位高的一个体现。

三、高职教育中学生自主管理的现状

(一)从小被管着长大,自主意识淡薄

在我们的传统教育里,学生从小到大,不管情愿还是不情愿,都要被家长管、被老师管;不论有兴趣还是没有兴趣,都要被家长灌、被老师灌。久而久之,学生便产生了这样的意识:我永远是被动接受者,他们要我做什么,我就做什么,效果怎样不管,只要能交差就行。日积月累中,学生依赖性不断增强,内动力不断消退,独立意识逐渐丧失,成为拨一拨才动一动的木偶型学生。学生迈进大学校门后,长期以来形成的被动管理和他人管理的意识无法转变,因此面对全新的大学教育和独立生活无所适从,在相当长的一段时间里消极被动,得过且过。

(二)在高职学生自主管理的过程中,教育者没能摆正自己的位置

在高职教育过程中,有一部分教育者从对学生负责的角度出发,事必躬亲,直至身心疲惫不堪,没有给学生自我管理的空间。而另一部分教育者对学生重使用轻培养,认为学生要进行自主管理,老师就应该不予干预,可以听之任之,不给任何指导和激励。实践证明,只有充分调动和发挥学生的主观能动性,教会学生如何进行自我管理,学生才会自主管理。

（三）传统的评价方式束缚了高职学生的自我发展要求

在传统的评价观里，当我们对学生进行评价时，首先想到的就是学生的考试分数，考试分数被当成衡量学生能力的标志。这种评价观可能会让部分学生形成这样一个意识：考试分数高的同学就是能力强的学生，考试分数高就会有好前途和更多的发展机会。另外，在对学生的评价过程中，很难对学生自主管理过程中得以培养的隐性综合能力给予准确的评价和体现。在这种评价方式影响下，很多学生会变得急功近利，心气浮躁，对自主管理过程中得以培养的隐性综合能力不屑一顾。

四、加强高职学生自主管理的对策建议

（一）激发学生建立自主管理的理念

我国著名教育家叶圣陶先生曾经说过，"教是为了不教"，如果把叶圣陶先生这句话运用到学生管理工作中，则是"管是为了不管"。首先，学校管理者和学工一线人员应该更新观念，要明确学生在高校学生管理工作中的主体作用，并对学生管理工作的根本目的即学生的自主管理有清晰的认识。只有在学校层面重视学生的自主管理，才能促进高职学生自主管理教育工作的开展。其次，学校要把自主管理的理念传递给学生，使自主管理真正地深入学生的内心，培养学生自主管理的意识和主动性，创造条件鼓励学生发掘潜能，主动进行自我教育和自我发展。

（二）健全与学生自主管理相适应的规章制度和运行机制

不以规矩，不成方圆，制度是和谐与效益的必备保障。要更好地发挥学生自主管理的效益，必须建立健全与学生自主管理相适应的规章制度和完善的运行机制。首先，我们应从制度上明确学生自主管理的范围、权利和义务，学工人员的职责范围、权利和义务，校方的职责和义务。其次，学校要从制度上规定允许哪些学生自治群体组织存在，这些组织具有哪些权利和义务，学生干部应该如何选举产生，程序如何，具体的运行机制如何等。最后，学院的学生工作线上必须要有专门的老师对学生的自主管理进行积极的引导和指导，使学生的自主管理发挥应有的功能。

（三）充分发挥学生骨干的作用

大学生自主管理活动不等于学生个体的分散活动。相反，在多数情况下应是有计划、有组织、有步骤地进行管理活动，其活动的组织者和指挥者，应是学校里的各级学生组织和优秀学生干部。能否充分有效地发挥各级学生组织和学生干部的积极作用，是学生自主管理成功与否的关键。依靠充分发挥学生干部的积极性，就能准确及时地把握学生的思想动态，有时还能起到老师起不到的作用。因此，在开展学生工作过程中，应加强学生干部队伍的建设，对选举出来的学生干部要充分发挥他们的示范作用，对于他们在工作中存在的偏差，要

帮助他们分析偏差产生的原因,提出改进的办法和意见,使学生干部在实践中不断增长才干。依靠学生干部参加管理,充分发挥他们的桥梁和纽带作用,就能把学生管理工作真正落到实处。

教育的成功之道乃达到不教而教,即通过教育把外在的规范内化为自身的素质,从而达到自教的目的。学生管理是一门艺术,学生自主管理是学生管理工作的有效途径,只有充分发挥学生的自主管理功能,学生管理工作才能更上一个台阶。

[参考文献]

[1] 陈建中.关于高校大学生自我管理问题的探讨[J].长春理工大学学报,2002(6).

[2] 江瑞芳.谈当代大学生的"自我教育、自我管理、自我服务"[J].福建医科大学学报,2002(12).

[3] 庞国明,郑一鸣.大学生自主管理的现状与对策[J].太原城市职业技术学院学报,2008(9).

破窗理论与学生工作管理

王文华

[摘　要]破窗理论是近年来管理学的重大成就之一。它彰显了细节管理的艺术,提醒管理者注重管理的细微之处。在学生管理工作中运用破窗理论,可以帮助管理者洞察破窗现象,分析破窗现象的产生原因,最大限度修复破窗。它有利于管理到位,使学生工作达到预期目标。

[关键词]破窗理论　学生工作　启示

破窗理论是美国政治学家威尔逊和犯罪学家凯琳根据美国斯坦福大学的心理学家詹巴斗做的一个试验而提出的。该理论认为:如果有人打坏房屋一扇窗户的玻璃而未及时修补,别人就可能受到暗示而被怂恿去打破更多的窗户。长此以往,管理混乱,人们被动消极,在此氛围中,犯罪就会滋生和蔓延。破窗理论是近年来管理学的重大成就之一。它彰显了细节管理的艺术,提醒管理者注重管理的细微之处。在学生管理工作中运用破窗理论,可以帮助管理者洞察破窗现象,分析破窗现象的产生原因,最大限度修复破窗。它有利于管理到位,使学生工作达到预期目标。

一、学生工作管理中典型的"破窗现象"

现象一:自我认知出现问题,小的情绪问题引起一连串的心理问题,影响学生的个体成长而出现"破窗效应"。

现象二:迟到、旷课、早退现象严重,一些学生纪律松散,自制力差。如果不及时制止,"破窗效应"就会产生,会有更多的学生认为这种情况是被默许的、不值一提的小事。

现象三:班级问题内部解决不彻底。不少班级在实际管理过程中,追求班级的小集体利益,出了事情不上报,自己解决问题也没有涉及问题的本质,以致学生违反了学校某项具体的规章制度之后,没有受到相应的处罚,或是处罚根本是可有可无。从表面上看,这个班级非常具有人情味,而事实上,对问题的纵容或失之以宽会使学生产生一种"其实也没有什么

[作者简介]王文华,男,1983年出生,湖北黄冈人,硕士,助教,浙江金融职业学院经营管理系辅导员,研究方向:学生工作管理。

大不了"的错觉,久而久之,遗患无穷。

现象四:在请假过程中,一些学生以欺骗等方式获得老师的请假许可,并因此而庆幸,这不仅影响其自身发展,对其他同学也产生了很坏的影响。"破窗效应"由此产生。

二、"破窗现象"形成的原因

破窗理论的核心是:"看似细微且无伤大雅的漏洞(例如破损的窗户)往往暗示着对每天接触它的人的一种预警。"——存在的是合理的,或者这种情况是默认的。人的"认知的力量"是巨大的,人们会根据自己的所见所感形成自己的认知。如我们所知,脏的场所不及时清理会越来越脏,完好的草坪只要有人在上面走路,不久便会形成一条小路。原本很讲究卫生的人,在有不少垃圾的街道上,也会毫无顾忌地扔果皮、纸屑。破窗行为的产生与人性、道德观念、教育和管理制度有关。人性是管理系统的精髓,制度是管理系统生存和发展的保障。在学生工作中进行人性教育和道德规范是十分重要的。从管理角度看,破窗行为可分为个体与群体两类。

(一)个体破窗行为

个体破窗行为最初可能出自下意识,只是在管理者未及时发现,或虽然发现但没有采取有效的措施,未及时引导、教育和修补的情况下,才会使"破窗"扩大和蔓延,使学生丧失上进心,产生颓丧心理。所以个体破窗行为除个人因素外,家庭、学校、社会对人的"教育"和潜移默化的影响也是不可忽视的。

(二)群体破窗行为往往带有明确的意识和目的

群体破窗行为实际上是一种主客体管理的冲突。其产生主要来自管理制度、规则的缺陷或负面影响。管理不当,不仅会产生破窗,而且会使已有的破窗更加严重。它会助长"投机心理"。"投机"是人的"劣根性"之一,而对于世界观、价值观尚未定型的大学生们来说,其危害是很大的。其二,从心理学角度看,破窗行为是人的一种从众心理。由于别人的行为是个人获取信息的重要来源,因而产生了是非标准的模糊性判断。犯错的同学没受到相应的处罚,其他同学就会认为这种规则制定形同虚设。别人违反纪律没事,我也可以;别人能这样做,我也可以这样做。榜样的力量是无穷的,好榜样可以教育和影响人们去保护窗户,坏榜样也可以教唆人们去打破更多的窗户。

三、"破窗理论"对学生管理工作的启示

学生工作管理中存在"破窗现象"是不容回避的事实,而不能得到及时修补的显性原因往往是学生工作管理制度本身存在问题,但深层次原因是学生工作管理者的素质和理念问题。我们提倡"宽容",但在对待学生的教育上却不能纵容他们看似不起眼的"小错误",对他

们的一点小小的苗头或趋势,都要充分重视,小题大做,这样才能教育本人,防止蔓延。具体来说,应从以下几个方面着手。

(一)明察秋毫,从细节做起

微小的瑕疵看上去似乎无足轻重,但缺陷一旦暴露出来,由此引发的后果将不堪设想。学生的日常行为,上课迟到、说话、玩手机,说粗话,乱丢垃圾,随意践踏草坪等,看似是小事,以教育的眼光看,这些小事恰恰是学生素质的外部反映,一些细小的外部行为表现往往反映出学生的内心世界。因此在日常管理中,应抓住学生的细微变化,因势利导。细心观察每一个细微之处,并找到原因。如果能够做到这些,就能修补可能出现的"破窗",并促进学生良好习惯的养成。而学生良好习惯的养成,是一项长期的、复杂的、艰辛的育人工程。关注细节,研究细节,我们才能将教育做到极致。从细微之处入手,培养学生良好的行为习惯,可谓"随风潜入夜,润物细无声","勿以恶小而为之,勿以善小而不为",应该从小处着手,深入挖掘,小中见大,从细节中生成。在防止"破窗"的问题上,我们不妨小题大做,就是要在问题发生之前及时消除学生消极的和负面的思想行为,防患于未然。无数的事实证明,只要我们将工作做在问题前面,注意防微杜渐,避免出现第一块"破窗",便会"降低发案率"。

(二)"破窗"应及时修复,也应高度肯定"补窗"行为

一方面,出现"破窗"要及时修复。学生工作管理涉及学生的生活、学习、思想等方面,工作千头万绪,"破窗"的存在是必然的。发现第一块"破窗"时,要高度警觉并及时妥善修补,如果不及时修复破窗,会带来严重的后果。譬如班内有学生违纪了,班干为了班级的荣誉或是基于对事情的片面理解,处理问题时只是轻描淡写,没有及时汇报给老师,没有在班级里予以警示,这只会导致学生是非观念模糊,不愿意承担责任。对班内其他同学而言,就会形成这样的认知:他犯错没事,我假如违纪了,也会没事的。这是一种暗示、是一种纵容,会助长更多的"破窗"行为,使许多本来完好的玻璃也难以幸免。"修补"的原则应根据损坏的程度、损坏的性质及损坏后的影响等来确定。对于性质不严重,不存在主观故意,没有造成不良影响等的损坏,简单修复即可。而对于性质恶劣、危害大、涉及面广的大问题,则需要"大修"。处理事件也要做到快、准、狠,即及时、到位、严厉。

另一方面,要高度肯定"补窗"行为。"破窗效应"的症结就是"第一扇破窗"未能及时修复,所以,"修复破窗"就显得难能可贵了。对有自觉补窗行为的同学要大力宣传和肯定。若辅导员老师能及时地通过班会等形式高度肯定这名学生的做法,其他学生也会受到鼓舞,将大大改善班集体的精神面貌。正如卢梭所言:"学生周围的事物就是一本书,使他在不知不觉中继续不断地丰富他的记忆,从而增进他的判断能力。"这种肯定的行为其实就是给学生贴标签,也就是心理学上的"标签效应",暗示着人朝着标签既定的目标发展。但是消极的标签要尽量少贴,对于学生而言应该多鼓励。以此来带动整个学生风气的转变,向着良好的方向发展。若有更多的学生有意识地去补窗,那么破窗的现象就会逐渐减少。

(三)建立学生管理工作预警及修复机制

学校的管理要有法可依,学生工作管理也应该有章可循,即要建立起防止"破窗"出现和随时修补"破窗"的机制。只有用严格的规章制度框定学生工作管理,才能有效防止不良思想和风气的侵袭、滋长和蔓延。因此,在学生工作中的首要任务就是制定严格的学生管理规章制度。当然有规则而不去执行,规则就形同虚设。故制度要严格执行,有错必究,对违规者必须及时严肃处理,防微杜渐,以维护有序的班级管理环境。辅导员老师要及时全面地了解学生的需求,并与学生工作的实际情况相结合,制定出符合实际、切实可行的管理制度,这样才能及时打消学生们的疑虑,使其了解高校学生管理模式,并在了解的基础上严格遵守。勿以事小而不惩。规章制度确立以后,总会有个别人心存侥幸,去打破有序的规章制度。迟到、旷课、早退等种种现象,看似小事,却不可以既往不咎,因为它隐藏着巨大的隐患。对犯错误学生本人来说,由于一次犯错误而未受到任何批评,可能会让他以为他的所作所为无关紧要、不值一提,因此继续做下去,结果只能是使这些学生渐渐失去判断能力和自我控制能力。而对于其他同学而言,由于他们看到"打破窗户的第一人"毫发无损,很可能加以模仿甚至变本加厉。这样下去,只能导致更多的人成为新的"破窗人"。千里之堤,溃于蚁穴,面对小恶,如果不及时果断地处理,势必导致不可收拾的大恶。所以,学生管理无小事、无小节。班级管理要适当地小题大做,要坚持"零度容忍"。另外,学生教育工作是一项长期的任务,不可一蹴而就。要做好长期的预防和修复的心理准备。因为环境在改变,学生个体也在改变,不能追求一劳永逸,而要贵在持之以恒。

总之,在学生工作管理当中运用破窗理论是大有裨益的。作为辅导员,应该将这一理论灵活地运用到自己的实际工作当中去。

[参考文献]

[1] 杨爱华,李小红.破窗理论与反腐败"零度容忍"预惩机制[J].中国行政管理,2006(4).

[2] 迈克尔·莱文.破窗:细节管理如何缔造一流企业[M].北京:中信出版社,2006.

[3] 汪中求.细节决定成败[M].北京:中国电影出版社,2007.

[4] 宋光宇,崔作家.班主任工作与"破窗理论"[J].辽宁科技学院学报,2006(3).

[5] 张维微.论"破窗理论"与高校班级建设[J].太原师范学院学报:社会科学版,2010(1).

浅谈高职院校"90后"新生入学始业教育

于玲燕

[摘　要]始业教育是高校学生管理工作的重要内容,它是帮助大学新生尽快适应大学的学习、生活,引导新生尽快成长、成才的关键步骤之一。高等职业院校新生始业教育既要关注"90后"学生的特质,同时也要兼顾高职院校新生的特点,将两者有效结合,寻求具有高职特色的新生始业教育方式和方法,引导和帮助学生健康成长、成才。

[关键词]高职院校　"90后"新生　始业教育

一、始业教育的新特点

随着全球化、信息化社会及知识经济时代的来临,我国高等职业教育已经进入深化内涵,提升质量的发展新阶段,高等职业教育作为一种类型已经明确,办学层次的提高成为高等职业教育发展新的要求。始业教育作为大学生教育的重要环节,在人才培养中起着最基础的作用,它直接关系到高职学生的在校生活质量、将来的就业和成才是否顺利。在高职院校深化内涵建设的进程中,始业教育也应当顺应时代的发展,为高职院校的内涵建设保驾护航。因而,在分析高职院校始业教育的特点,以及"90后"大学生群体特点的基础上,寻求高职院校"90后"新生始业教育的新做法,具有重要意义。

二、高职院校始业教育的特点及"90后"大学生群体特点分析

从 2008 年开始,我国高校学生基本是以"90后"学生为主力军。因而,全面正确了解"90后"学生的个体特质、思想特点成为设计新生始业教育内容的核心要素。"90后"大学生有着如下较为鲜明的群体特点。

"90后"大学生多为独生子女,生活环境相对优越,父母对其在各个方面照顾得非常周全,因而独立性较差,自我约束能力不强,特别是对网络的依赖性很强。

[作者简介]于玲燕,女,汉族,1976 年出生,广西桂林人,硕士,讲师,浙江金融职业学院信用管理教研室副主任,研究方向:信用管理、高职教育研究。

"90后"大学生独立思考能力较强,不盲从,热衷于通过自身的体验去感受和体会感兴趣的事物。他们强调自我,表现欲较为强烈,喜欢体现自身特色,因而集体意识淡薄,团队合作意识不强。

"90后"大学生易于接受新鲜事物,求知欲较强。但由于他们所处的是一个新媒体盛行的时代,借助于 BBS、QQ、博客、手机短信等方式,"90后"学生在人际交往中趋向于选择便捷、自由的沟通方式,虚拟空间活动在大学生日常生活中的分量较大,成为大学生情感宣泄的一个重要场地。另外,网络上易于获取的纷繁复杂的信息量使得"90后"大学生将放弃驻足的思考,倾向于频繁的接触。他们不能静下心来好好学习,钻研理论知识的愿望不强,相对比较浮躁。

在设计新生始业教育体系的同时,还必须兼顾高职院校的特点,如目前的高职院校都是三年制,学生在校学习时间较为短暂,与本科院校相比,大学新生的适应期较短,需要高职高专新生能尽快转变角色,较快度过适应期。另外,还需考虑高职学生的特质。高职学生与普通本科院校学生相比,具有以下特点。

(一)存在自卑心理

作为高职学生,他们当中的多数不是高考中最有实力的绝对胜出者,很多人是因高考失利,不得不进入高职院校学习,因而,高考失利的影响不容忽视,主要反映在学时的日程、日常生活和学习中,对学习不感兴趣,对所就读的高职院校的归属感不强,对未来的目标不明确,缺乏奋斗的目标和积极进取的动力,厌学情绪严重。

(二)缺乏自律意识和自理能力,缺乏学习动力

高职学生由于习惯受规章制度、家长、老师等外来约束,自我管理能力较差。主要体现在:学习上,较难实现从"要我学"到"我要学"角色的转换,在没有他人监督的情况下,自主学习能力较差,缺乏自制力,部分学生沉迷于网络、游戏,逃课、旷课现象频发。生活上,大部分"90后"学生都是独生子女,没进入高校学习之前,父母对其生活关怀备至,导致部分学生自理和独立生活能力较差。

(三)高职学生的学习情绪化较重

高职学生对于感兴趣的内容学习积极性较高,反之,对于内容枯燥的东西学习效率较低。一般而言,高职学生对实践性环节的学习兴趣明显高于理论课程的学习。在学习动机方面,高职学生的学习动机主要取决于自尊心,或者是为了自己以后能有一份好工作多挣钱以使自己和父母以后的生活好些,但学习障碍的存在使得很多高职学生表现为学习动力不足。在教学过程中,需要教师运用多种方式启发学生,帮助学生认识自我的学习动机。尤其是对于学习动机不明的学生,需运用一定的辅助措施如心理分析等帮助学生建立明确的学习动机。

三、高职院校始业教育做法探讨

针对高职学生的特点,始业教育可尝试以下做法:

可将企业新员工入职培训(orientation)的部分做法引入学生始业教育过程中。如请第三方的培训公司,采用新颖的户外拓展训练作为始业教育的一部分。这种拓展训练沿用了体验式培训的基础理论,结合信任融入方面的心理学和组织行为学研究成果,通过科学的情境设计,兼顾新人的个体行为感受、团队角色观念的树立和学校价值认同的推动,促进新生融入学校,加强新生对学校的认同感和归属感。同时,可采用"伙伴制"(Buddy System),即给每个学生配备一名热忱负责的大二学生作为"结对子"的"伙伴",随时给予新生必要的协助和指点,帮助新生尽快适应新环境、新生活。对于被选上做"伙伴"的大二学生,对其额外的付出,可给予一定的物质和精神奖励。

可借鉴美国大学新生课程模式,如开设新生讲座,由一名教师及一名高年级学生共同授课。授课内容主要包括:(1)调适期信息分享,主要目的是帮助学生充分了解、认识并能积极应对初到大学的调适期;(2)创设环境,引导学生融入团队,获得社会性支持。

上好新生始业教育第一课。在制订始业教育方案时,应将始业教育进行系统化设计。可从学院、系部、专业、班级四个层面进行分层设计,学院开展的是校史校园文化教育,系部进行的是系部文化教育,专业层面则是通过与专业主任、专业教师的交流,引导学生认识专业,建立起专业感情和学好专业的信心,班级层面则是给新生营造一个温暖的家庭氛围。

用好微博、微信等新兴网络传播手段。因为有了微博和微信,网络传播的社会化时代已经到来。顺应时代的发展,新时期的学生教育工作同样也要考虑如何用好微博、微信等新型沟通工具。在始业教育过程中,需要关注的是:改变传统的说教方式,换位思考,与学生进行互动,增强学生对学校、教师的了解和信任。在沟通内容上,尽量采用学生感兴趣的话题,引导学生思考,寻求提升自身能力的正确渠道。

教师要学会运用现代传媒手段解决问题,可借助 BBS、QQ、博客、手机短信等学生喜闻乐见的方式,以网友和博友身份与学生开展一对一平等交流,增进双方的了解,开展正面应道和全方位沟通,解决学生的思想难题。通过班级、课程、教师等各种不同类型微博,引导学生参与,走向开放、有想象力的人生。

四、结　语

高职新生始业教育任重道远,它是高职院校新生大学生涯的起点,也是对即将进入大学阶段的学生进行教育和管理的关键环节。要从高职院校新生的实际特点出发,运用他们易于接受的方式、方法,使他们能够顺利融入大学生活,完成角色的转换,引导他们成长、成才。

[参考文献]

[1] 马秀玲.浅析高职新生始业教育[J].山东行政学院山东省经济管理干部学院学报,2008 (S1).

[2] 曾彩茹.大学新生始业教育与对策分析[J].今日南国:理论创新版,2010(2).

[3] 朱燕芬,孙峰.高职院校新生始业教育特点的探讨[J].武汉船舶职业技术学院学报, 2009(4).

[4] 陈健平."90后"大学新生入学教育探析[J].延安大学学报:社会科学版,2009(2).

[5] 李仕武.高职生的群体特点及其管理对策[J].职业教育,2001(11).

对高职院校订单式毕业班学生管理工作的思考

王 丹

[摘 要]高职院校订单式毕业班的学生管理模式与普通毕业班相比,既有共性,又存在独有的个性化特征。本文从多个视角分析了高职院校订单式毕业班学生管理工作所面临的困难与挑战,并提出了学生管理工作的相应对策:以生为本,关爱学生;科学管理,讲究策略;提高班主任的综合素质和能力;加强与行业的沟通与联系;注重在实习环节与学生的联系等。

[关键词]订单式 毕业班 学生管理

一、高职院校订单式毕业班学生管理工作的特点

在高职教育的实践中,"订单式"人才培养模式是指院校针对用人单位需求,与用人单位共同制订人才培养方案,签订学生就业订单,并在师资、技术、设备等办学条件方面合作,通过学校、企业两个教学地点进行教学,学生毕业后直接到用人单位就业的一种产学研结合教育的人才培养模式。[1]学生进入订单班通常是在三年制学习过程中的最后一年,订单式毕业班的整个学年可分为两个阶段:第一个学期,根据订单式人才培养方案学习相关的理论和实务课程,这一阶段学生主要在学校;第二个学期,学生需要进入订单单位开展具体的实习,这一阶段学生主要在实习单位。因此,订单班的学生工作管理模式与普通毕业班存在着很多共性。但是,订单班本身又是根据用人单位"订单"组建而成的新班级,故存在着很多普通毕业班所没有的个性化特征。

二、高职院校订单式毕业班学生管理工作面临的困难

(一)班主任与学生相处时间短

订单式毕业班的班主任与学生相处的时间主要是订单式毕业班的第一个学期,第二学

[作者简介]王丹,女,汉族,1981年出生,吉林德惠人,博士,副教授,浙江金融职业学院投资与保险系经济学教研室主任,研究方向:金融理论与政策、区域经济。

期的实习阶段,主要采用的是通讯和网络联系的手段,因此与学生相处的时间相对较少,在不到半年的时间里与学生建立深厚的师生关系存在一定的困难。

(二)形成班级凝聚力存在较大难度

订单式毕业班的学生由于来自于各个系、各个班,互相了解不够。这些学生在原系和原班级已经学习了两年,与原班级的老师和同学已经建立了深入的感情,相对来说,对原班级可能具有更强的归属感。因此,新组建的订单式班级需要在班级管理上做出很多努力才能建立起订单班的班级凝聚力。

(三)订单式毕业班学生对校园和班级活动积极性下降

管理难度较高是毕业班学生管理中普遍存在的问题。在大三毕业班阶段,学生已经经历了初进大学校园的新鲜感,参与了各种校园活动,很多同学都已经承担过各类学生工作。因此,在大三阶段的学生对于这些活动产生了司空见惯的感觉,积极性较低。另外,由于订单式毕业班的学生基本已经确定了工作单位,学生的关注点在于是否能够顺利进入订单单位,对于订单单位的技能要求和淘汰标准较为重视,但是对于学校和班级各类考评要求的重视程度则有所降低。

(四)与学生在实习环节保持联系存在一定困难

由于学生的实习单位往往分布在不同地区,因此班主任对学生实习环节的跟踪和沟通存在较大难度。学生所在的实习单位往往在其他地区,有的学生受实习所在地区和实习环境的限制,上网都存在一定的困难。如果学生更换号码时没能告知学校,当没有其他联系方式和联系途径时,班主任就会与该名学生失去联系。

三、高职院校订单式毕业班学生管理工作的对策

(一)以生为本,关爱学生

首先,对学生一定要有爱。班主任的学生工作管理质量很难通过量化的指标进行有效的评价,班主任工作获得的物质回报也极为有限。对学生有爱才能够心甘情愿地付出,才能对学生付出足够的耐心、精力及时间。其次,要对学生给予足够的尊重。班主任的身份是特殊的,其对学生不经意的一个评价可能会对学生产生很大的影响。因此,班主任对学生的评价时必须是在足够的尊重的前提下做出的,要考虑到学生脆弱敏感的内心,千万不要轻易地做出情绪化评价。第三,班主任要主动与学生沟通,有时候学生对老师存在着敬畏的心理,需要老师迈出第一步,才能了解学生丰富多彩的内心世界,才能与学生建立较为深入的关系。

(二)科学管理,讲究策略

对于订单式毕业班的管理,不仅需要班主任的工作热情,也需要一定的管理技巧和管理策略。以浙江金融职业学院银领学院的管理方式为例,银领学院建立了专门的量化素质考核系统,对学生的职业化表现实施过程化管理,对学生的职业化道德品行、职业化技能、职业化形象、职业化态度、职业化团队意识等表现,都进行实时的量化分数考核,学生管理人员可以根据学生表现对学生进行职业素质的分数加减。学生在订单班学习的过程中随时都能够查询到自己的职业化分数,并看得到自己在班级中所处的位置,形成了对学生的有效激励约束机制。

(三)提高班主任的综合素质和能力

学生管理是一项复杂的工作,需要班主任具有多方面的能力。在对学生的教育和管理,与学生的沟通与交流中,需要包括教育学、管理学、心理学等多方面的知识,这需要班主任提升自身的能力和综合素质。对于年轻的学生,一个有人格魅力的班主任对学生的影响是巨大的。班主任的乐观态度,班主任的丰富知识,班主任的个人气质,都会感染学生,对学生的成长发挥潜移默化的促进作用。

(四)加强与行业的沟通与联系

班主任应该加强与行业的沟通,了解订单单位对学生的理论、技能、综合素质等各方面职业化要求,帮助学生顺利就业。同时,也能够令订单单位更多地了解学生,为学生安排适合的岗位和工作内容。

(五)注重在实习环节与学生的联系

在学生实习环节,班主任也要加强与学生的联系,指导学生实习,维护学生的心理健康,帮助学生应对突发状况。首先,要与学生建立多元化的联系网络。不仅要有学生自己的手机号码,还需要掌握学生家长的联系方式,也要采用 QQ、飞信、电子邮件等网络联系方式。第二,在学生顶岗实习之前,一定要强调学生更换联系方式必须告知班主任。第三,学生进入实习单位后,尽量多与学生交流实习的情况,了解学生的心理状态,针对学生的实习内容和实习环境进行个性化的指导。

[参考文献]

[1] 刘小芹.订单式人才培养的基本条件和实施效果[J].研究与管理,2004(33).

浅谈高校贫困生心理问题及解决对策

袁清心

[摘　要]贫困大学生已经成为我国高等教育发展中的热点问题,我们在关注他们的经济困难的同时,也应关注他们的"心理贫困"问题。贫困学生心理健康问题也日益成为各大高校学生思想政治教育工作的重点。从高校贫困生贫困原因入手,进行贫困生心理问题特征分析,从而提出行之有效的对策,解决贫困生的心理问题,对高校思想教育工作者开展学生教育管理工作有着重要的意义。

[关键词]高校贫困生　心理问题　解决对策

随着全国各大高校扩招和现代社会人们对高等教育观念的不断深入,人们开始越来越关注心理问题。高等学校学生尤其是贫困学生人数逐年上涨,随之而来的贫困学生因心理冲突而引发的社会问题日益突出,已经成为家长揪心、学校担心、社会忧心的重要问题。

一、贫困生定义与贫困原因

贫困生是指目前存在的家庭条件比较困难,无力支付教育费用或支付有困难的学生特殊群体。贫困生在社会、家庭、教育、生理等方面的不同,造成贫困生多样的心理冲突,如理想与现实的冲突、理智与情感的冲突、独立与依赖的冲突、自尊与自卑的冲突、求知与辨别能力差的冲突、竞争与求稳的冲突等。

当代大学生由于心理发展不成熟,情绪不稳定,当面临一系列生理、心理、社会适应的问题时,心理冲突就时有发生。这些冲突和矛盾若得不到有效疏导、引导,久而久之便会形成所谓的心理问题。虽然高校已给贫困生提供了一定特殊待遇和通道,如勤工俭学、助学贷款、学费减免等,但贫困生性格孤僻、偏执,甚至犯罪率较高等问题依然日益成为高校学生日常管理工作的重中之重,成为高校学生思想政治教育工作中的拦路虎。作为高校教育工作者,我们应对贫困生的心理问题予以重点关注,尤其需要对心理问题出现的成因及特征进行综合分析,以便在日后的工作中能更好地引导学生,预防同类事件的发生。

[作者简介]袁清心,女,汉族,1984年出生,浙江临安人,硕士,讲师,浙江金融职业学院团委副书记兼淑女学院办公室副主任,研究方向:学生思想政治等。

二、贫困生心理问题和特征分析

贫困生心理属于大学生心理的一个特殊支系,它除具有大学生心理的一般规律外,还根据学生贫困原因的不同、学校教育环境不同、班级学风不同、个人学习和社会交往能力不同而表现出不同差异。能树立正确人生观、价值观的贫困生,其心理较稳定,能够以积极进取的态度投入大学学习和生活中,而受家庭、社会特殊环境影响,个人生理或心理有缺陷的学生,容易产生各类心理问题,其主要表现有以下几方面。

(一)矛盾心理

贫困生大都有比较强的自尊心。争强好胜、不甘落后、希望得到他人的尊重,是贫困生的普遍特点。但是在独立、自尊的背后,却隐藏着复杂的矛盾心理,他们不愿意让别人了解自己的生活状况,对生活上的困难羞于启齿,缺乏坦然面对和战胜贫困的勇气,在寻求和接受资助时常常感到人格受到了伤害,别人一句不经意的话语和极其平常的举动都可能触动他们的神经。

(二)自卑心理

一般来说,相当一部分贫困大学生都存在程度不同的自卑心理。由于家庭贫困,贫困生无法得到自己渴望且需要的许多东西,物质条件的差距使得他们觉得矮人一等,不能用足够的自信心发表自己的见解、与人交流。由此造成的独来独往进一步拉远了与同学、老师的距离,造成同学关系的冷漠,老师注意力的盲区,这些又导致他们更加自卑。自卑的另一表现是自尊心过强。为了掩饰自己的自卑心理,他们忌讳一些"贫穷""落后""愚昧"等词语,与人交谈常因小事而发生争执。甚至不接受贷款、勤工助学等资助形式而自己打工。本来很希望通过一些群体活动来结交更多的朋友,但又很少参加。因为参加集体活动、社会活动有时难免需要额外的开销,他们由于家庭经济状况不好,平时节衣缩食,对这类活动只能消极退缩,把自己封闭在自我的小圈子里。由此常给人一种难于接近、态度冷漠等感觉。

(三)压力心理

20％的大学生认为贫困对学业的影响较大,因为贫困牵扯了他们更多的精力,造成更加沉重的身心负担,除了与别人一样竞争外,还必须为维持生存而奔波。贫困生心理压力表现在各个方面,其大致可分为对目前状况的压力和对将来状况的压力。对目前状况的压力主要有学杂费如何交纳,如何精打细算减少日常开支,如何完成学业,如何不被人瞧不起等。对将来状况的压力主要有如何找到高收入的工作,如何很好地报答父母,如何建立理想的家庭、事业等。由于贫困生时常将现在和未来用贫困现状进行比较,所以压力心理严重,常在考试和重大决策时表现突出。

(四)嫉妒心理

正常的嫉妒心理可以帮助人进取,但畸形的嫉妒心理会使人走向极端,甚至是犯罪的道路。由于物质基础不同,学生的学习和生活存在很多差异,部分贫困生将所有学习和生活的个体差异引申为自身贫困的原因,对家庭条件较好、学习成绩较好的学生产生强烈的嫉妒心理。有的为了满足自己的虚荣心,采取偷盗、故意破坏等行为以满足自己畸形的嫉妒心理。

三、贫困生心理问题案例分析及解决对策

笔者在做系部帮困工作时曾经碰到过这样一件事情,在评国家励志奖学金时我们的名单是根据各班主任和学生评议,再经系部审核最终确定的。学生 A 根据名单提出了异议,认为她比另外一个评上的学生 B 更贫困,系部根据这位 A 同学提出的异议进行了重新审核与调查,却发现她的各方面条件优于 B 同学,更甚至 A 同学平时的生活开销和穿着打扮都比一般的同学要好。在调查过程中,我们还发现,A 同学与 B 同学在此之前是好朋友,但因为评励志奖学金的事两个人的关系出现了恶化。

这件事情,也从侧面反映了一个现实:高校中一些真正需要帮助、真正贫困的学生没有得到应有的资助,反而一些家庭条件中等甚至优越的学生却提出了申请。通过这个事实,也折射出部分学生的价值取向问题。在当今社会一些腐朽恶劣风气的影响下,高校学生的人生观和价值观存在着很大的问题。所以作为思政教育工作者,在解决此类问题上,要从根源出发,多与学生沟通,了解学生在异常行为中的真实想法,以便更好地帮助及引导学生。且要从多方面去改善并解决这一棘手的问题。从学生角度讲,要转变消极的认识,培养乐观的人生态度,树立正确的人生观、价值观与金钱观,积极采取自助方式,减轻经济压力。从学校角度讲,学校要完善制度保障,加强心理健康教育,帮助学生走出心理误区,指导贫困生正确认识自我,确立自信、自立、自强意识。

其实,归根结底,贫困生心理问题产生的根源是在经济和自身心理上。通过几年学生工作的积累与经验,笔者认为解决贫困生心理问题的对策有以下几条。

(一)努力营造健康和谐的心理氛围

高校应通过各种措施创造有利于贫困生心理健康成长的外部环境,这是解决他们心理问题的基础。

1.淡化"贫困",保护贫困生的经济隐私权。由于"贫困"两字很容易使人们把它与"弱者"联系在一起,而贫困学生又是自尊心相当强烈的群体,如果过多地去强调、突出贫困生的"贫困"特点,这势必伤害他们的自尊心。高校应把工作做细、做实,特别是要做深入的调查研究,从新生入校开始,掌握学生家庭的经济状况,建立详细档案。高校可以设立职责单一、明确的贫困学生管理办公室,减少工作的中间环节,保护贫困学生的经济隐私权。

2.优化教育环境,拓展贫困生的心理空间。优良、健康、和谐的校园文化氛围对解决贫困生的心理问题有着潜移默化、润物无声的作用。高校应通过创造整洁、美好的校园环境,使校园内的一草一木都具有欣赏价值和教育意义,使贫困生心灵愉悦、轻松;多组织大学生喜闻乐见的活动以满足广大贫困生的需求,这些在一定程度上能抵消他们的消极、不良的心态。

3.强调世界观、人生观、价值观教育,引导贫困生用积极的态度面对现实、悦纳自我。高校在呼吁社会救助经济困难学生的同时,更要提倡对经济困难学生进行艰苦奋斗、自力更生、奋发图强的教育,向他们提供心理上的支持,引导他们树立正确的人生观和价值观,使他们能以积极、乐观的态度去面对困境和挫折,做到人穷志不穷。

(二)建立健全心理调适与疏导机制

学校应建立健全学生心理调适与疏导机制。具体说来有以下几点。

1.全面准确掌握学生的各方面情况。学生进校后,应对他们进行科学的心理普查,建立心理档案,对贫困生要更为关注。在此基础上,对有自卑、自我封闭、自暴自弃、抑郁等心理倾向的学生,要予以特别的心理辅导、干预,抑制心理冲突向人格行为问题转化。

2.高度重视大学生的心理健康教育。学校在重视所有学生的心理健康教育的同时,要充分关注贫困学生的精神世界,培育贫困学生奋发向上、积极进取的心态,树立正确的价值观念,提高自我管理、自我教育、自我服务的能力,并有针对性地开展专题讲座和心理辅导,进行危机干预。

3.开展以人际交往为主的心理训练,拓展他们积极健康的社会性人格。通过心理训练,强化他们的合作意识、责任理念等核心人格特征,帮助他们掌握人际交往的知识与技巧,增强社会交际能力,建立起和谐的人际关系。

4.建立反应迅速的学生心理危机干预网络,帮助学生渡过心理关隘。很多高校已经建立起了心理咨询机构,帮助学生缓解心理压力,对一些有心理障碍的学生也给予了不同程度的心理辅导和帮助。但是仅有心理咨询还不够,还必须要有反应快速的危机干预网络,建立心理调适与疏导机制,双管齐下,事半功倍。

(三)建立健全贫困学生激励机制

鼓励贫困学生超越自我,追求卓越。学校对贫困学生也建立了物质援助的机制,如通过发放助学贷款、建立贫困生入学绿色通道、募集社会捐赠等,这些都属于物质激励,学校更应该建立对贫困学生进行精神激励的机制,营造"贫寒中成长起来的优秀大学生更光荣"的氛围,倡导"人穷志不穷"的观念,设立贫困学生奖励项目,表彰勤工助学先进个人,广泛地宣传优秀贫困学生的事迹,通过模范示范效应,逐步使优秀贫困学生的自强自立精神,成为新时期大学校园文化的重要组成部分。

作为高校学生中的一个特殊群体,贫困生的心理问题已经受到了各大高校的极大关注。我们作为高校辅导员,应该积极探索贫困学生的思想政治教育工作的新途径,在做好贫困生"经济扶贫"工作的同时,运用科学有效的方法帮助他们"心理脱贫",及时有效地解决他们的心理问题,促使他们成长为社会主义和谐社会的建设者和接班人。

[参考文献]

[1] 董贫波,董正发,李燕军.高等学校贫困生的引导和教育[J].黑龙江高教研究,2002(5):126—127.

[2] 郝丽萍.高校贫困生消极心理现状分析及调适思路[J].杭州电子工业学院学报,2000(5):54—58.

[3] 李秀娟,赵正桥.贫困生自卑心理及其教育疏导[J].青年心理,2002(3).

[4] 李国建.高校贫困生精神贫困的成因分析及心理扶助机制的构建[J].黑龙江高教研究,2005(5):148—149.

高职学生寝室安全与文明体系建设探析

陈小腊

[摘　要]寝室对于学生的发展有着十分重要的意义,加强高校寝室管理显得尤为重要,而寝室安全与文明体系建设则是学生宿舍管理中的重要组成部分。当前,高职学校寝室安全和文明体系创建工作存在着一定的问题,如何构建新的寝室安全与文明体系,建立寝室安全与文明评价机制是摆在我们面前的一项重要任务。

[关键词]高职　寝室安全　文明体系　建设

学生寝室是高职学生在校期间重要的学习、生活场所。随着高等教育改革的不断深入和发展,我国经济、政治体制改革的不断深入和"全球化"进程的加速,传统的大学生寝室产生许多新的变化,加强大学生寝室安全和文明体系建设,全面提高大学生的综合素质,是现代教育发展的客观要求。

一、寝室安全与文明体系的基本内涵

高校寝室安全与文明体系是指高校中的有关职能部门依照既定目标和规章制度,通过一定的运行机制和思想教育来调节、规范大学生思想的协调活动,促进良好校风舍风的形成,以达到管理育人、服务育人的目的。即把一定的思想道理融汇到科学的条例、制度中,促使无形的精神力量变成有形的物质道理,从而使思想教育更加具体化、形象化。高校寝室安全与文明体系是学生宿舍管理工作的重要组成部分。学生宿舍环境的好坏会直接影响到学生的身心健康,对学生道德修养的提高、高尚情操的培养、世界观的形成都起着重要作用;学生宿舍管理情况的好坏,成为检验和衡量学校思想政治工作与有关行政部门工作成效的一把尺子,综合反映出学校管理和教育的效果。因此,加强学生宿舍管理,是学校对学生实行全面教育的一个重要环节。高校寝室安全和文明体系涵盖内容较多,概括起来,主要有以下几个方面。

学生寝室生活秩序管理。主要内容有作息制度管理、内务秩序管理、公共场所管理等。

[作者简介]陈小腊,男,汉族,1984年出生,安徽砀山人,硕士,助教,浙江金融职业学院会计系辅导员,研究方向:高校大学生思想政治教育。

学生寝室安全管理。主要内容有防火、防盗、防事故的教育管理及安全值班、门卫管理等。

学生宿舍卫生管理。主要内容有个人、寝室、公共场所环境卫生管理等。

学生宿舍水电管理。主要内容有建立健全水、电管理制度,确定管理条例,努力做好节约和安全等工作。

文明宿舍建设。主要内容有"文明宿舍""文明公寓"等评比、奖惩等。

学生宿舍的宣传、教育。对学生进行爱国主义、集体主义教育,树立正确世界观、人生观及遵章守纪、协助管理、助人为乐等方面的宣传教育,以及心理健康教育等。

二、寝室安全与文明建设的重要性

党和国家各级教育行政部门向来高度重视高校学生宿舍安全管理工作。2002 年 2 月,《教育部关于进一步加强高等学校学生公寓管理的若干意见》中指出,各地、各级教育行政部门和各高等学校,要切实加强学生宿舍的安全工作。学生住宿管理事关学生人身安全和财产安全,关系到学校正常的教学、生活秩序,关系到学校和社会的稳定,也关系到我国高等教育的改革和发展。这个文件充分说明了高校学生宿舍管理工作在整个高校教育体系中举足轻重的地位,因此必须加强高校学生宿舍管理工作。高校学生宿舍是学生日常生活与学习的重要场所,学生待在宿舍的时间占其在校时间的 1/3 以上,是在课堂之外对学生进行思想教育和行为养成教育的重要阵地,也是和谐校园建设的重要组成部分。宿舍管理是学校整体管理水平的一个"窗口",在千头万绪中,安全是整个宿舍管理工作的命脉,安全管理是抓好学生宿舍管理工作的基础和关键,也是高校学生工作者义不容辞的责任。

高职院校的宿舍是学生生活休息和学习讨论的港湾,也是学生开展自我兴趣爱好讨论交流的地方,塑造一个良好的寝室氛围,不但能够促进学生的健康发展,更能提升学生的心理健康水平,使学生在一个宽松、友好、和谐的氛围之中,得到有效的学习和健康的成长,从而为以后的工作生活和人生奠基,引导人生目标的实现,同时能够学会人际交流的原则和规则,塑造完善的人格,培养学生全方位发展的能力,打造健全和健康的人格。2004 年教育部教社政〔2004〕6 号文件指出,学生宿舍和公寓是学生日常生活与学习的重要场所,是对学生进行思想政治工作和素质教育的重要阵地。因此,在高职院校进行寝室文明建设具有十分重要的意义。

2012 年 5 月 16 日,浙江省省长夏宝龙出席浙江省高校科研成果面向企业转化推介会,会上与浙江省 31 所本科高校和 10 所高职高专院校负责人谈起学校宿舍管理的话题时说:"我去过一些学校,有些学校学生不让老师进宿舍,因为里面乱得跟狗窝似的。"他认为,天天生活在狗窝一样的宿舍,是培养不出高素质的学生来的,而且这样的环境对学生的成长、对他的视野都是一种污染。"我不管别的省,浙江省省长要求寝室要干净!"夏宝龙的一番话,引发了社会、高校和网上的一阵讨论。从夏省长这段谈话中,我们可以看到高校寝室管理的重要性,我们应该对高校宿舍管理引起足够的重视。

三、高职学生寝室管理现状

学生宿舍管理作为一种教育管理活动,理应具有教育的功能。否则,学生宿舍管理与旅店的经营没什么不同。在我国,高校宿舍管理长久以来被定位在提供学生住宿服务,着重管理生活琐事,欠缺教育功能。学校兴建宿舍,只是为了给学生安全的住所,并没有发挥促进学生发展的教育功能,也无法促进高等教育质量的提升。在高等教育环境转变及学生事务管理朝专业化发展的今天,高校学生宿舍管理如何结合学生的生活以促进学习,将是未来重要的发展方向。

近年来,随着高校后勤改革不断深化,持续扩招下学生人数的不断上升,学生宿舍的教育、管理、服务功能越来越突出,安全管理工作难度加大,宿舍的安全问题面临着诸多的新情况、新问题,学生宿舍成为学校安全事故的多发区域,并成为学校安全管理工作的重点和难点。据不完全统计,宿舍已成为违纪引发事故的"重灾区",目前高校有80%的违纪事件是在学生宿舍区发生的。而宿舍是人员密集区,一旦出现事故,将对学生生命财产构成严重威胁,因此,加强学生宿舍的安全管理尤其显得重要。当代大学生安全意识淡薄,自我防范能力不强。加强安全教育是高校教育体系的重要组成部分,体现了教育的本体功能和社会功能。目前部分高校的安全教育已不适应当前社会发展的需要,针对高职类院校学生的特点,宿舍管理部门和人员对学生的安全教育更是不能忽视的。在宿舍管理过程中,贯穿始终的安全教育是非常必要的。

大学生寝室文明是依托并通过高校学生寝室这个载体来规范学生的言行,反映和传播各种文化的现象。长期以来,高校学生寝室管理多由学生工作部门或后勤部门负责,配备管理员来执行学生寝室管理工作。新时期,学生公寓的建设为高校扩招与进一步发展带来机遇的同时,也给高校寝室文明建设工作的开展带来了前所未有的难题。近些年来,大多数高校加大力度,采取多种途径和措施来建设寝室文明,虽然取得了一些成绩,但就调查结果显示,高校在寝室文明建设中还存在着不少问题:寝室文明建设内容单一、难见特色;对大学生寝室文明建设重视不够,领导不力;后勤寝室管理与学生思想教育相脱节,限制了大学生寝室文化功能的发挥;学生寝室内不健康的文化因素较为普遍;管理体制的老化、管理人员素质层次低、管理方法落后阻碍寝室文明建设;等等。

四、构建寝室安全与文明体系的新举措

(一)制定寝室安全与文明标准相关制度

制度是管理的标尺,若没有完善的制度,那么管理也将是盲目的。随着各大高校办学规模的不断扩大,住宿学生人数急剧增加,工作内容、工作方式的不断变化对学生公寓的管理服务工作也提出了更高要求。为了适应形势要求,以制度建设为抓手,根据高校学生公寓管

理服务工作的特点,应建立诸如《寝室安全与文明标准条例》《学生宿舍管理办法》《自律寝室实施办法》《学生社区突发事件应急预案》《学生宿舍钥匙管理办法》《社区学生党员、预备党员、入党积极分子考核办法》《辅导员工作职责》《管理员工作职责》《学生宿舍管理中心安全综合管理制度》《创建文明楼、文明层、文明寝室办法》《文明寝室建设标准》《文明寝室卫生检查评比条例》《文明寝室纪律检查条例》《文明寝室评比方案》《优秀寝室长评比办法》《文明寝室公约》《协管员工作职责》等多项规章制度。这些规章制度涉及学生的学习、生活、思想、道德、室内卫生等方面,每项规章制度都有明确的可操作性,使宿舍管理、寝室文化建设工作有章可循、有法可依。

(二)建立强有力的管理与后勤服务工作队伍

高校学生宿舍在思想政治教育中也发挥着重要的作用,作为辅导员,宿舍安全管理自然是其工作的一个重要组成部分。近年来,为了更好地对大学生实施系统化管理,部分高校已开始在辅导员岗位上新增了"宿舍辅导员"岗位。学生宿舍安全管理是一项系统工程,目前高校宿舍管理部门以临时人员居多,人员构成复杂,文化素质不高,流动性较大,要做好大学生的思想教育工作有很大的难处。发挥辅导员思想政治工作的主导作用,是搞好学生宿舍安全管理工作的重要条件和可靠保证。每幢楼设立辅导员工作室,选派一批作风过硬、责任心强、工作严谨、具有学生工作经验的优秀辅导员进驻公寓,与学生同吃、同住、同学习、同生活,且相关部门要对辅导员在宿舍内的工作质量进行严格量化指标考核。辅导员要主动找学生谈心、交朋友,了解学生日常思想状况;收集学生对校风、学风、教风和领导作风的具体意见;开展心理疏导工作,指导学生开展第二课堂;及时掌握宿舍内学生动态,迅速处理突发事件。真正做到贴近学生、感知学生、引导学生。辅导员作为大学生思想政治教育的一支重要力量,直接面对和接触大学生的思想、学习、日常生活,既是学生日常思想政治教育和管理的工作者、组织者和指导者,又是大学生的人生导师,更是大学生健康成长的知心朋友。在维护与大学生有关的高校宿舍安全管理中,辅导员具有得天独厚的条件,是整个高校安全稳定工作的重要组成部分,具有无法替代的作用和地位。

班主任等学生工作者也要经常到学生宿舍"转悠转悠",参与寝室的活动,多与学生聊天谈心,结交知心朋友。寝室是学生真实地表现思想和个性的窗口,也是矛盾相对集中的地方,学生工作者若不深入宿舍,就不能正确全面地了解学生的真实状况,久而久之,学生的实际困难和呼声得不到及时解决和回应,从而对学校产生抱怨情绪。老师去寝室不要流于形式,要真正做到生活上的指导、学习上的辅导、心理上的疏导和风气上的督导。专任教师还应深入学生宿舍为基础差的学生补课,辅导学生作业,以提高学生的专业素质,培养学生的学习兴趣。如果老师能真正做到深入宿舍,那么学生工作定会有突破性的进展。

当今大学生具有较强的民主意识和参与意识,如何调动他们参与宿舍管理的积极性,发挥其能动作用,是学校工作的一项重要内容。根据管理心理学中的参与和认同理论,宿舍管理部门应当组织好学生参与宿舍的管理。成立学生自我管理委员会这样一类学生自律性组织,放手发动广大学生进行自我服务、自我管理、自我教育,让学生组织自己去管理宿舍,解决生活中的问题;同时还可以开展一些宿舍文化活动,以进一步激发学生的潜能,调动学生的参与管理积极性,提高自己的组织能力、管理能力和社交能力。

总之,队伍的建设要以分管学生工作的校领导为组长,成立寝室文化建设专门小组,各院系要结合自身特点,组建好四支工作队伍。一是院系党总支书记和思想政治工作辅导员队伍。制订活动方案,组织、检查、督促学生参加活动。二是班主任、教师党员工作队伍。要经常深入学生寝室,关心学生的学习、生活,与学生交流谈心,帮助学生解决实际困难,指导学生的学习和交往,拉近与学生之间的距离。三是学生干部寝室管理队伍。应由学生党员、学生会、分团委、学生社团、寝室长等主要学生干部组成。坚持来源于学生、服务于学生的原则,充分发挥学生干部的主体作用,通过他们的参与,团结并影响更多的学生积极参加到寝室文化建设中来。四是公寓中心管理队伍。他们是宿舍管理的后勤保障。同时,选配学生寝室长、楼层层长和楼栋楼长,及时反馈寝室发生的各种情况。

(三)建立相关管理制度

1. 加强部门协作,形成齐抓共管格局。公寓的安全需要保卫、学工、后勤之间的通力协作,目前各部门的管理职责不是很清晰,不利于公寓安全管理。在学生公寓的管理中,存在学生的管理和公寓的管理两个部分,可以把对学生的管理工作完全归口学生工作部门,后勤部门负责公寓的物业管理,这样后勤部门也能集中力量做好后勤服务工作,保卫部门负责楼内消防设施设备、学生违禁电器检查等,可以防止相互推诿和因职责交错而导致的责任不明晰。各部门之间做到"信息相互通报,工作互相监督,缺位相互补充,问题互不推诿"。

2. 加强检查巡查,定期排查隐患。公寓学生财物被盗事件时有发生,究其原因大多是学生自己疏于防范,很多同学贵重物品随意放置,而且常常人离寝室不关门,有些同学寝室钥匙乱放,给盗窃分子以可乘之机。为此应狠抓两条防线:对内,以检查为手段,强化管理,防范事故的发生;对外,应加强公寓楼值班和巡查,健全宿舍管理轮班制,宿舍管理员在确保学生宿舍安全方面起着举足轻重的作用,要他们24小时坚守岗位,并时刻关注人员出入情况确实很难做到,因而需增加人员,进一步完善轮流换班制,以防止外贼进入。公寓生活指导老师要把每周检查、每天巡查的工作落到实处,通过黑板报、温馨提示等形式在楼内增强宣传,提醒同学们加强防范意识。安排楼层长在楼内巡逻,对值班员加强纪律教育,保洁员、送水工等注意信息及时反馈。学校要在新生进校时就开展安全主题教育、消防演练培训等,并不定期强化教育。

3. 寻找安全规律,突出管理重点。关注重点时段、重点人群、重点地点、重点设施。

重点时段:根据近几年的统计表明,学生被骗最容易出现在新生刚入学的时间段,学生失窃大多出现在每天的早晚、开学、新生报到、毕业生离校、临近过年等时间段。为此要特别关注此类重点时段,加大巡查力度、密度,对学生加强宣传引导。

重点人群:成立心理危机干预组织机构,建立心理危机干预工作体系。公寓需与学工部门联系,建立楼内特殊学生档案,一起关注心理有疾、学习困难、经济困难、工作困难的学生,给予他们力所能及的帮助,并及时互通信息。

重点地点:关注高层公寓管理,加强高层电梯管理,根据高层公寓楼层高、居住学生数多、里面设施不同等特点,建立相应的高层公寓管理制度。

重点设施:公寓学生饮用的桶装水,使用的饮水机、热水器及家具、床上用品,均需经过统一资质审核、招投标后方可准入,对桶装水要求厂家每一批次定期检测,后勤监控抽查,热水器每年由厂家派专业人员定期检测维护,以防范意外事件发生。

4.经常检测维护,以防意外事件发生。对公寓的各类安全,应该做到预防在先,把隐患扼杀在萌芽状态,要做到防盗、消防、防骗、防意外、防内部矛盾、防心理疾病,完善应急预案,加强学生应急自救的技能及必备的消防知识培训。要通过公寓文化节的活动来增强学生消防知识、自我保护意识、心理疾病预防与干预等,联合保卫处,定期进行逃生演练。

公寓生活指导老师和值班员,要熟悉各类应急预案,并定期演练。要加强公寓设备设施的维保,建立设备设施的主动查检机制。公寓设施设备的检查要从过去的被动等学生报修转向报修与主动检查相结合,防范因学生不及时报修而致使隐患长期存在。后勤配合学工、保卫部门一起加强晚归早出学生的管理,防止发生意外事件。

5.注意信息收集,关心学生生活。通过定期召开学生座谈会、开展问卷调查、关注学生网络投诉情况,了解学生平时所关注的热点,建立多种信息渠道,定期将学生在公寓区的情况报学工处、保卫处等,及时互通信息,达到齐抓共管。

(四)开展一系列文化建设活动

学生宿舍是学生学习、生活的主要场所。加强学生宿舍文化建设,营造积极健康的文化氛围,对于培养学生良好的道德品质和行为习惯,规范学生宿舍的生活秩序是极为重要的。

1.建设学生宿舍文化阵地。应根据实际需要在学生宿舍开辟活动室、资料室等场地。学生在学习之余可以阅读书报,观看教育影片,开展其他文化活动。还可以根据宿舍楼情况建设宣传栏、文化长廊等设施,展示优秀人物事迹和其他主题教育信息,以教育学生、营造文化氛围。

2.积极开展宿舍文化活动。要充分利用学生宿舍的资源,组织发动学生开展丰富多彩的文化活动,如举办学生社区文化节,开展征文、演讲、棋类比赛,在节假日举办文艺会演活动等。开展文化活动要充分发挥社团组织的作用,还可以成立一些兴趣小组,开展各种学习和科技创新活动。

3.开展学生宿舍文明评比活动。为引导学生以实际行动营造健康文明的生活环境,有必要在学生宿舍开展系列文明评比活动,如"文明宿舍""文明楼栋"评选,宿舍形象设计大赛等。文明评比活动重在建设的过程,目的是要激励学生积极向上,提高文明素养,并用自己的劳动来建设自己的家园。

(五)建立信息化管理系统,完善宿舍安全设施

加强学生宿舍信息化建设就是要利用现代化的信息技术手段来开展学生宿舍管理工作,以提高管理效率,强化管理效果。一是建立学生住宿信息库,对学生住宿状况进行动态管理。二是建立学生宿舍网站或微博,通过网络平台促进学校与学生之间的信息交流,开展深入的宣传教育工作。三是建立快速的信息反馈机制,通过BBS、学生电子信箱等方式及时了解学生的意见和要求。四是加强对学生宿舍的硬件投入,如学生宿舍智能控电系统、电子门禁系统、视频监控系统、安全预警系统等,以增强对学生宿舍的进出人员管理和安全防范。同时,安装感应器,拓展"一卡通"功能,使之成为学生出入寝室楼的开门工具,这也可对学生的出入情况进行记录,减少不安全因素,防范偷窃事件的发生。

五、寝室安全与文明评价机制

　　建立和健全寝室安全与文明评价机制,是大力加强大学生基础文明建设的重要保障。学校对每个学生都要在德、智、体、美、劳等方面进行考核。一个学生的优劣应取决于以上几方面考核的总成绩,这个成绩直接影响到学生入党、评"三好"、评奖学金,甚至影响到就业的推荐,这是学生们非常重视的问题。把学生宿舍的表现进行量化,列入学校对学生的德育考核体系,并认真实施,严格管理,必然会促进学生遵守各项制度的积极性,用制度、规范约束学生在宿舍中的行为,从而使宿舍建立起正常的生活秩序,为学生开展正常的学习、生活提供良好的育人环境,保证教育过程的顺利进行,达到事半功倍之效。同时宿舍管理部门还可以做到定期检查,赏罚分明,调动高职学生创建"文明宿舍"的积极性与主动性,做好文明宿舍的评选表彰工作。学生工作部、团委、学生会可成立学生自律检查委员会,定期或不定期地组织对学生宿舍进行检查、评比、交流活动,开展"星级宿舍""美丽宿舍"等评比竞赛活动。对进步明显、成绩突出的给予表彰、奖励,对脏、乱、差的寝室则给予曝光和必要惩罚,并以此为示范点,不断激发青年学生的积极性、创造性,形成你追我赶,共同创造美的环境的竞争态势,培养集体荣誉感,帮助高职学生逐步养成良好的文明习惯,使宿舍真正成为学生之"家",促进高职学生的全面成长。

[参考文献]

[1] 于盛军.高校学生宿舍管理研究[D].大连:大连理工大学,2002.

[2] 刘翔.高职类院校学生宿舍辅导员工作实践与探索[J].人力资源管理,2010(5).

[3] 黄婷婷.高职院校学生宿舍管理工作的探索[J].今日财富,2012(4).

[4] 慕乾伟,车广杰,初磊.浅析辅导员在高校宿舍安全管理工作中的定位与作用[J].中国电力教育,2011(28).

[5] 唐青.高校学生宿舍安全管理工作探析——以北京师范大学学生宿舍管理工作为例[J].高校后勤研究,2011(2).

[6] 梅应贤.新时期高校寝室文化建设研究[D].贵阳:贵州大学,2008.

浅析高校班级管理与学生干部的培养

裘晓飞

[摘　要]高校的班级应该是学生进行自我教育、自我管理、自我服务的主要组织载体，需要更大程度地依靠学生干部，发挥他们的骨干、带头作用，团结和带领班级全体成员去建设良好的班风、学风。因此，班主任需要重视班级学生干部的选拔、培养和任用工作，造就一支具有良好素质、热心为同学服务的学生干部队伍。同时，学生在担任干部的过程中，也可以很好地锻炼自己在组织协调等各方面的能力，为踏入社会奠定良好的基础。

[关键词]高校　班级　学生干部　选拔　培养

高校学生干部是指在高校学生正式群体或组织中担任领导或管理工作的学生，他们是参与学校教育管理的一支重要力量，既是教育管理的对象，又是教育管理最基层的组织实施者。本文主要探讨高校班级学生干部的选拔与培养。

一、学生干部在高校班级管理中的作用

(一)是联系班级同学与学校和教师的纽带

高校学生干部的桥梁纽带作用是指学生干部通过一定的途径，把学校教师的有关决策、要求和信息传递给班级同学。同时，又将学生中的各种问题、意见和建议向学校和教师们反馈，做到上传下达。学生干部既是学校与学生之间的桥梁，也是学校党政领导、职能部门和教师们联系学生的纽带，在高校教育管理工作中起着上情下达和下情上传的重要作用。

(二)是优良班风、学风形成的关键

一般而言，学生干部都是在德、智、体等方面表现优秀的学生。他们有着较高的积极进取精神和较好的自我教育、自我管理、自我服务能力。一个优秀的学生干部对周围的同学起着其他方式所不可替代的榜样示范作用，因此，我们要高度重视学生干部在政治上的核心作

[作者简介]裘晓飞，女，汉族，1978年出生，浙江杭州人，硕士，副教授，浙江金融职业学院投资与保险系教师，教研室副主任，研究方向：个人理财、地方金融、金融职业教育。

用、组织上的凝聚作用、道德上的表率作用、学习科研上的标兵作用,他们在优良班风和学风的形成过程中起着至关重要的作用。

(三)是班级活动的主要策划与组织者

高校学生有着丰富的业余生活,而班级学生干部则是班级活动的主要策划和组织者,他们组织的各项班级活动可以更好地促进班级同学的融洽和班级凝聚力的形成。

二、班级学生干部的选拔与培养

既然班级学生干部在高校的班级管理中起着至关重要的作用,我们必须重视他们的选拔与培养工作。

(一)选拔品学兼优、热心服务的学生当班级学生干部

对学生的学习成绩、思想品行、工作热情和组织能力等的了解,是选拔班干部的关键。因为班干部要在班集体中起模范带头作用,要在学生群体中有一定的威信和号召力,这就要求班干部不但要成绩好,还要有一定的组织能力,以及乐于服务同学的思想境界,这样的班干部集体一旦形成,对于营造良好的班风,创建良好的班集体起着重要的作用。此外,思想正派、品行端正、积极乐观,乐于为同学服务在选拔班级学生干部时应处于最高的优先级上。

(二)培养班级学生干部的组织能力和团队合作精神

在完成班级干部的选拔以后,最好经过培训才正式"上岗"。担任过班主任的教师应该都会有这样的感觉,一进入大学就有很强组织能力的学生是凤毛麟角的,大部分学生干部选出来以后至少要经过一个月的适应期才能够初步胜任所担任的工作,因此在这段时间,班主任和辅导员老师应该有意识地对他们进行培训,让他们了解如何去进行各项班级工作,协调同学之间的关系。

同时,目前的班级学生干部往往都是有明确的岗位名称的,如班长、学习委员、生活委员、文娱委员、纪检委员等,但是很多班级管理工作往往需要多个学生干部共同协作完成,如果他们各自为政,则班级将会是一盘散沙,因此,培养学生干部的团队合作精神是加强班级管理的重要内容,必须让他们懂得只有团结合作才能将班级工作完美地完成。

(三)指导班级学生干部正确处理好各种关系

担任班级学生干部,必然会遇到各种矛盾,假如处理不好,就会影响班干部的思想情绪和工作学习。在班级管理过程中,要求班级学生干部应该尽可能做到公平、公正,以集体利益为重,以身作则,不做"老好人",讲究沟通技巧,摆正班级工作与个人学习生活的关系,与全班同学一起前进。

三、在为同学服务中提升班级学生干部的自身综合素质

学生干部岗位是对学生实施素质培养的一个大课堂,可以在培养大学生的组织管理能力,树立服务意识和社会责任感,激发创造精神等方面发挥举足轻重的作用。因此,学生干部岗位的选拔应该面向全体学生,让每一个学生都有机会接受这一实践岗位的锻炼,尤其是班级学生干部的选拔,可以采用每学期或每学年更换,由学生自由竞选等方式,鼓励更多的大学生参与到班级和学生自我管理的队伍中来,并在此过程中提升自己的综合素质。

同时,还可以通过职务轮换制的方法,让班干部轮流担任班内各种职务,在学生干部职务轮换时,要鼓励能者为先,竞争"上岗",培养班级学生干部树立竞争意识和为同学服务的意识,在管理班级事务的过程中不断创新,大胆工作,充分发挥其主动性和积极性,使班级核心力量更加坚强。

此外,学生干部要注意处理好工作与学习的关系。目前比较普遍的情况是学生干部群体的学习成绩在学校里不是最拔尖和最突出的。学生干部既是学生又是管理者的双重身份使得学生干部群体要在学习和工作两方面平衡发展。学习是学生的天职和主要任务,学习成绩仍然是评价学生能力和素质的重要指标,成绩不好会极大地影响学生干部的威信和号召力,也会影响他们自己今后的发展前途。因此,应该提醒学生干部尽可能提高工作效率,并通过分工合作减轻压在个别学生干部身上的负担,重视自身学业成绩的提高,把学习知识与培养能力有机地结合起来,成为全面发展的人才。

[参考文献]

[1] 刘显忠. 论新形势下高校学生干部基本能力的培养[J]. 重庆邮电大学学报:社会科学版,2010(1).

[2] 谢秀俤. 高校学生干部培养的理性思考[J]. 嘉兴学院学报,2010(1).

[3] 武步成,邢力婵. 对高校学生干部队伍长效机制建设的思考[J]. 山西高等学校社会科学学报,2009(3).

[4] 胡涛. 关于发挥高校班级学生干部作用的思考[J]. 理论界,2007(2).

[5] 江志斌. 高校学生干部群体行为特征分析及启示[J]. 重庆工学院学报,2005(1).

高职院校创业教育研究

朱　明

[摘　要]高校将如何正视现状,发挥自身优势,体现自己特质和打造核心竞争力? 本文将针对学院如何提升创业理念,实施创业教育,培养创业素质,进行理论思考和实践探索。

[关键词]创业　创业教育　高校

近20年来,创业教育的世界性潮流汹涌而来。建设创新型国家的战略目标对我国高校人才培养提出了新的挑战。高校开展创业教育,是培养高素质新人才,推进高等教育大众化进程,深化教育教学改革,提高就业竞争力的必由之路。

高校将如何正视现状、发挥自身优势、体现自己特质和打造核心竞争力? 以下是针对学院如何提升创业理念、实施创业教育、培养创业素质进行的理论思考和实践探索。

一、创业、创业教育的内涵

(一)创业的含义

最早提出创业(entrepreneur)概念的是理查德·坎蒂伦(Richard Cantillon)。此后,许多学者对创业进行了定义。而根据"美国创业教育之父"Jeffry A. Timmons 的定义:创业是一种思考、推理和行动的方式,它为机会所驱动,需要在方法上全盘考虑并拥有和谐的领导能力。

(二)创业教育的内涵

美国著名的创业教育研究机构考夫曼基金会对创业教育给出了一个操作性较强的定义:创业教育是一个过程,它向被教育者传授一种概念与技能,以识别那些被别人忽视了的机会,以及当别人犹豫不决时他们有足够的洞察力与自信心付诸行动;教育内容包括在风险

[作者简介]朱明,女,汉族,1965年出生,浙江杭州人,双硕士,教授,浙江金融职业学院招生就业处处长,研究方向:法学和管理。

面前的机会识别与在资源整合的前提下创办一个企业,也包括对企业管理过程的介绍,比如商业计划、市场营销等。

目前,国内学者对创业教育的认识与观点也不尽相同,他们分别从不同的角度与领域给出了对创业教育的理解。

有人认为创业教育是创新就业的一种教育和教育模式,它是以培养学生的创业意识、创业精神和创业能力为价值取向的教育,并且认为是一种以提高学生的创业素质和修养为核心的教育。还有人认为,创业教育有广义与狭义之分,广义的创业教育接近于创新教育,就是培养具有开创个性的教育;狭义的创业教育是与职业培训结合在一起的。

综上所述,我们可以这样理解:创业教育并不是让学生抛弃学业,片面地鼓励学生去创业,而是让学生在大学阶段尽可能地去接受锻炼,去学习、掌握他们在未来就业或创业的能力。

二、高校开展创业教育现状的分析

目前大多数高校在创业教育上存在以下几个问题,这些问题在我院也有不同程度的表现。

一是高校对大学生创业思想不统一,认识不足。近几年一些高校正逐步引入大学生创业教育课程和创业实践学分,但是绝大多数高校对此并没有表现出特别关注,少数高校只开设了一门创业教育课程,有些高校即使将创业教育引入了校园,也只停留在第二课堂活动层面,实施创业教育的广度、深度不够。

二是实施创业教育制度不够健全,创业氛围不浓厚。许多高校没有树立创业教育全程化、全员化的理念,没有构建科学合理、运转协调有效的组织管理体系。相当一部分高校没有足够的实训基地,无法给大学生创业提供孵化条件,使创业陷入“纸上谈兵”的尴尬。

三是创业经费总投入不足。许多高校没有设立创业教育工作专项经费,没有辟有专门场地用于创业教育、培训、实践等活动,无法满足创业工作所需的条件,不能为创业教育工作营造十分宽松的环境。

四是缺乏创业专家型师资力量。一些高校专门聘请了一些企业家、企业老总为就业创业指导师。而一些高校并没有给予足够的重视,没有专门的就业创业师资队伍,而只是由班主任、思政老师任课,从而导致创业教育课程成了思想指导课或者只是创业教育的空洞的说教。

五是没有成熟的教学手段和教学评估标准。创业教育需要根据创业型人才的培养目标,采用成熟的教学手段,建立科学、合理的评价体系。而目前大多高校教学手段不成熟、教学评估手段比较模糊,不能科学全面评价、考核学生在各个阶段、各个方面的创业意识、创业知识、创业能力和创业心理品质发展和提高的情况,激发学生的创业斗志。

三、高校实施创业教育的主要途径与方法

(一)健全创业教育制度,构建完善的创业教育体系

1.全力支持大学生创业教育。高校要把创新创业教育作为人才模式改革和教育教学改革的重要抓手,给予高度重视,要按照"统一领导,分工负责,团队协作,各显特色"的工作原则,为创业型人才培养提供组织保障和环境条件。一是要建立纵向到底的领导协调机制。学院领导是创业教育的领导者和决策者,负责创业理念、目标的确定和相关政策的制定,成立了学院大学生创业教育委员会,负责全院大学生创业教育的组织协调与策划指导工作,各系也成立了相应的创业教育领导小组,具体指导学生创业教育实践活动。二是建立横向到边的协同工作机制。学院教务处、招生与就业办等部门及各系共同参与,围绕创业教育培养目标,分工协作,各负其责,全力支持创业教育。

2.全额保障大学生创业教育经费。高校对大学生创业教育工作要给予资金、人员、场地等方面的专项支持。高校要设立创业教育工作专项经费,建设创业教育基金。高校要辟有专门场地用于创业教育等活动,对创业工作所需的条件尽量满足,为创业教育工作营造十分宽松的环境。

3.全面建设大学生创业教育基地。高校要想尽一切办法建立大学生创业教育基地,为大学生创业提供十分有利的文化环境。

(二)探索创业教育模式,创业教育全程化

高校开展创业教育要体现以人为本的理念,坚持做到全面发展与部分发展相统一,激发学生创业的热情和主动参与的兴趣;坚持渗透融合,培养学生的创业精神;坚持结合课改,将创业教育融入第一课堂和第二课堂教学,在融合中突出创业教育导向,在渗透中体现创业教育的要求。

1.要开设创业教育指导课。高校要成立大学生创业就业指导中心,全面负责学院学生创业就业指导工作。同时,要求各个院、系部成立大学生创业就业工作小组,配备一批专兼职创业就业指导老师。从大一新生进校,就开始对其进行创业教育,引导大学生正确认识自主创业的必要性和重要性,提高大学生自主创业素质,培养大学生脚踏实地的务实心理,减少和避免一些损失和失败,提高承担责任和经受挫折、战胜困难的能力。

2.多举办创业教育讲座。为提高学生创业意识和创业能力,高校要邀请省内外创业教育专家、企业老总、创业成功校友来院讲学,为大学生创业传授经验,指点迷津。

3.开展创业教育培训。高校要鼓励更多的大学生参与创业教育培训,体验到创业的艰辛与丰收的喜悦,同时积累一定的创业经验,为以后真正进入社会打下坚实的基础。

4.举办职业生涯规划大赛。一方面指导大学生科学规划职业生涯,给自己合理定位、确定职业目标,为将来创业的成功增加筹码;另一方面帮助他们树立正确的成才观和职业观,以积极乐观的态度、奉献的精神对待社会和未来的创业生活。

5.举办大学生创业设计方案大赛。高校成立大学生就业创业协会,有利于组织大学生广泛开展创业实践活动,在大学校园培养创业种子。有的同学根据自己的校园创业计划书,毕业后走上了自主创业之路。

6.制作创业教育指导专刊。创业教育指导专刊,发到每一个毕业生,对毕业生进行创业教育与指导。非毕业班新生可以通过高效的橱窗、图书馆阅读创业指导专刊,进行创业教育,提前做好创业的准备。

(三)搭建创业教育平台,创业教育具体化

加强高校创业教育,必须贯彻落实科学发展观,以培养具有扎实的基础知识、较强的实践能力的创新人才为目标,深化教学内容和课程改革,加强师资队伍建设,完善实践教学体系,统筹校内外资源,建立教育实践基础和成果孵化基地,营造良好的创业教育氛围。

1.发挥专业优势,培养创业新人。

(1)教学改革注重创业能力培养。创业教育要注重创业实践和实务,根据应用型的原则确定教学内容。同时在实践环节加强创业技能训练。实践课时要占总课时计划的40%—50%,而且专业主干核心课程的实践教学内容中的20%要由企业工程技术人员担任,毕业设计要对应企业,与企业的生产实践相结合,接受企业一线技术人员的指导和鉴定。

(2)课程改革体现创业素质培养。要根据创业教育"三位一体"的原则设置课程,通过优化课程体系,有针对性地新增有助大学生创业意识、能力、人格、综合素质培养的课程,拓宽学生自主选择的空间,以鼓励学生创新思维导向,同时改革考试方法,构建创业教育课程体系。

(3)教材建设着重创业技能培养。创业教材要精选,特别是要选择那些国内权威创业指导专家、行业专家主编的教材。各大高校也可以根据本校专业特色自主编写教材,对大学生创业给予针对性的指导。

(4)创业实践坚持创业团队形式。要以创业团队的形式,开展"产、学、研"结合的创业项目训练。

2.建设坚实的创业基地,搭建创业平台。

创办示范园、实训基地,是目前我国高校最典型的创业教育和创业实践。高校要不断加强实训基地建设,形成以扶持大学生创业为核心目标,为大学生提供创业孵化条件,培养学生、锻炼老师、带动增收、反哺教学"四位一体"的实训体系。

［参考文献］

［1］李莉丽.我国大学生创业教育运行机制研究［M］.济南:山东大学出版社,2009.

［2］孙庆珠.当代大学生创业教育［M］.北京:国防工业出版社,2010.

［3］张昊民,马君.高校创业教育研究——全球视角与本土实践［M］.北京:中国人民大学出版社,2012.

［4］郑旭煦.探索创新创业教育 深化实验教学改革［M］.成都:西南财经大学出版社,2012.

［5］谢飞.大学生就业指导与创业教育［M］.北京:北京理工大学出版社,2011.

浙江省高职院校非省内学生就业形势分析与对策
——以浙江金融职业学院为例

王立成

[摘　要]我校于 2007 年 9 月正式对省外招生,作为国家首批示范性高职院校,这是迈出的重要一步,加强省外学生就业工作成为我校又一个新的就业工作的重点。省外学生因其在生源和地域上的差异让他们在就业上受到很大限制,传统思想禁锢、心理压力大、综合能力不强、自信心不强等问题直接影响到了贫困生的就业数量和质量。本文对我院 2013 届省外学生的就业进行了分析、研究,并通过实践总结出几点经验,特提出几点观点与大家共同商榷。

[关键词]省外学生　就业　形势分析　对策

我院 2013 届毕业学生 2 309 人,其中省外学生 680 人,占毕业生总数的 29.4%。进入银行证券订单班省外学生人数仅有 124 人,占省外学生总数的 18.2%,有其他就业单位能够落实就业的省外学生 107 人,占省外学生总数的 15.7%,而未落实就业学生数为 449 人,占省外学生总数的 66%,就业形势令人担忧。

一、省外学生就业难的表现

(一)就业地域选择单一

对我院 2013 届省外毕业生的就业调查,90% 以上的省外学生就业选择了当地城市就业。一方面受传统观念影响,家庭之所以送学生到大城市读书,就是希望学生本人能够留在大城市就业,不希望学生回家乡就业。另一方面省外学生本人由于在大学三年时间里,受大城市的发展环境和学习理念的熏陶后,不愿回到家乡所在地就业,这就造成了省外学生就业地相对集中在就读学校周边的大中城市。

[作者简介]王立成,男,汉族,1983 年出生,安徽安庆人,在职硕士,讲师,浙江金融职业学院金融系学工办主任,研究方向:学生管理工作。

(二)就业生源地限制,进入银行人数少

对我院 2013 届省外毕业生的就业调查显示,85％的省外学生想进银行系统工作,而省内的银行在选择学生时最看重的就是生源地,一般来我校建立订单培养,包括招聘学生的银行大都是省内银行,而它们挑选学生的原则是生源地学生或者与生源地相近的学生,省外学生因个人生源的原因就不能进入订单班或者在招聘会上获得机会,除了极少数非常优秀的学生干部和技能尖子,其他大部分学生都不被银行接纳。

(三)个人定位过高,应聘成功率低

我院每年都要邀请省内各地银行、保险、证券公司、企业到学院举办大型招聘会,集中解决学生的就业问题,再加上分散发布的就业单位,每年由学院提供的就业岗位都在毕业生人数的 120％以上,但省外学生的个人定位过高,一味地与省内的学生进行攀比,一定要进比较好的银行和企业,选择了单位又犹豫不决,而同等条件下他们自身语言表达、个人形象、心理素质等也不是很好,造成面试成功率过低。

(四)就业定位模糊,专业水平一般

由于 2013 届省外毕业生是我院第一批对外招生的省外学生,所以省外学生不能够很快适应学院的教学模式和以后的择业目标,在大学三年时间里没有进行针对性的学习,社会实践和专业实习方面省外学生也表现一般,对实践教学兴趣不大,银行招聘时涉及技能和考证等方面的实际问题时,多数省外学生显得"囊中羞涩",没有足够的资本与他人竞争;企业招聘涉及管理等方面的实际问题时,多数省外学生也是表现平平、实践不够。

二、省外学生就业难的分析

(一)现实思想压力大

一方面此前的金融危机,造成了历届高校毕业生大量堆积,使得就业市场上劳动力供大于求的状况一升再升,应届毕业生人数又在不断上升,对于省外毕业生来说,心理压力过大。另一方面,省外学生把自己摆在省内学生的位置上进行择业,在思想上没有摆正自己的位置和所处的环境,以及自己的能力条件,但往往招聘单位要的是省内学生,造成了他们择业的思想压力增大。

(二)就业功利思想重

相当一部分省外学生仍将就业地域和待遇看得过重,对大城市、大企业、大机关和高收入、高福利、高地位单位情有独钟,不大愿意到西部、基层和中小企业去就业。在升学与就业之间、就业与创业之间省外学生毕业生多半无奈地选择就业,专升本和创业的人数比例很小。省外学生的职业选择呈现如此特点,主要受到以下三个方面因素的影响:首先是市场经

济社会的世俗化倾向。与计划经济时代所不同的是,学生对个人功利价值的认同普遍高于对社会功利价值的认同,在物质和精神两方面都想获得更多的东西,既要有好的岗位又要有很好的收入。其次是家庭成员的影响。许多省外学生家庭情况都不容乐观,他们把接受高等教育作为获得未来收益的一项重要投资,迫切希望通过就业跳出农门,收入因素相应地成为省外学生就业考虑的首选。再次是个人虚荣心的膨胀。有些省外学生认为自己好不容易才从欠发达地区考出来,怎么说也得找个有面子的好去处。

(三)自信心不强、心理问题较多

不少省外学生有强烈的自卑心理,不敢也不善于表达和推介自己,给人"底气不足"的感觉,在找工作过程中显得没有信心,较易产生消极心理。究其原因,主要出自以下三个方面:其一是习惯接受,不习惯争取。相当一部分省外学生对就业问题存在无方向状态,坐等学校给予安排的相关应聘和面试单位,而不主动走出去推销和展示自己,就业意识被动。其二是急于求成,打无准备之仗。省外学生普遍急于找到一份工作,没有做任何的自我评定和分析,择业目标不明确,就业相关材料准备不足,匆忙就业,好尽快结束这难耐的学生生涯。其三是期望过高。有些省外学生对自己有很高的发展期望,但是不对照自身条件,当现实不能满足其需要时,表现出怀才不遇、郁郁寡欢的悲观厌世情绪。

(四)综合能力普遍不强

省外学生由于大多来自教育资源有限、教育观念相对落后的农村或偏远地区,其入学时的知识面、计算机及英语应用水平、文体特长等综合素质就与城市学生有一定差距。而在大学期间,由于经济和心理等因素,许多省外学生在学习上一味注重成绩和分数,而忽略了实际应用能力和社会实践能力的培养,即使有些省外学生在校期间参加过一些活动,但由于其本身的出发点和意识而使得综合能力并未得到明显锻炼和提高。此外,由于对未来就业的目标有不确定性,在技能、考证方面还保持犹豫状态,不知道技能和考证能不能成为以后应聘的砝码。技能学习的枯燥和昂贵的考证支出更让他们徘徊不定,导致省外学生就业技能单一,这在某种程度上更降低了省外学生的就业竞争力,造成了省外学生与其他同学之间在择业上的不平等。在与同学的接触中他们往往不善言谈,缺乏必要的自信,很少担任学生干部、参加校园文化活动,因而也失去了很多展示自己、获得别人肯定的机会,并进一步阻碍了他们个性的发展。而这些综合技能素质的欠缺往往使得省外毕业生在就业竞争中处于劣势,特别是在面试求职时的表现导致他们很难受到用人单位的青睐。

三、解决省外学生就业问题的对策

(一)加强省外学生的心理教育

省外学生在就业中出现的诸多问题归结起来就是两点:一是特殊的就业特点和特殊的

就业形势;二是个人就业取向不明确,思想意识禁锢。我校学生的就业特点成为省外学生就业难的一个普遍因素,就是用人单位不要省外学生,订单班也很少要省外学生,因为我校就业大部分面向银行系统,而生源地是它们考虑的重点,省外学生的竞争力就没有了,所以加强省外学生的心理教育和形势教育就成了解决省外学生就业的首要工作。一是深入、全面地了解省外学生的思想,掌握思想教育的主动权。省外学生与一般学生有不一样的人生经历,他们当中的部分学生往往较为自卑、偏激或孤僻,但是他们更渴望被人理解和认可。因此,对省外学生的思想教育必须注意针对性。要关注其思想动向,尽可能多与其交流和沟通,疏导思想,深入了解他们的思想和生活状况不当及时地给予引导和帮助,增强其自信心。二是正确认识省外学生现象。当前,省外学生越来越多,部分省外学生由于不能正确认识自己,孤立自己,自暴自弃,或者弄虚作假,这种情况下,若帮助不当只能适得其反。因此,对省外学生必须从思想工作上抓起。一是树立正确的人生观。在看待个人提高和发展问题上,要认识到自身原因。二是帮助他们树立自强不息、奋发向上、积极进取的心态与价值观念。三是加强管理。在省外学生的日常学习、生活当中,应注意对省外学生严格要求,不能迁就、纵容其缺点与错误,应教育他们把来省外读书当作一种人生的历练,进而转化为挑战自我的勇气和不屈不挠的奋斗精神。

(二)积极稳妥地进行择业前教育

1.各系部、教研室开展工学交替和就业实习,提升实践能力。通过建立学生实习基地,鼓励学生利用假期到用人单位参加就业见习,增进与用人单位的相互了解,相互沟通,奠定就业基础,提升就业信心,增强省外毕业生就业工作的前瞻性、主动性和针对性。

2.宣传就业政策。对志愿到西部、基层及贫困地区就业的省外毕业生,国家给予一定奖励和政策支持。

3.加强就业指导。对省外学生有针对性地进行就业指导,帮助其在树立远大理想的同时,增强信心,形成正确的就业观。辅导员、班主任可以对每一个省外学生的思想动态进行收集、分析,与此同时,对发现存在心理问题的省外毕业生,及时提供专业化心理辅导。

(三)上下齐心,努力拓宽就业渠道

1.构建信息平台,畅通就业渠道,帮助省外学生降低就业成本。学校要有效畅通各类就业渠道,通过现代化的信息服务技术及时准确地将学院掌握的招聘信息通知到省外学生;要积极为省外学生和用人单位搭建多层次的交流平台,广泛调动学生工作干部和专兼职教师参与就业工作,重点照顾省外毕业生,主动帮助联系用人单位;积极组织省外学生参加校内外的招聘会,重点向用人单位推荐省外学生。

2.加强校企合作建设,为省外学生的就业铺平道路。学校和系部依据自身专业特点有针对性地与企业进行学生培养基地的建设,一方面企业可以借助学校的科研和人才优势提升企业发展水平;另一方面,学校可以把省外学生作为企业培养对象进行职业规划,提前解决其就业问题。

3.学校领导和系部领导及专业老师,积极为省外学生拓展就业渠道,走访省外相关就业单位,为省外学生提供就业岗位,做好省外学生就业信息的整理和分类,更好地对省外学生进行分类和有目的性的推荐。

4.积极做好省外学生的创业教育。学校有计划地组织省外学生参加校内外的创业比赛,邀请创业成功人士到校做讲座。积极宣传国家有关大学生创业政策,教育引导省外学生创业。积极为省外学生的创业提供创业信息,联系相关组织和个人指导、帮助省外学生实现创业。

[参考文献]

[1] 郑来运.贫困生就业初探[J].科技信息,2009(19).

试论提高大学生就业能力的主要经验和做法

王春花

[摘　要]随着社会迅猛发展和国际化水平的提高,大学生需要更多灵活的知识、积极有效的实用性指导、社会实践和工作经验。本文在简要概述大学生就业能力的基础上,从高校运行模式、创新人才培养、团学工作三个方面阐述提高大学生就业能力的主要经验和做法。

[关键词]大学生　就业能力

"当前中国大学和世界一流大学的差距,主要是在质量建设上。在过去的20—30年间,中国大学更注重的是学生数量的扩张,现在则到了重视质量的时候了。"在第四届中外大学校长论坛上,斯坦福大学校长约翰·汉尼斯这样说道。目前中国拥有世界上最大规模的高等教育,大学生的社会化程度也有了较大提高,但是随着社会的迅猛发展和国际化水平的提高,仅仅依靠理论知识再也无法适应社会发展步伐。大学生需要更多灵活的知识、积极有效的实用性指导、社会实践和工作经验,才不会在就业大军中慌忙败下阵来。在新形势下,怎样提高大学生就业能力,是需要我们去探索的一个重要课题。

一、大学生就业能力概述

就业能力,即就业力、就业技能,简而言之,就是指获取工作的能力。就业能力是一种综合能力,不局限于就业竞争力,是指个人在求职中拥有比其他人更适合的资质和条件——这种资质和条件是一系列能力、技能和心理状态的综合。例如沟通能力、适应能力、团队合作和时间管理能力等等,这些都是就业能力中的核心技能。

据中国人民大学劳动人事学院发布的《中国就业战略报告 2008—2010》,对于大学生就业能力,在校大学生认知与用人单位需求之间存在差异。在就业能力各要素中,单位认为责任心最为重要,而在学生看来,解决问题的能力才最重要;一般用人单位最看重毕业生责任心、敬业精神、口头表达能力、学习能力和解决问题能力等,而学生依次看重的是解决问题的

[作者简介]王春花,女,汉族,1982 年出生,江苏无锡人,硕士,讲师,浙江金融职业学院经营管理系学工办主任,研究方向:高校思想政治。

能力、外语能力、计划协调能力、学习能力、计算机能力。可实际上，外语能力、计算机能力、监督管理能力都被用人单位列为重要性最低的项。

二、提高大学生就业能力的主要经验和做法

(一)深入探索更加灵活、以就业为导向的高校运行模式

近年来，我院积极加强同企业合作，增设以就业为导向的新课程，创造激励学生独立性、创造性的学习环境并进行创业教育，鼓励校企战略合作转化知识，促进人才流动并确保质量，推动大学开放成为终身学习平台。

1.改变教学方法，改革专业设置及人才培养模式。在学科设立和专业设置上，以满足企业需要为出发点，全面提高教育与培训的针对性，探索和建立根据企业用人"订单"进行教育与培训的机制，并通过校企合作的内容和形式，及时调整课程设置和教学计划。学校应该安排更多的时间，设计更多的教学内容，让学生真正参与技能培养和社会实践、生产实训。

2.在专业课教学中融入就业教育。开设专门的就业指导课程，把就业教育作为就业指导课程的重要内容。就业指导不应该局限于班主任、负责就业的老师，而应全校总动员，发动专业老师加入，从学科专业方面给予更贴近的指导。有些高校开设"形势与政策"课，也涉及就业指导方面，但这还是不够的，应该专门开设就业指导课，传授职业道德、职场规则等，以达到"授之以渔"宽天地的教学效果。

在老师的指导下，通过问卷调查、参与实践等方式安排学生深入一线市场进行深入调研，了解就业现状和趋势、创业前景、市场需求等，从而对自身有一个客观的剖析，树立正确的就业观，从容面对自己的就业之路。同时，避免在就业过程中眼高手低或因挫败感而引起心理问题，出现一些极端行为。同时，健全就业指导，完善就业服务。充分发挥高校就业办"进出口"职能作用。

3.挖掘社会资源，丰富教学资源。高校要尽一切力量挖掘社会资源，丰富教学资源。各专业纷纷动脑子，邀请社会上的行业知名人士、企业老总来学校讲课、开设讲座等。积蓄校友资源，千方百计搜集就业信息。围绕"2300"校友文化主题，我院各系以分论坛、讲座等形式组织学生就学习、就业等问题与校友们进行了深入的交流。让学生产生适度的危机意识，早为就业做准备。充分利用校友资源，切实推动订单培养。听取以校友所代表的行业对学生的培养要求，在教学过程中，以"三个零"人才培养为目标，改变原来单一的培养模式，缩短行业要求和学生自身素质之间的距离，积极推进实训主导型实践教学改革。发动各种力量，努力在校友与学生之间构建就业渠道。

4.规范完善见习基地，搭建多方获益平台。机制明确任务，制度指引方向。见习基地，是一张巨大的资源网络，有助于为学生就业打开方便之门。国外研究表明，就业能力中的核心技能，如沟通能力、适应能力、团队合作和时间管理能力，主要通过见习来提升。见习经历不仅有利于就业能力的提升，而且对促进毕业生尽快从学校到社会顺利转移有显著作用。事实上，参加见习时间越久的学生，各方面表现更成熟，更接近企业对毕业生的需求方向。

同时,学校要对企业的选人标准理解透彻。单位到底需要什么样的人才?这是每个高校老师和大学生应该思考的问题。有些单位看重学生的调研能力、做方案的前瞻性和迅速积累知识的能力,有些单位认为踏实的态度比很多技能更重要,而有些单位将团队协作精神放在首位。

(二)培养创新人才,以创业带动就业

1.努力培养五大方面创新才能。近年来,国家一直在鼓励创新。在人才培养方面,也提倡培养创新型人才。高校培养创新型人才,主要是培养其以下五个方面的创新才能:一是强烈的好奇心和旺盛的求知欲;二是敢于提出质疑、挑战权威和发现问题并解决问题的能力;三是良好的交际能力和团队协作精神;四是有强烈的责任心;五是善于决策、主动思考的领导能力。

2.借鉴国外经验。在这五大方面能力的培养上,外国的经验和做法值得我们借鉴。例如,法国中央理工大学实施的课程改革中规定学生必须完成一年海外学习和一年公司实习,才能获得学位。日本京都大学鼓励一、二年级新生参加有教授参与的、涉及多个主题的小规模学术研讨会,学生不仅可以接触到最新的研究成果,还可以自由提问,对教授提出质疑。美国莱斯大学通过让学生当老师的形式,发现学生在设计课程方面的非凡创造力。麻省理工学院为学生开设团队领导、工程项目管理、实际产品开发等选修课,并提供实习机会。这些国际一流大学在培养创新型人才上的做法,尤具独特性,但也有"拿来主义"的宝贵价值。

3.结合实际,积极践行。为有创业想法的学生争取社会平台,鼓励他们参与身边举办的一些企业家论坛、创业社团,在交流中互相学习、互相勉励。同时,充分利用校友资源,组织举办杰出校友创业论坛。

根据浙商特点,开设创业讲堂,告诉想创业的学生创业者该具备的素质条件,拥有什么样的人格特质才适合创业,结合事例阐述"学习—积累—经历—再学习—再积累—再经历"的创业过程。指导学生做好职业规划,积极实践,学会解决实际问题。前提是首先要管理好自己,其次学会管理团队。明确创业动机,做好项目选择,并以积极心态面对创业,学习温州商人"平安二字值千金,冒险半生为万贯"观念,看到收益的同时,也勇于承担创业带来的风险。

当然,先就业再创业,对于缺乏社会经验的大学生来说是个比较好的选择。

(三)做实团学工作,提升学生参与度和实际能力

在新形势下,只有做实团学工作,才能提升团组织的影响力和凝聚力。如今的"90后"学生思想更活跃,个性更张扬,团学工作在守住传统阵地的基础上,要不断拓展新的内容。

1.关注学生就业心理,制定学生择业心理教育策略。随着就业市场竞争的日益激烈,高职毕业生往往在大二学期就开始关心就业问题。学生在择业认知上存在偏差,择业受挫心理准备不充分,这都需要及时引导,帮助学生做好职业生涯规划,正确把握就业期望值,将职业和自我生涯结合起来,重视自我职业长远发展,构筑成就自我事业的系统性职业价值观。在学生应聘期间,开展未就业学生或订单班落选学生心理疏导专题活动。由学生自愿报名,安排心理老师进行集体劝导,或个别面对面谈心,帮助一时就业未果的学生战胜挫折,重塑信心。

2.以"挑战杯"等创新创业竞赛引导学生职业选择。积极举办就业、创业讲座、职业规划大赛、招聘周社团活动等,通过多种形式培养学生的就业创业意识和能力,提高学生的就业素质。我院为办好"挑战杯"创新创业竞赛,积极发动全院教师力量,成立专门机构,指导学生创业团队的发展。针对学生缺乏创业经验,专业教师现身说法,帮助学生走出创业迷茫期。结合"挑战杯"项目开展一些专业活动,一次次活动、一个个项目,为同学们搭建起展示风采、提升能力的舞台,也拉近了学生与团组织的距离。通过活动让学生正确定位自身就业方向。

三、结　语

《中国就业战略报告 2008—2010》指出,高校毕业生能力普遍达不到用人单位要求是毕业生就业难的一个主要原因。它认为,毕业生就业能力不足问题在大学扩招后日益突出,高校对此应承担起相应的责任。因此,高校应该积极行动起来,改革教学模式、创新人才培养,有针对性、高瞻性地在大学教育中提升大学生实实在在的、符合社会需求的就业能力。

[参考文献]

[1] 曾湘泉,等.中国就业战略报告 2008—2010:"双转型"背景下的就业能力提升战略研究[M].北京:中国人民大学出版社,2010.
[2] 甄金智.金融危机形势下大学生如何提高就业能力[J].中国冶金教育,2010(2).

高职院校班主任管理工作探析

朱维巍

[摘　要]随着高职院校招生规模的不断扩大,高职院校生源也出现了良莠不齐的现象,给高职生的管理工作带来了极大的困难。作为高职学生管理工作的重要环节,班主任管理工作显得尤为重要。本文通过具体的案例分析,对高职院校班主任管理工作进行了深入的探析,提出"心"系学生、以"情"动人、"宽"以待人的管理特色和管理方式,并在此基础上对高职院校班主任管理工作提出了问题所在和几点要求、建议,以进一步改善当前高职院校班主任管理工作的现状。

[关键词]高职院校　班主任管理　特点　建议

一、高职院校班主任管理工作特点

(一)"心"系学生

许多人认为,小学生的班主任是"天天管",大学生的班主任应该是"月月管",一个月了解一下学生的情况就可以了,不需要每天围着学生转。可是现实中,由于高职生在生源性质、就业导向、学习方式和学习内容等诸多方面与普通高校的大学生存在很大的差别,他们情绪敏感,对未来有憧憬,但是社会应变能力偏弱,思想也容易受到外界因素的干扰,表现出许多不成熟的一面。针对高职生的这些特点,班主任管理工作更要多留意,多用心,多与学生沟通,做到"心"系学生。当学生受到挫折时,班主任应该是"心"系的发现者;当学生取得成绩时,班主任应该是"心"系的分享者;当学生遇到困惑时,班主任应该是"心"系的解惑者;当学生遭遇痛苦时,班主任应该是"心"系的疗伤者。"心"的内容很多:有"爱心",能"操心",有"耐心",还包括对班干部的"放手之心"、与任课老师的"协作之心"、对家长的"热情之心"、培养自己的"进取心"。有了这些"心",班主任与学生的距离会拉得更近,在学生眼中,班主任不再是远离他们群体的"外人",而是他们的朋友,是可以倾诉的对象。有着这种情感的积淀,班级管理工作就具备了良好的基石,便于其他工作的顺利开展。

[作者简介]朱维巍,女,汉族,1972年出生,河南焦作人,硕士,副教授,浙江金融职业学院教师,研究方向:教育学、金融管理。

(二)以"情"动人

高职院校的班主任管理工作不可能是一帆风顺的,中间的坎坷、困难只有班主任自己才深知。班主任要想推行行之有效的管理制度,在倾注精力、"心"系学生之外,还要在情感上下功夫、做文章。特别是针对高职院校的"问题学生",班主任不能简单地以粗暴和轻蔑去对待,因为这样做只能增加"问题学生"的自卑感和叛逆性。行之有效的办法是以"情"动人,这里的"情"不仅包括情感,还包括情绪。班主任是高职生最贴近的人,一旦发生问题,学生首先想到的是到班主任那里寻求帮助,而这时班主任的情感流露至关重要。体贴、关爱的情感交流不仅会温暖学生的心,而且能拉近师生的距离;耐心、周到的情绪流露可以有效缓解学生内心的不安,甚至引发学生的内疚感。因此,许多人评价好的班主任,不是折服他的管理手段是否缜密,而是钦佩于他的情感魅力。只有以"情"动人,才能真正地走入学生的情感世界,与学生产生情感和情绪上的互动。不言而喻,这样的管理才能做到"润物细无声"。

(三)"宽"以待人

严于律己、宽以待人,落实在班主任管理工作中,我们可以把它理解为:班级管理制度要认真执行,任何人不能姑息迁就,班主任要时刻保持原则性;但在管理制度的执行方式上,班主任可以迂回变通、巧妙应对,对待不同性质的问题分别对待,宽容对待学生的错误和失败。这里的宽容我们不能简单理解为放纵和置若罔闻,而是班主任对学生的一份坚持的心!坚持学生的优势、坚持学生的成长。不要小看这份坚持的心,它是推动高职生积极进取的源泉,也是高职生踏入职场的信心来源,以及未来成功的强大动力。我们经常发现这样的现象,如果高职生在校学习时经常得到班主任的关注和赞扬,通常他在今后的工作岗位上也信心十足,事业有成;如果高职生在校期间经常遭到班主任的否定和排斥,通常他进入职场后也患得患失,做事瞻前顾后。当然,宽容要做到有尺度、有原则。

二、当前高职院校班主任管理工作所面临的突出问题

(一)繁重的教学任务使得高职院校班主任压力不堪重负

目前许多高职院校采用专职教师兼任班主任的管理模式,班主任不仅是专职教师,承担学院正常的教学、科研任务,而且要承担普通高校辅导员担任的学生管理工作。双角色的压力不仅对班主任后续专业教学和科研能力的发展起到了阻碍作用,而且影响了班级管理力度和管理效能。面对繁重的工作压力,许多班主任有心无力,想抽身抓学生工作,却苦于没有太多的时间。

(二)班主任的考核激励机制还不健全

高职院校的班主任不仅承担高职生的日常管理工作,也肩负学生的就业指导工作。有人形容班主任就是学生在校期间的"保姆",甚至对学生的关注比自己的孩子还多。另外,面

对当前严峻的就业形势,在大二期间班主任就开始关注学生的就业,不仅要做好学生就业的各项指导工作,还要密切留意就业信息,为学生提供各种就业帮助。但是,班主任的能力毕竟有限,面对众多学生的就业压力更是捉襟见肘,困难重重。而另一方面,在如此繁重的工作压力和学生管理难度面前,高职院校对班主任的考核要求却是水涨船高,造成许多班主任对班级管理工作产生抵触情绪,思想负担很重,特别是在相应的激励体制不到位的情况下,高职院校班主任的积极性大打折扣。

(三)缺乏培训机制的保障,班主任素质提升工程苍白

高职院校对专职班主任普遍存在重使用、轻培养的现象。在班主任的选择上,学院注重数量而轻视质量,往往随机挖补教师填充班主任职务,很少有系统的培养计划。班主任在上岗之前也缺乏必要的学生管理内容的学习,甚至有些教师在初接手班主任职务时,对其基本的职责要求都不清楚,更谈不上实施科学的管理手段,管理成效也无从谈起。

三、提升高职院校班主任管理工作的建议

通过以上的问题分析,高职院校班主任管理工作的特点和问题跃然纸上。我们由此对班主任管理工作提出了几点建议,以便更好地促进它跃上新台阶。

(一)要对症下药,量体裁衣

高职院校不同于普通高等学校,它的学生来源具有特定性、专有性。对于高职生的班级管理工作必须要另辟捷径、对症下药。俗语说:没有教不会的学生,只有不会教的老师。对于班级管理工作而言,我们也可以理解为:没有不能管理的学生,只有不会管理的班主任。班主任要想把高职院校的班级事务做好,就必须因地制宜、量体裁衣,结合高职院校的办学特点,结合高职生的自身发展需求,因地制宜,因材施教,实施特色的管理模式。只有这样才能把班级管理工作做好。

(二)要加强沟通,从朋友做起

班主任是学生思想的代言人。对内,班主任是学生的管理者;对外,班主任是学生的宣传者和帮助者。高职院校班主任管理工作要想长抓不懈,班主任要做到与学生密切接触,沟通互动。师生关系的最高境界是朋友。朋友可以无话不说,朋友可以挺身而出,朋友可以肝胆相照。沟通从心开始,沟通以情打人,沟通以行动见成效。班主任在与学生沟通的同时,也不能忽视与学生家长之间的联系与交流,不仅可以了解到学生更为真实的生活情况,还可以掌握学生在校期间的一些具体困难,跟踪他们的思想动态,以便更好地实施个性化的管理。

(三)要变"管"为"通"

科学有效的管理模式不是简单的约束和控制,而是通畅与和谐。这里的通畅与和谐一

方面是信息的交流无阻,达到师生和谐、生生和谐的境地;另一方面是追求透明,班级事务要人人知晓,人人有发言权。管理要尊重民意,才能被民意所尊重。班主任在日常的班级管理工作中要放下身段,放下家长作风。要知道,约束和控制并不是万能的,变通一些形式的要求,也许班级管理会另有一番景象。遇到班级管理中需要处理的事务,班主任可以与学生共同参与,共同协商,共同提出解决意见;遇到班级各项评优,班主任也应该充分尊重学生意见,让选举结果更透明,做到公正、公开、公平。班主任要清楚地认识到,只有尊重学生才能获得学生的尊重。

试论新形势下高职院校辅导员的
角色定位与工作诉求

王子慷

[摘　要]我国正在大力发展高等职业教育,时代和社会的发展赋予高职院校辅导员创新学生管理工作的重要使命,而随着我国改革开放的不断深入和社会主义市场经济体制的逐步形成,各种思想文化的相互激荡和多种价值的碰撞交融,使学生的知和行难于统一,高职院校的学生管理和思想政治工作面临前所未有的挑战。作为保证高职学生健康成长成才的重要力量之一的辅导员就必须根据新形势的发展需要,创新辅导员工作理念,积极探索辅导员的角色定位,与时俱进地开创高职业院校辅导员工作新局面。

[关键词]新形势　高职院校　辅导员　角色定位　工作诉求

高职院校直接面向社会需求,主要培养高等技术应用性专门人才,以就业为导向是其办学定位。因此存在办学时间不长、学生培养时间短等不同于本科院校的特点。高职院校的学生也存在着文化基础相对较差、综合素质偏低、认同感普遍较低、思想不稳定、学习动力不足、自卑心理较重、对未来缺乏安全感、耐挫折能力不强等特点。因此,对高职院校辅导员在现实使命与工作诉求的研究上,要立足于新时期、新形势,结合高职院校的自身特点,为增强高职院校思想政治教育的实效性服务。

一、新形势下对高职院校辅导员工作面临的新挑战

《中共中央国务院关于进一步加强和改进大学生思想政治教育的意见》(中央16号文件)中明确指出,"国际国内形势的深刻变化,使大学生思想政治教育既面临有利条件,也面临严峻挑战","面对新形势、新情况,大学生思想政治教育工作还不能够适应,存在不少薄弱环节"。笔者认为,新形势对于大学生思想政治教育的挑战主要表现为以下几个方面。

[作者简介]王子慷,女,汉族,1985年出生,河北唐山人,大学本科,文学学士,助教,浙江金融职业学院教师,研究方向:高等职业教育。

(一)社会意识多样化对意识形态教育的挑战

改革开放30多年来,我党的工作重心由以阶级斗争为纲转为以经济建设为中心,我国在社会意识方面出现了多样化的状况和趋势,这对于思想政治教育来说是一个巨大的挑战。具体而言,社会意识多样化表现为以下几个方面:一是社会主义意识形态在我国占据着毫不动摇的主流意识形态的地位;二是2000多年封建社会,使我国现存着一定的封建意识残留;三是经济体制改革,使利益需求多元化,导致社会意识方面出现多样性;四是随着经济全球化的进程,各种非马克思主义意识形态逐渐渗透。

(二)社会阶层分化对学生主体的影响

伴随着计划经济体制向市场经济体制的转轨,我国进入了社会转型期,这个时期既是黄金发展期也是矛盾凸显期,由于生产力发展不均衡,我国出现了地区差异、贫富差异等问题,也由此产生了社会阶层分化的现象。社会阶层分化对思想政治教育主体的影响在学生方面具有突出表现:第一,来自不同阶层家庭的学生具有不同特点;第二,在校学生的择业方向及发展追求与阶层相关。

(三)学生就业问题对日常管理的挑战

当前,高校毕业生就业采取毕业生与用人单位双向选择的方式进行,由于盲目扩招和经济形势等方面的原因,毕业生数量与整个社会的岗位需求并不对等,因此"就业难"成为一个社会问题,而就业问题与学生日常管理之间也就出现了一些矛盾:首先是追求就业率与实际就业的矛盾;其次是在就业择业过程中的特殊情况与日常管理的矛盾;第三是"就业难"造成的心理压力无处释放而导致的毕业前集中发泄现象如何预防的实际问题。

(四)"90后"个性凸显对集体生活的挑战

计划生育基本国策的强力推行,使得我国人口数量增长减缓,但由于独生子女增多,特别是"90后"进入高校以来,个性凸显的"90后"大学生与集体生活方式不适应,给辅导员工作带来了困难,辅导员不仅要处理学生个人的有关事务,更要保证集体生活的稳定。

二、新形势下高职院校辅导员的角色定位

《普通高等学校辅导员队伍建设规定》(教育部24号令,2006年7月23日颁布)中明确指出:"辅导员是高等学校教师队伍和管理队伍的重要组成部分,具有教师和干部的双重身份。辅导员是开展大学生思想政治教育的骨干力量,是高校学生日常思想政治教育和管理工作的组织者、实施者和指导者。"上述法规在普遍意义上指出了辅导员的身份和使命,结合高职院校特点,在实际工作中,辅导员要承担以下六个方面的现实使命。

（一）学生思想政治进步的引导者

辅导员是思想政治教育的骨干力量，必须引领大学生树立马克思主义的世界观，使他们中的先进分子树立共产主义的远大理想，确立马克思主义的坚定信念。落实到实际工作中，这一使命就是要发掘并引导优秀学生加入党组织，并带动周围同学积极向党组织靠拢，形成良好的班风、学风，形成具有凝聚力和战斗力的集体，引导其实现社会价值和人生价值。

（二）学生道德品质升华的塑造者

《中共中央国务院关于进一步加强和改进大学生思想政治教育的意见》（中央16号文件）就加强和改进大学生思想政治教育的主要任务明确指出："要认真贯彻《公民道德建设实施纲要》，以为人民服务为核心、以集体主义为原则、以诚实守信为重点，广泛开展社会公德、职业道德和家庭美德教育，引导大学生自觉遵守爱国守法、明礼诚信、团结友善、勤俭自强、敬业奉献的基本道德规范。"因此，作为高职院校的辅导员，基于就业导向的办学定位，必须要加强学生的社会公德、职业道德和家庭美德教育，使学生能够在融入社会、择业就业、组建家庭过程中的行为符合道德要求。

（三）学生日常生活秩序的管理者

管理干部是辅导员的法定身份之一，因此辅导员在学生在校期间就负有对学生日常生活进行管理的权利和责任，由于辅导员要应对学生的学习、生活、就业、心理、情感等多方面的复杂局面，辅导员的管理工作在整个学校之中处于基础性地位，并且纷繁复杂，充满变数。因此，作为辅导员，必须在维持正常生活秩序的前提下，对学生进行管理。

（四）学生与学校之间的沟通者

辅导员所从事的工作是基层工作，处在与学生接触的第一线，而与此同时，辅导员又具有教师与管理干部的双重身份，这种工作性质与双重身份就决定了辅导员在工作时处在学生与学校之间，必须要在二者之间进行协调和沟通，不仅要把学校的有关规定和事务性工作通知到学生，还要把学生的意愿向学校领导反映，为信息的上传下达做出贡献，以便为学校决策提供参考。

（五）学生心理健康的维护者

《中共中央国务院关于进一步加强和改进大学生思想政治教育的意见》（中央16号文件）中明确指出："要重视心理健康教育，根据大学生的身心发展特点和教育规律，注重培养大学生良好的心理品质和自尊、自爱、自律、自强的优良品格，增强大学生克服困难、经受考验、承受挫折的能力。"高职学生普遍存在认同感低、自卑心理重、缺乏安全感、耐挫折力不强等心理方面的问题，作为高职院校的辅导员必须要重视学生的心理健康问题，向学生提供心理方面的咨询和帮助，做学生心理健康的维护者。

(六)学生走向社会的引领者

在高职院校学习时期是大学生职业生涯的重要准备阶段,大学生在校的各种活动都是职场的预演,大学生的理论知识和实践能力则是职场竞争的砝码。因此,辅导员指导帮助大学生制订职业生涯规划不但对在校学习、生活十分重要,而且对人生职业生涯有着决定性的影响。这对于大学生走向社会具有指导性意义,因此,高职院校辅导员要承担起学生走向社会的引领者这个沉重的使命。

三、新形势下高职院校辅导员的工作诉求

(一)基于学生主体需要的交往诉求

人作为社会生活的主体,会产生交往的需求,而学生作为思想政治教育的主体,也存在着交往的需求,这是一个主体性的需求。张耀灿指出,交往式思想政治教育是思想政治教育的主体间性转向的理想模式。[①] 辅导员与学生之间的交往需求成了高校辅导员在日常学生管理过程中必须面对的一项工作诉求。

(二)基于学生心理需要的倾诉诉求

人作为社会生活的主体,随着生活、工作节奏的加快,社会生活的压力逐渐加大,而高职院校以社会需求为其办学定位,其学生与社会联系更为紧密,社会生活的压力会影响到学生的校园生活,压力产生便有了释放的需求,按照心理学的一般规律,释放压力的方式之一便是倾诉,那么作为高职院校的辅导员,便需要面对学生产生这样一种倾诉诉求。

(三)基于学生发展需要的导向诉求

科学发展观的核心是以人为本,共产主义社会最终要实现人的全面发展。高职院校大学生作为一类特殊的社会人群,即将从校园迈入社会,即将开始独立面对人生,他们的发展需要一种导向。而辅导员岗位的必要功能之一就是为学生提供引导,引导学生树立正确的世界观、人生观、价值观,引导学生走向成功之路。因此,作为高职院校辅导员,必须要面对学生所提出的导向诉求。

(四)基于校园和谐需要的管理诉求

学生成长和学校发展都需要和谐的校园环境,校园和谐是学校作为学生集体生活的场所的必要条件,然而由于多种方面的原因,不和谐的因素在校园中长期存在。辅导员作为学生日常生活的管理者,面对这样的复杂局面,必须要应对多样的管理诉求,坚持原则并灵活处理多种问题,以维护校园的和谐,为学生成长、学校发展提供一个良好的环境。

---

① 张耀灿:《思想政治教育学前沿》,人民出版社 2006 年版,第 378 页。

四、对高职院校辅导员提出的新要求

基于上述新形势下高职院校辅导员面对的新挑战，根据相关文件精神，并结合其现实使命与人文诉求，笔者认为作为高职院校辅导员要从以下方面入手完善自我，增强自身驾驭全局、应对复杂局面的能力，以适应新形势的要求。

(一)加强思想政治修养，引导学生走向社会

高职院校辅导员工作的根本是着重于培养人的道德品质和道德行为，推动学生走向社会的思想政治教育。辅导员通过对学生进行爱国主义、社会主义和集体主义教育，培养他们的民族自尊心、自豪感，逐步形成正确的世界观、人生观和价值观，使他们成为自信、自强、自立的人；还要教育学生遵纪守法，遵守社会公德，遵守学校规章制度，成为一个有高度文明和道德修养的人。因此，作为高职院校辅导员，必须要加强思想政治修养，引导学生走向社会。

(二)强化业务培训，增强应对复杂局面的能力

新时期学生思想政治教育负有较为艰巨的政治任务，并且涉及社会生活的方方面面，具有较多环节，其面对的突发性和不可预测性事件时有发生，是一个复杂的综合性系统工程。辅导员站在学生工作的第一线，面临着巨大的压力和挑战，这就要求辅导员具有较强的业务能力，不仅要具备良好的组织管理能力、语言表达能力、协调沟通能力和调查研究能力，还要有驾驭复杂局面、把握大局稳定的能力。只有具备这样的素质，才能切实增强思想政治教育的预见性、科学性、实效性和针对性。

(三)树立"充电"意识，做学习型辅导员

高校辅导员肩负着培养社会主义事业可靠接班人的重任，是学生思想政治教育的骨干力量，必须有较强的政治理论基础。同时辅导员，还承担着学生就业指导、心理辅导等具有较强专业技术性的工作，为了很好地适应这些工作的需要，辅导员应该努力充实自己的专业知识、改善知识结构，让自己由事务型向学习型转变。辅导员应该积极参加相关项目与课题的研究，只有进行深入研究，才能更好地开展工作，提升工作水平。

(四)建立平等意识，与学生平等交往

随着时代的发展，社会生活中的人的主体意识逐渐增强，在大学生思想政治教育中也要注重人的主体性的发挥。辅导员在工作中是学生的引导者和管理者，在生活中要做学生的知心朋友，因此辅导员必须放下身架，与学生平等交往。在平等的条件下，才能真正了解学生的内心世界，才能真正为学生成长成才导航。否则，辅导员的工作只是停在表面，不能深入，更不能进行有针对性和实效性的思想政治教育。

[参考文献]

[1] 彭晓蓉.高职院校辅导员的职责与使命[J].文教资料,2008(4):192—193.

[2] 谈朝阳.高职院校学生工作要在创新上下功夫[J].学校党建与思想教育,2003(7):55—56.

[3] 王合清.坚持以人为本注重人文关怀和心理疏导[N].重庆日报,2008-01-21(9).

新时期高职院校党员之家可持续发展探析

谭　伟

[摘　要]近几年来,作为基层党建工作创新方式之一的党员之家,各高职院校对其建设和发展进行了众多有益尝试,使其逐渐成为基层党建工作的得力抓手和学生党员教育管理的可靠载体,但在实施过程中也暴露出不少问题。随着科学发展观的提出,"创先争优"活动大规模的掀起,以及党的十八大的顺利召开,新时期提出了新要求,高职院校党员之家如何可持续发展,将是我们面临的又一个挑战。

[关键词]高职　党员之家　发展

一、高职院校党员之家运行中存在的问题探究

(一)有"大"家,无"小"家——"家"的优势未有效发挥

由于高职院校办学规模普遍较小,学生党员人数不多,多数高职院校只设有一个院级党员之家,存在"仅此一家,别无分店"的现象。有的高职院校党员之家甚至位置较偏,加上宣传力度不够,导致出现很多学生党员找不到"家"的尴尬。有的高职院校虽在学生公寓楼也设有党员活动室,但设施简陋,缺乏专人管理,大门长年不开,甚至被挪作他用,其效果可想而知。党员之家既然是所有学生党员的"家",就应该被所有学生党员所熟知、所向往,但"仅此一家,别无分店"的局面在一定程度上导致部分学生党员与"家"无缘,无法对其进行"家教",更何况那些偏于一隅的"家"呢?

(二)硬件硬,软件"软"——"家"的"软""硬"未兼施

党员之家建设初期,各高职院校对其硬件建设给予了高度重视,不仅批准了大型建设场地,还投入大量财力,配备了电视机、电脑、会议桌椅、书架、期刊架等多种设备,购买了大量的党建图书资料、音像资料,订购了各类报纸杂志,室内装饰也颇为讲究。党员之家的硬件设施配备基本满足了运行需要,能达标过关。硬件有形,容易到位,而软件无形,同时还具有

[作者简介]谭伟,男,汉族,1979年出生,湖南湘潭人,大学本科,法学学士,讲师,浙江金融职业学院教师,研究方向:学生思想政治教育和党建。

长期性、复杂性等特点，其建设原本就比硬件建设要求更高，难度更大，再加之无经验可循、重视程度不够、认识上有偏差等原因而有所怠慢、偏"软"，譬如有的党员之家管理队伍还不够完善，机构设置仍不太合理，配套制度没有跟上，某些举措不得力等，在一定程度上导致党员之家外强中干，虚有其表，运行效果大打折扣。

（三）多理论，少实践——"家"的功能未充分延伸

学习党的知识和理论的园地，这是党员之家的重要功能之一。然而在实际运行中，许多高职院校却被一叶障目，跑偏了，过分注重该功能，甚至将该功能单一化。多会议式、自学型的知识理论教育，少动手型、自主性的实践锻炼已成常态。单一、枯燥的知识理论灌输，不仅让成员倍感乏味，同时也背离了高职院校"以培养学生动手能力为主"的人才培养目标，不利于增强党员全心全意为人民服务的宗旨意识，充分体现党员的先进性。

（四）亲成员，远群众——"家"的作用未全面辐射

不可否认，党员之家是学生党员的"家"，是所有学生党员接受教育的中心。部分高职院校正是基于这个观点而片面地认为党员之家仅仅只是学生党员接受教育的地方，最可怕之处便是甚至在很多学生的意识中也认同了只有家的成员——学生党员才能来这个"家"，这个"家"只亲近成员，与群众无缘。其所造成的局面便是：一方面，党员之家只对"家庭"成员敞开胸怀，只负责学生党员的教育和管理；另一方面，普通学生对这个"家"敬而远之，不知、不闻、不问"家事"，甚至不愿接受党员之家的教育影响，致使"家"的作用未能全面辐射，未能"惠及民众"。

（五）有组织，无纪律——"家长"过度的"放羊式"管理带来不良后效应

有的高职院校基于对学生党员思想道德素养、组织管理能力、判断辨别力等综合素质的过分信任，放手让其在这个"家"中去"自我管理、自我教育、自我服务、自我提升"。殊不知，大学生处于思想成长的关键期，容易受外界环境和个人因素的影响，如果不合理引导，其成才道路也会因之而曲折。高职学生党员由于其入党前后培养教育的时间少、理想信念还不够坚定、社会阅历浅等原因，也容易迷失方向、迷惘自我。监督管理、辨别引导的缺失，"家长"过度的"放羊式"管理带来不良后效应：党员之家虽有多类功能，成员也不少，但无法凝成一股合力，学生党员们的积极性、创造性无法被充分调动，其"自我管理、自我教育、自我服务、自我提升"的作用也未能有效发挥，有的党员之家甚至陷入"瘫痪"，出现"停工"现象。

二、新时期高职院校党员之家的目标定位和功效梳理

随着科学发展观的提出，"创先争优"活动的大规模掀起，以及党的十八大的顺利召开，我党如春潮般的新思想、新运动孕育了一个新的时期，对党的基层组织建设、党员（尤其是大学生党员）发展和培养提出了高标准和新要求。党员之家作为高校基层党建工作的一种创

新方式，必须以新时期党的重要思想精神为指引，以党开展的各项体现党的先进性活动为契机，明确目标，发挥功效。

（一）目标定位

党员之家是所有学生党员的"学生会"，但不同于其他学生组织。这个"家"是党的直属派出机构，是基层党建工作的有力抓手、有效平台，它的目标方向应当是散播党的知识理论，宣扬党的路线、方针和政策，维护党的形象，展示党的魅力；它的目标宗旨应当是学生党员、入党积极分子"自我管理、自我教育、自我提升、服务群众"；它的目标对象应当"兼容并包"，不仅只对学生党员，同时也应遍及入党积极分子和普通学生；它的目标实现方式应当是"家长"（学校）指导、"成员"（学生党员）主导、"群众"（入党积极分子和普通学生）参与的三位一体联动机制。

（二）功效梳理

围绕党员之家的目标定位，结合高职学生学制短、学生党员入党时间短、学生党建工作复杂等特点，高职院校党员之家的功效可以归纳为"三地两源"。

1."三地"是指学习党的知识和理论的园地、开展红色活动的阵地、党建骨干教育培训的基地。

基于高职学生党的知识储备少、党的理论功底浅，高职学生党员入党前后培养教育时间少等特点，党员之家应充分利用其党建资料丰富、学习条件相对优越等条件，吸引和容纳学生党员和入党积极分子，成为他们学习党的知识和理论、增强理想信念的"精神家园"；并借助内涵丰富、形式多样的红色活动载体，一方面加强对学生党员各项能力的锻炼和提升，另一方面促使学生党员走进、贴近普通学生和群众，增强"鱼水之情"。同时，作为基层党建工作有力抓手的党员之家，为弥补高职院校基层党建培养教育工作的空当，可借助自身优势，成为对入党积极分子等党建骨干的培训教育基地。

2."两源"是指获取党的方针政策和关注时事政治的信息源、学生党建和思想政治教育的辐射源。

高职学生政治觉悟偏低、时政敏感素偏少，而党员之家设施配备齐全，同时以学生党员为主力军，有条件成为广大学生获取党的方针政策和关注时事政治的信息源；与此同时，党员之家在确保学生党员教育覆盖面，抓好学生党员学习教育的同时，应积极拓展教育辐射面，扩大教育影响面，成为学生党建和思想政治教育的辐射源和助推器。

三、新时期高职院校党员之家可持续发展的策略分析

党员之家是基层党建工作的创新载体，其成长时间不长，是一个新生事物，它在有着旺盛生命力的同时，也遭遇了多样的困境和挫折。高职院校党员之家要走出目前的困境，确保可持续发展性，需要在思想指引上革新、在制度内容上变新、在教育方法上更新，制定科学的发展策略。

(一)弃旧图新,高屋建瓴,加强"家"的战略思想指引

科学发展观是马克思主义中国化的最新成果,其本质是以人为本,核心是发展,主要内容是全面、协调、可持续发展,它是新世纪从党和国家全局发展出发而提出的重大战略思想。高职院校应从传统的升学导向向就业导向转变,从封闭式的学校教育向开放式的社会教育转变。从这一点出发,高职院校的党建工作比一般高校要复杂得多。高职学生是一个特殊的群体,与普通高校学生差异显著,这就要求高职院校的党建工作加强针对性,必须注重这些差异,真正落实以人为本的理念。高职院校党建工作应当摒弃以往旧思想、旧观念的桎梏,以全新的科学发展观为指导,而作为其重要组织细胞之一的党员之家,亦应如此。党员之家在相对较短的成长历程中,之所以遭遇了不少的"瓶颈"和困境,其重要原因就是缺乏科学发展观指引,未能坚持以人为本,立足点偏离高职学生的特点和高职学生党员的特质;未能将党员之家的建设和发展全面融入高职教育和高职党建工作的血脉中,存在一定程度的脱离。不能深入研究和正确把握高职教育的规律,以及高职学生的特点、高职学生党员的特质和高职学生党建工作的特色,这就如同没有了基石和标尺,再华丽的石雕瓦砌也只是空中楼阁。因此,要确保高职院校党员之家的可持续发展,必须以科学发展观为指导,在战略思想上加强引导。

(二)内外兼修,"软""硬"兼施,强化"家"的管理职能

如同人一般,好外表有瞬间吸引眼球的优势,但这终究不能当饭吃,不能一劳永逸,人要健康活着、良好发展,更重要的是其内在机体的健全、协调与平衡,否则将大小病不断,有的甚至会病入膏肓,一病不起。高职院校党员之家硬件设施基本配备到位,但要注重实用性,设施设备要及时更新,尤其是党建图书资料、音像资料、报纸杂志等,要适应学习需求。在塑造外形的同时,更要注重"内功"的修炼。一是要合理设置党员之家内部机构,健全党员之家的规章制度,为党员之家的良性运作提供静态的组织保障和制度保障。党员之家不同于学生会等学生组织,其内部机构的设置不应庞杂,要结合其特定功能,依据实际发展需要,合理设置职能部门,并明确各自职责;要建立和形成具有长期性和系统性的工作模式,促使各项工作、活动正常化、有序化;要制定科学的规章制度,并通过专门学习、技能培训、专人监督等途径保证规章制度的落实。二是要加强党员之家管理队伍建设,为党员之家的良性运作提供动态的人才保证。一支好的管理队伍,能有效增强党员之家整体的战斗力和影响力,而好的管理队伍的形成关键在于加强各成员的能力建设。在选人时要严格把关,把那些素质较高、能力较强的学生党员吸纳进来;"入关"后,要强化培训,进一步提升人员能力,与此用时,鉴于高职学生党员相对"稚嫩"的特点,学校管理部门应加强监督,并可仿照社团导师聘任制度,聘请导师给予指导。在加强监督和指导的同时,要适"度",既不可变成凡事都揽的"专制",也要杜绝过度的"放羊式"管理。

(三)延伸教育手臂,扩展势力领地,充分发挥"家"的优势

高职学生党建工作的着力点主要是在各(院)系的党总支、党支部,而党员之家无疑又是基层党组织加强党建工作的绝佳平台。鉴于高职学生党员素质参差不齐,结构分布

不平衡等特点,为让基层党组织能更有针对性地开展工作,应该打破"仅此一家,别无分店"的局面,需要在各(院)系,甚至是学生公寓建立党员"小家",延伸党员之家的教育手臂。同时,高职院校普遍实施"工学结合"、毕业实习等,为让在外实习的学生党员能时刻感受到"家"的存在和温暖,应充分借助网络平台,建立网上党员之家和QQ联系群等,扩展"家"的势力领地。"大"家有大的好处,"小"家有小的优势,大小并存,有机结合,方能充分发挥"家"的优势。

(四)化"无形"为"有形",从单一走向多元,充分延伸"家"的功能

许多高职院校党员之家仅注重知识理论教育功能,未关注学生的全面、可持续发展。这与目前在高校学生党员教育过程中,普遍存在重理论教育、轻实践锻炼,重入党前教育、轻入党后培养等问题不无关系。高职学生党员的先进性主要体现在掌握技术过硬,具有较高的实践能力和创新能力上。因此,党员之家既要着眼于学生思想上的入党,更要着力于学生行动上的入党,其"家教"功能应从单一"无形"的理论教育走向多元"有形"的实践锤炼,在加强知识理论学习教育的同时,更应搭建新的平台,增加能有效锤炼和增强高职学生实践能力、创新能力的实践内容,如建立各类示范岗,开展各项志愿服务、结对帮扶活动等,使"家"的功能充分延伸,这不仅符合高职院校"以培养学生动手能力为主"的人才培养目标,也有利于增强党员全心全意为人民服务的宗旨意识,充分体现党员的先进性。

(五)催化主体意识,变被动为主动,全面辐射"家"的作用

由于高职生的自律意识普遍低于本科生,且许多高职院校是从中专升格而成的,因而沿用了中专那种"保姆式"管理,过多强调教育管理者的主导地位,忽视学生的主体意识,在一定程度上抑制了学生的主动性和创造性,导致多数学生(也包括部分学生党员)主动性不够,自觉性较低,创造力偏弱。很多高职院校党员之家成员主体意识薄弱,服从多,能动少,导致活动开展不力,效果不佳。高职院校党员之家要想有效发挥其成员"自我管理、自我教育、自我提升、服务群众"的作用,在监督管理上适度放手的同时,还必须通过制订科学的考核激励机制,采取适宜的举措手段,如实行学生党员挂牌制、示范承诺制、设岗定责等,促使学生党员主动亮出身份,自觉加压,催化其主体意识,变被动为主动,主动走进群众,模范带领群众,融洽党群关系,成为党员之家作用的辐射点。党员之家的作用在借助人这个载体得以扩散的同时,还必须借助党员"大家""小家"、网上之家等载体,吸引和吸收入党积极分子、普通学生参加各种学习教育活动、实践锻炼活动,有效拓宽教育辐射面,扩大教育影响面。

[参考文献]

[1] 李波.高校党员之家合理定位与持续发展研究[J].佳木斯教育学院学报,2010(4).

[2] 郑志龙.以科学发展观为指导 创新高职院校党建工作[J].学理论,2009(10).

[3] 周超,孙鹏程,李卫星.依托高校学生党支部建立红色社团初探[J].扬州大学学报:高教研究版,2009(2).

［4］林青红.加强高职院校学生党员教育管理的几点思考［J］.河北广播电视大学学报,2009
(5).

［5］张帆.论教育大众化条件下高职学生党员教育的特点和规律［J］.湖南医科大学学报:社
会科学版,2009(5).

［6］夏学文.高职院校学生管理新模式探讨［J］.职业教育研究,2007(5).

高职院校朋辈辅导刍议

刘婷婷

[摘　要]朋辈辅导又称朋辈心理辅导,是学生思政工作中的一种新兴探索模式,指的是在学生群体中相互给予心理安慰、鼓励、劝导和支持,提供一种具有类似于心理咨询功能的帮助活动。高职院校中开展朋辈心理辅导活动对提高和促进学生的心理健康水平具有重要意义,同时也有利于探索高校心理健康教育的新思路。

[关键词]朋辈辅导　高职院校　心理健康

高校学生心理健康问题越来越引起社会关注,以全体学生为服务对象,以发展为主、治疗为辅的发展性心理辅导理念日益成为共识。为了弥补专业心理辅导人员的不足,培养具有一定心理辅导理论和技能的非专业人员的做法应运而生。其中最具推广普及价值的辅导方式为由大学生做辅导员的朋辈心理辅导。

一、朋辈辅导的内涵

(一)朋辈辅导的基本内容

朋辈辅导(Peer Counseling)是指在人际交往过程中,由经过培训或辅导的非专业人员通过心理安慰、劝导、支持和鼓励等方式,为辅导对象提供具有心理辅导功能的帮助的过程。经过一定短期培训的朋辈心理辅导员,对周围需要心理帮助的人提供的心理咨询与心理辅导,并在日常学习和生活中自觉开展心理知识普及、心理问题探讨、心理情感沟通、心理矛盾化解、心理危机干预等活动,帮助他人解决日常遇到的心理困扰,推动周围群体的互助、关怀、支持,实现"自助式"成长模式是朋辈辅导的一大特点。有别于一般性质的聊天或专业心理医师提供的咨询,朋辈辅导一般组织程序包括了解学生心理状况、朋辈辅导候选人的甄别、对候选人开展培训、确定最终名额、辅导他人、对辅导效果进行评估等。朋辈心理辅导可以有团体辅导、个别辅导、心理热线及宣传活动等多种形式。朋辈团体心理辅导在高校的推

[作者简介]刘婷婷,女,汉族,1982年出生,吉林长春人,硕士,讲师,浙江金融职业学院教师,研究方向:马克思主义与思想政治教育学原理。

广性高,其具有示范性、共融性、启示性和疏导性等特点,易为学生所接受。

朋辈辅导始于 20 世纪 60 年代的美国,最初主要集中在各级学校里,之后,因其成效较为明显并易于推广,逐渐在企业、社区、医院、宗教团体等各种不同的组织得到了发展。目前,美国已经有许多朋辈辅导协会,其中既有全国性的协会,也有遍布各州的州级协会。我国的朋辈辅导活动最先始于台湾地区和香港地区,也是目前发展较好的地区,相当多的大专院校已经开展了数年的朋辈辅导活动。相比之下,内地高校的朋辈心理辅导尚在起步阶段,包括许多心理辅导者在内的许多人还对此比较陌生,对于许多高校特别是高职院校来说仍然是一个比较新的辅导模式。

(二)朋辈辅导的理论基础

1.人本主义心理学。人本主义认为充分尊重人与人之间的相互依存关系是一切活动所必须遵循的基本原则。它提出的理念包括:(1)以他助—互助—自助为机制。心理咨询是一种积极的人际互动过程,同龄伙伴有共同的爱好、价值观和文化背景,彼此之间容易理解、沟通。(2)相信人是有能力、有价值、有责任感的,应该得到相应的尊重和信任。(3)心理咨询是一种民主性的助人自助的过程。

2.社会学习理论。从社会学习的观点来看,同伴是强化物。同伴间的互动,往往强化或惩罚了某种行为,从而影响该行为出现的可能性。此外,同伴还提供了行为的榜样和社会模式。在还没有足够的能力来评价自己行为的效果之前,同伴的行为可以作为衡量自己的尺码。另外,同伴之间的竞争还是个体自我效能感的重要来源。社会学习理论强调示范是学习效果的一个重要影响因素。当受教育主体亲身观察到示范的行为后就会效仿,但要成功地效仿和学习,受教育主体还必须有机会去实践这种行为,而且得到正强化。示范影响个体学习效果的程度依赖于模范和学习者的特征,以及学习者能体察到的模仿行为的后果,包括模范的可信度和行为的强化。同伴教育应用人们分享知识和技能的方法,用同伴的正确言行为典范,影响受教育者,这不仅能使同伴教育者自身受益,而且使受教育者也获得进步,取得"双赢"的结果。另外,由于同伴教育者与受教育者的持续接触,还能强化对受教育者的影响。

3.亚文化理论。亚文化理论认为,世俗的反叛者沿袭着一套反映自己价值观和行为的亚文化,特定的群体会拥有特殊的亚文化。因此,心理健康促进项目可以在某些亚文化圈内开展,以应用其独特的人际网络和信息传播途径。在高校,由于同学们双方都生活在同一环境中,又有相似的求学经历,因此对事物的理解与评价也比较一致,一般容易取得共识。此时同伴教育者就可结合自己所学到的知识与同伴进行探讨,提供较为正确的指导和可行性建议,感觉上较缓和、轻松,比教师的教育更有优势。

4.革新沟通理论。团体革新的关键力量是团体中思想观点的主导者,团体的革新需要通过他们与团体一般成员的交流而更好地实现。这些主导者通常与团体一般成员有相似的特征,但也有不同之处,如对心理学的知识掌握得较多、性格宽宏大量、更热情、更富于创造精神等。团体成员之所以承认他们并受他们影响是因为觉得他们更具竞争力、影响力、更可信。

5.发展的群体社会化理论。如何看待同伴群体对个体与社会化的影响呢?发展的群体社会化理论认为,父母行为对儿童心理特征的形成无长期效应,同伴群体才是心理功能的主要环境影响因素。个体的社会化源于对某个群体的认同,即将自己归入到一个特定的群体中,并与其他群体进行比较和区分。例如,一些青少年反社会行为的干预,如果采用群体干预的方法,效果适得其反,因为青少年社会在这样的群体中更容易相互学习,从而形成类似的人格与品行特点。

二、高职院校朋辈辅导的构建模式

(一)朋辈辅导的前期准备

开展朋辈辅导工作,必不可缺的就是朋辈辅导员。因此,选拔朋辈辅导员是朋辈辅导的第一步。朋辈心理辅导要求工作人员具有一定的心理辅导专业知识和技术,所以把好"自愿报名、面试筛选、接受培训、合格上岗"的选拔、培训和考核关是开展朋辈心理辅导工作的重要前提。在实际操作中,应遵循公开与自愿的原则报名,这样既有利于扩大招募范围从而挑选真正对朋辈心理辅导感兴趣和乐于帮助学生的学生,也有利于保证朋辈辅导员工作的自觉性和主动性。在选拔中应将候选人是否具有积极的人生观、高度负责的责任心、宽容、情绪稳定、观察力强等个性特征作为筛选的标准,辅以面试、院系推荐、人际沟通能力考察,并综合考虑性别、专业、年级、班级、寝室等因素来确保工作的辐射面和队伍建设的严肃性。对经过审核的报名者进行有计划的专业理论知识培训,并为学生提供实地参观、见习、心理咨询、电话接听等实习实践机会,以培养他们处理实际问题和偶发事件的能力。最后应不断改进考试内容和方法,进行严格、科学的考核。

(二)朋辈辅导的开展形式

朋辈心理辅导工作需要通过多重途径如个别会谈、团体辅导、心理沙龙、网络、心理电影赏析等,以达到良好工作效果。

1. 个别会谈。朋辈心理辅导的个别会谈具有主动性,与专业的心理咨询相比,"朋辈心理辅导"受时间、地域、语言因素的影响较少,因此在日常生活中可以不受时间地点的限制给予心理困扰学生相应的帮助。而那些有意识地运用咨询技巧随时随地的谈心和聊天则起到了"随风潜入夜,润物细无声"的效果。

2. 团体辅导。由朋辈辅导员带领的团体辅导因经历类似、情感体验相同,易产生情感共鸣和营造信任的团体氛围。而且,朋辈辅导员人数较多,可以在同一时间内针对某个主要问题在全校范围内组织多个团体辅导,从而提高团体辅导的效率。

3. 网络平台。网络因其特殊性为心理健康辅导带来了一些新的机遇。尤其是网络聊天软件和网络论坛更是能够为心理辅导所借用,在网络中朋辈辅导员的时间和空间得到了延伸,同时也将网络聊天和论坛添加上了心理辅导的功能,使得更多的不敢在现实中接受心理辅导的学生也能获得帮助,利用网络的虚拟性减少了这些学生心中的顾虑。

4. 社团活动。大学生心理社团由于其成员来源广泛、与学生联系紧密等优势,逐渐成为高校心理健康教育的新势力。这些以朋辈辅导员为骨干力量的心理社团组织通过各种活动宣传和普及心理健康教育。如心理沙龙就是选取那些学生所关心的话题对学生的心理发展有帮助的时事热点作为沙龙的主题，然后张贴海报，任何对此话题感兴趣的学生都可以参加沙龙讨论。除此之外，还有许多心理社团承办了诸如知识讲座和知识竞赛、心理漫画、心理征文、心理电影赏析等活动。朋辈心理辅导通过社团活动的平台一直在学生中坚持不懈地普及心理卫生知识、传播心理健康理念、传授心理调适技能等，从而影响了周围的许多学生。

(三)需要注意的问题

对朋辈辅导员要进行监督管理，严格纪律，保证辅导员职资及培训质量。朋辈辅导员经过系统培训后，应达到以下要求：其一，这些学生在自我认知、自我概念、自我价值等方面都有比较清楚的认识与成长，自我意识与自我觉察力要比较强；其二，他们在同理心、共情等方面要具有良好的唤起与提升，情商要得到很好的拓展，具有感受他人、理解他人的能力；其三，他们掌握了心理辅导的基本技能，能为同学进行简单的心理辅导，能够组织开展心理活动；其四，在平时的学习工作中，具备有效地化解学生心理困惑、调节学生情绪的能力；其五，要在督导老师的定期指导下，能积极清理和理清自身面临的问题，并能对自我资源进行及时的补充和有效整合。

三、朋辈辅导的优势与不足

(一)朋辈辅导的优势

首先，朋辈辅导改变了高校心理辅导模式，由原来的救助式辅导转变为朋辈辅导。传统的心理辅导使学生感到一种做弱者的压力，一些学生不习惯于向学校心理咨询中心的老师们求助，不愿接受心理辅导，简单的问题往往发展成为复杂的甚至危险的问题。朋辈心理辅导模式有助于充分发挥大学生群体的自我教育、自我服务功能。在实际工作中发现，朋辈之间自然性鸿沟小、防御性低、共通性大、互动性高，所以来自朋友的安慰、鼓励、劝导和支持对处于困境中的学生意义重大，理智的分析、真诚的安慰，甚至只是一次专注的倾听、一句合理的劝导，在很多时候都会有助于身陷困境的同学恢复自己的思考和判断能力。由同龄人担任辅导员，可以帮助咨询老师接待同学们较为简单的问题而减轻咨询老师的压力，同时，由于相近的价值观念、经验、生活方式使得朋辈辅导对于社会日常生活中的心理问题而言具有非常重要的作用。与学校心理咨询中心的老师们相比，这些朋辈心理辅导员的优势在于，能够与学生保持零距离的接触，能最直接地体验和了解学生的心理感受与心理问题，能比较及时地了解学生遇到的实际学习与生活问题。而且咨询的时间和地点不必太受限制，可以在宿舍、食堂、教室、操场等各种场所，让咨询的人更加放松自如。

其次，有利于大学生的自我提升。心理社团成为大学生实现自我理想的摇篮，一些大学生在团队工作中找寻到自我的价值，并收获了成功的体验，从而提高心理素质，实现自我提升。

最后,朋辈辅导使心理辅导走向规模化。朋辈心理辅导模式的构建和推广,使大学生的心理问题能够得到及时的、贴切的帮助。在社会和学校的支持下,朋辈心理辅导能够很好地解决大学生心理咨询"僧多粥少"的状况,使更多的大学生受益。

(二)朋辈心理辅导工作中有待进一步解决的问题

尽管朋辈心理辅导在高校的心理健康教育中有着举足轻重的作用,但是由于刚刚起步,它在具体的实施过程中还存在着如下不足。

1.加强朋辈心理辅导员的职业道德培训。一名合格的心理辅导员不仅要有扎实的专业基础、科学的操作技能,更重要的是要有良好的职业道德。特别是对学生咨询人员,没有职业纪律的约束,往往在角色互动的过程中不能恰当地掌握各种"度"。例如,是否能做好咨询工作的保密工作;是否能做到在专门场所对求助者进行心理帮助;是否能做到不和来访者发展咨询以外的关系等。

2.加强朋辈心理辅导员的心理督导。在咨询工作中,心理咨询人员自身的心理素质很重要。本身心理素质薄弱的人在对来访者进行心理帮助的过程中可能会受到不良的心理暗示而影响到自身的心理健康。所以加强朋辈心理辅导员的心理督导是必要的,应由专业心理咨询师来负责这项工作。

3.专业心理咨询员和朋辈辅导员需互相配合。专业心理咨询和朋辈心理辅导在咨询问题、目标、要求、方法等方面的层次和深度上存在一定的差异,但是两者不是互相独立的。两者的关系表现在:一方面,专业心理咨询在培训学生咨询骨干、普及心理咨询知识和技巧等方面为朋辈心理咨询提供指导和重要的技术保障;另一方面,朋辈心理咨询反过来促进专业心理咨询的开展,缓解目前学生心理问题严重与专业心理咨询员不足的矛盾,为及早发现和诊治学生心理问题提供信息和帮助。实践证明,朋辈辅导是高职院校开展心理健康教育、发展学生个性品质的有效模式,是开启学生心灵之窗的钥匙,是迈向完满人生的阶梯,它将带动高校心理辅导从障碍性咨询走向发展性的辅导,从面向个体咨询发展到面向全体辅导,有利于全面提高大学生的心理素质。

[参考文献]

[1] 王凯旋.朋辈心理辅导:大学生心理健康教育的新途径[J].承德民族师专学报,2006(26).

[2] 苏英姿.大学生朋辈心理辅导模式的构建[J].玉林师范学院学报,2006(4).

[3] 黄艳苹.大学心理健康教育的新模式:朋辈心理辅导[J].科技资讯,2007(12).

[4] 崔彬,曲晓丽.朋辈心理辅导在大学生心理健康教育中的优势与不足[J].中国科技信息,2006(5).

[5] 祝秀香,陈庆.加强朋辈心理辅导工作 完善大学生心理援助体系[J].中国高教研究,2006(10).

行动研究模式在高职院校心理健康教育课程中的应用研究

毛淑芳

[摘　要]虽然我国高职学生心理健康教育课程建设受到普遍关注和重视,但仍存在一些问题,在教学内容上重理论轻实践,教学方法上大多采用传统讲授式,存在理论知识灌输、脱离学生生活实际、不能有效调动学习兴趣,以及学生被动学习的弊端,这与高职学生学习积极性低、自我控制能力弱、情绪情感丰富等心理特征相矛盾,也与解决高职学生个体心理问题、提高个体心理素质和促进学生人格全面发展的教学目标不符。行动研究以解决实际问题、改进实践为目的,重视参与个体的主体地位及其独特性,其基本理念与目标的达成都与心理健康教育相契合。本研究拟将行动研究模式引入到高职院校心理健康教育课程中,试图发挥该模式中的学生主动参与、自主教育和以解决自身心理问题为导向的功能,以期探讨新的有效的心理健康教育模式。

[关键词]行动研究　教学模式　高职院校　心理健康教育课程

一、引言

随着高职教育的不断发展,我国高职院校心理健康教育课程建设普遍受到关注。高职心理健康教育课程是高职院校开展心理健康教育的主渠道,是提高高职学生心理健康水平的有效措施,在高职心理健康教育工作中有重要地位。目前我国高职院校心理健康教育课程设置还不成熟,课程的教学模式和方法普遍存在一些问题,在教学内容上重理论轻调适,教学方法上大多采用传统讲授式,存在理论知识灌输、脱离学生生活实际、不能有效调动学习兴趣,以及学生被动学习的弊端。这也与高职学生学习积极性低、自我控制能力弱、情绪情感丰富等心理特征相矛盾。《教育部关于进一步加强和改进大学生心理健康教育的意见》指出,心理健康课程的最终目的是解决学生个体的心理问题,增强自我心理保健意识和心理危机预防意识,掌握并应用心理健康知识,培养自我认知能力、人际沟通能力、自我调节能力,切实提高心理素质,促进学生全面发展。心理健康课程是以所学的心理健康知识指导和

[作者简介]毛淑芳,女,汉族,1981年出生,浙江舟山人,硕士,讲师,浙江金融职业学院心理健康咨询中心教师,研究方向:大学生心理健康教育。

解决自身日常生活和学习中的问题为目标的,如果脱离学生的生活实际纸上谈兵,不能有效调动学生学习兴趣,就无法实现解决学生个体心理问题、提高个体心理素质和促进学生人格全面发展的教学目标。

二、研究背景和理论基础

(一)积极心理学视野下的发展性心理健康教育观

积极心理学是近年来西方心理学界新兴的研究领域,它对"二战"后心理学中存在以消极心理学为主导的倾向提出了质疑,主张心理学应对人类自身拥有的积极品质加以研究。它改变了传统的研究模式,以"人是具有不断成长的潜能和力量的"为出发点,提倡用一种积极态度解释人的心理问题,从而能最大限度地激发人自身的潜能。

发展性心理健康教育观最早由布洛克尔(D. Blocker)提出:"发展性心理健康教育关心的是正常个体在不同发展阶段的任务和应对策略,尤其重视智力、潜能的开发和各种经验的运用,以及各种心理冲突和危机的早期预防和干预,以便帮助个体顺利完成不同发展阶段的任务。"发展性心理健康教育理论的形成,标志着心理健康教育迈入了一个重要的时期,即由重障碍、重矫正的心理健康教育模式转变为重发展、重预防的教育模式,由服务于少数人转为面向多数人,由关注现实问题转向关注未来发展问题,由障碍性内容为主转变为发展性内容为主,由消除心理障碍为目的转变为促进心理发展为目的,从而形成了现代意义上的心理健康教育,并为心理健康教育的发展开辟了广阔的天地。[①]

发展性心理健康教育观认为心理健康教育应该是全体学生的教育,心理健康是为了促进学生最大的发展。它强调以积极的发展的眼光来看待学生,辅导不仅有利于学生现时问题的解决,更有利于其未来的发展。从心理健康教育的目标来看,它要解决的是个体自身的心理问题,因此十分尊重个体的主体地位,强调个体以自身的实际经验为载体,进行自我体验和主动探索。因此,如何结合高职学生心理健康教育实际问题,促进高职学生挖掘自身潜能,激发自我改变的动力,最终实现自我发展和完善是需要我们不断探索的课题。

(二)行动研究的发起和发展

行动研究始于20世纪初期,最早由心理学家勒温(K. Lewin)提出行动研究的概念,建构了行动研究的基本理念。《国际教育百科全书》将行动研究定义为:"由社会情景(教育情景)的参与者,为提高对所从事的社会或教育实践的理性认识,为加深对实践活动及其依赖的背景的理解,进行的反思研究。"该研究模式最早应用于人类学和社会学,后在教育领域广泛应用,对教师的专业成长与自主发展的作用日益凸现。

行动研究的程序有各种表述,其中凯米斯、艾里奥特和埃巴特(D. Ebbutt)三人提出的实施程序影响较大。凯米斯主要采纳的是行动研究创始人勒温的有关思想,认为行动研究

---

① 马建青:《发展性咨询:学校心理咨询的基本模式》,《当代青年研究》1998年第5期,第7—11页。

是一个螺旋式加深的发展过程,每一个螺旋发展圈又包括四个相互联系、相互依赖的环节:计划、行动、考察和反思。其中,计划是始于解决问题的需要和设想,设想又是行动研究者(行动者和研究者)对问题的认识,以及他们掌握的有助于解决问题的知识、理论、方法、技术和各种条件的综合;行动即实施计划或者说按照目的和计划行动,行动是不断调整的;考察指对行动过程、结果、背景及行动者特点的考察;反思是一个螺旋圈的结束,又是过渡到另一个螺旋圈的中介,这一环节包括整理、描述、评价和解释。[①]

行动研究法作为一种研究范式,被引入教育领域后,给予了我们方法论的启示。在传统的研究范式中,理论(研究)与实践(行动)往往是分离的,行动研究恰恰提供了一座桥梁,使教育理论与实践能够以"研究的实践者"的形式联系在一起。行动研究主张实践者即研究者,以解决实际问题、改进实践为目的,强调在实践中进行自我反思,重视参与个体的主体地位及其独特性,其基本理念与目标的达成都与心理健康教育相契合。因此,在高职学生心理健康教育工作中,也提倡"实践者即研究者",以学生为主体,让学生采用行动研究法进行心理健康自我教育,是提高学生心理素质、促进学生自我完善的有效途径。

三、行动研究模式的组织实施

消极心理学模式固有"来访者就是问题学生"的意识,当"来访者即问题学生"的这种意识建立以后,心理健康教育已经不自觉地陷入了传统心理学的问题修复模式,而这是积极心理学所不倡导的。积极心理学认为人人都是教育者,人人都是自我的管理者,人人都有积极的心理潜在能量,人人都有自我向上的成长能力。它要求教师要以积极的心理看待在成长中发展的学生,重视学生自我成长的体验,培养学生的积极心理。因此,运用行动研究模式开展高职大学生心理健康教育,首先需要心理健康教师建立积极健康的学生观,形成学生有"自我辅导"能力的教育理念。

在教师教育行动研究的过程基础上,结合心理健康教育的独特性要求,我们将行动研究模式应用于心理健康教育可依据以下程序实施:

第一,确定问题阶段。结合心理健康教育课内容,由学生回顾近期的生活事件和心理历程和状态,从自身实际需要选定问题,作为研究的议题。

第二,反思和评判阶段。以选定的议题为对象,反思该事件过程中自己的认知方式、心理状态、情绪调节过程和问题处理方式,以及该事件对自己学习和生活等各方面的影响。此阶段的反思是行动研究模式中反思的开端,其要求研究者即学生具有反思意识。

第三,问题解决策略形成阶段。该阶段学生通过广泛搜集并分析相关经验,尤其是通过对自身心理过程的分析后,找出问题成因,逐步形成问题解决的策略。问题解决策略的形成,可借助朋辈心理互助和合作学习的形式开展。

第四,实践检验阶段。在形成问题策略的基础上,学生在日常学习和生活中,运用和检

---

① [美]Joanne M. Arhar, Mary Louise Holly, Wendy C. Kasten:《教师行动研究——教师发现之旅》,黄宇、陈晓霞、阎宝华等译,中国轻工业出版社 2002 年版,第 35 页。

验所形成的方法和策略,并结合自己的实际和相关理论进行进一步的反思。在实践检验过程中不断修正和完善该项问题策略。

第五,效果评价阶段。通过师生、生生多方互动反馈,并运用学生自评和教师、家长他评的方式,对修正后的问题策略进行效果评价,其中评价标准要以学生实际生活中的效果为依据。

第六,进一步反思和个人理论的形成。通过这一系列的自我反思的过程,对自己的实践经验进行理性化,最终把所获得的新旧经验加以整合,纳入自己的认知系统,最后形成个性化的个人心理理论。其中,学生可运用多种方式进行自我反思,微博、网络日志等形式的"反思日记"都是进行心理健康自主教育的反思形式。

人的心理活动是一个动态复杂的过程,依据勒温的行动研究观点,以上各个环节应该是呈现螺旋式加深的过程,且各环节可能按不同顺序交替进行。因此,在整个行动研究过程中需要师生和生生之间加强反馈互动,高职学生在进行心理健康自主教育的行动研究过程中,心理健康教师更需要发挥其专业追踪指导作用。应用行动研究模式进行高职学生心理健康教育,有利于实现心理健康教育以学生为主体,心理健康教师为指导者,使学生既成为解决自身心理问题、维护自身心理健康的实践者,又是研究者和受益者。这与心理辅导"助人——自助"的理念不谋而合,高职学生成为自身心理健康的"舵手",能有效激发学生的自我潜能,有助于高职学生心理素质的提升和良好人格的培养,有助于我国高职院校心理健康教育课程目标的顺利实现。

[参考文献]

[1] 郑日昌,陈永胜.学校心理咨询[M].北京:人民出版社,1991.

[2] 庄海军,王佳利,徐佳顺.基于积极心理学视野下的高职学生心理健康教育[J].高等函授学报:哲学社会科学版,2008(11).

[3] 刘宣文.心理健康标准与学校心理辅导教育研究[J].教育研究,1993(3).

[4] Arhar J M, Holly M L, Kasten W C.教师行动研究——教师发现之旅[M].黄宇,陈晓霞,阎宝华,等,译.北京:中国轻工业出版社,2002.

[5] 苏强.行动研究法与大学生心理健康自我教育的研究综述[J].知识经济,2007(11).

[6] 周宏,邵昌玉.高校心理健康课程个性化模块内容体系的构建[J].教育与职业,2011(12).

[7] 邱开金,周晓玲.高职心理健康教育课程体系研究[J].心理科学,2009(5).

后 记

  一直以来,浙江金融职业学院非常注重基于工作的研究。近年来,学校提出构建、完善、发展服务型学生工作体系。作为该体系的一个重要组成部分,研究式的学生工作方法进一步得到了学校的重视,广大教育工作者学习理论,深入学生、了解学生、研究学情,学生工作部门积极组织开展辅导员班主任论文、案例征集工作,并将评比出来的较好的论文、案例汇编成册,供校内教育工作者学习借鉴。

  今年,恰逢学校"三个十年",即迁址下沙新校区十年、浙江金融职业学院首届学生毕业十年、人才培养工作评估优秀等级十年。为庆祝学校"三个十年",总结提炼育人工作经验,展示工作成效,上半年学校征集了"立德树人,育人为本"思政论文。今年9月初,在校内评选的基础上,学院思政研究会、党委宣传部、党委学工部共同组织举行2013年育人工作专题研讨会,学院党委书记、院思政研究会会长周建松,副会长陈利荣、方华出席研讨会,来自不同部门、不同工作岗位的9位老师分别从思想政治理论课程建设、校友文化育人、廉政文化育人、实践育人、品牌学生培育,以及班主任、辅导员工作等方面进行了交流发言。

  "立德树人,育人为本"思政论文,以及2010年以来在辅导员、班主任论文征集中获奖的论文已有近百篇。经聘请校外专家评审,现将百篇论文中较为优秀的论文汇编成集、公开出版,以供广大同仁交流学习。

  本论文集得到了学校领导的高度重视,他们或撰稿或为论文集提出了宝贵的意见和建议;得到了学校广大教育工作者的支持,他们积极投稿并认真修改完善论文;吴慧凤老师、谭伟老师在与出版社联系、组织校内教师修改完善论文等具体工作上做了大量的工作;还得到了浙江工商大学出版社的大力支持,在此向他们表示衷心的感谢!

  由于水平有限,文中一些论点、论据、论证或许有可商榷之处,书中也难免有疏漏和不足,敬请各位专家、学者批评指正!

本书编写组

2013 年 10 月 16 日